W0214889

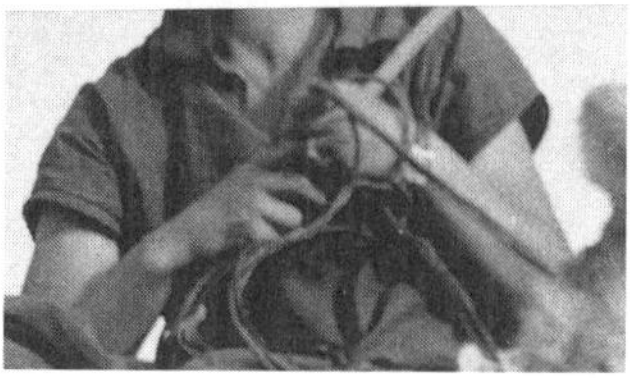

Odette du Puigaudeau wird 1894 in St. Nazaire geboren. Ihre Vorfahren sind im Überseehandel reich geworden und besitzen eine Reederei; die Eltern, Freunde Gauguins, sind Maler. Von ihnen erhält sie Unterricht, studiert in Paris Ozeanografie und arbeitet als Modedesignerin bei Jeanne Lanvin. Sie heuert auf Fischkuttern an und schreibt Aufsehen erregende Artikel über ihre Erlebnisse auf See, bevor sie 1933 mit ihrer Freundin Marion Sénones zum Abenteuer ihres Lebens aufbricht: Auf einem Langustenfischerboot reisen die beiden Frauen an die Küste Mauretaniens, von dort aus ziehen sie monatelang mit den Nomaden durch die Wüste. Dieser ersten Reise folgen weitere Expeditionen mit den großen Kamelkarawanen durch die Sahara. Odette du Puigaudeau verlegt ihren Wohnsitz nach Marokko, wo sie sich bis zu ihrem Tode 1991 für die Rechte der Wüstenbewohner einsetzt und noch eine Vielzahl Bücher über ihre abenteuerlichen Reisen schreibt.

Bibliografische Information Der Deutschen Bibliothek

Die Deutsche Bibliothek verzeichnet diese Publikation in der Deutschen Nationalbibliografie; detaillierte bibliografische Daten sind im Internet über http://dnb.ddb.de abrufbar.

NATIONAL GEOGRAPHIC ADVENTURE PRESS
Reisen · Menschen · Abenteuer
Die Taschenbuch-Reihe von
National Geographic und Frederking & Thaler

1. Auflage August 2006
Deutsche Erstausgabe © 2006 Frederking & Thaler Verlag GmbH, München
© Éditions Phébus, Paris, 1992
Titel der Originalausgabe: Pieds nus à travers la Mauritanie
Alle Rechte vorbehalten

Aus dem Französischen von Ilse Rothfuss
Text: Odette du Puigaudeau
Fotos: © Monique Vérité
Lektorat: Gudrun Honke, Bochum
Karte: Margret Prietzsch, Gröbenzell
Umschlaggestaltung: Dorkenwald Grafik-Design, München
Herstellung: Caroline Sieveking, München
Druck und Bindung: Clausen & Bosse, Leck
Printed in Germany

ISBN 3-89405-279-1
www.frederking-thaler.de

Das Papier wurde aus chlorfrei gebleichtem Zellstoff hergestellt.

ODETTE DU PUIGAUDEAU

BARFUSS DURCH MAURETANIEN

Zwei wagemutige Abenteurerinnen durchqueren die Wüste

Aus dem Französischen von
Ilse Rothfuss

NATIONAL GEOGRAPHIC
FREDERKING & THALER

Atlantik
AFRIKA
WEST-
SAHARA
(Rio de Oro)
Dakhla
(Villa Cisneros)
TIRIS
ZEMMOUR
Zouérat
ADRAR
Guelb
er Richat
Atar
Chinguetti
B. de
Levrier
Nouadhibou
(Port-Etienne)
Cap Blanc
Cap d'Arguin
Baie
d'Arguin
INCHIRI
MAURETANIEN
Île Tidra
Cap Timiris
El Memhrar
TAGANT
Tidjikdja
Dhar Tîchît
HODH ECH
CHARGUI
Dhar Oualatá
Dhar Néma
Néma
TRARZA
Lemsid
Nouakchott
Maudjéria
Boutilimit
BRAKNA
N'Térert
Mederdra
Mal
Aleg
ASSABA
Kiffa
HODH EL
GHARBI
Rosso
Bogué
Keur
Masséne
Senegal
Kaédi
M'Bout
Gorgol
El'Assaba
Saint
Louis
GORGOL
N'dio
GUIDIMAKA
Sélibaby
Kayes
Dakar
SENEGAL
MALI
Gambia
GUINEA-
BISSAU
0
200
400 km
N

Inhalt

Geleitwort des Herausgebers

Es gibt Lebenswege, die so sehr alle Erwartungen durchkreuzen, dass sie schließlich sogar diejenigen durcheinander bringen, die bereit waren, ihrem Faden zu folgen, egal wie unvermutet die Reise auch sein mochte, dann aber, von einem zunächst nicht nachvollziehbaren Kurswechsel verwirrt, den Pfad aus den Augen verlieren – und mit ihm den (oder die), der ihn als Erster erschlossen hatte. Und es dauert nicht lange, bis der Sand des Vergessens die Schritte der Pioniere verwischt, deren allzu kurzer Weg von der vorgegebenen Spur abgewichen ist. Man denke an Isabelle Eberhardt, ausgelöscht in jedem Sinn des Wortes am Ende eines Lebens, in dem die Zeitgenossen nur augenscheinliche Verirrung sehen wollten, deren Werk, nach langer Zeit wieder ausgegraben, aber eine ungewöhnliche Entschlossenheit verrät, ohne Streichungen und Reue. Oder an Michel Vieuchange, den Pionier des marokkanischen »Grand Sud«, dessen Reisenotizen[1] Paul Claudel und Paul Bowles faszinierten. Und schließlich, es ist Zeit, sei an Odette du Puigaudeau erinnert, die, falls möglich, noch gründlicher vergessen ist, vor einem guten halben Jahrhundert aber all jene begeisterte, die von extremen Abenteuerreisen träumten. Sicher nicht zufällig wollten die drei, von denen hier die Rede ist, sich in der unentrinnbaren Einsamkeit der Wüste verlieren, scheint doch dieser Ort mehr als jeder andere berufen, hinter den Ungewissheiten und Irrfahrten das Wort zu offenbaren, das im Geheimen unser Schicksal begleitet und selbst noch seine unverständlichsten Etappen rechtfertigt – das, was Moses und T. E. Lawrence, über eine Kluft von vielen Jahrhunderten hinweg, als gemeinsame Überzeugung verkündet haben.

Odette du Puigaudeau ist 1991 im hohen Alter von 97 Jahren gestorben, nicht weit von der Wüste entfernt. Sie hatte zu viel von ihren Weggefährten, den Nomaden, empfangen, als dass sie je wieder in das leichte, sorglose Leben zurückfinden konnte, das die guten Feen ihr in die Wiege gelegt hatten. In der Begegnung mit den Menschen des Sandes und des Windes schuf sie sich eine eigene Sprache – scharf wie eine Klinge, aber reich verziert – und zerschlug mit einer unwiderruflichen Geste einen Lebensweg, der ganz im Zeichen des Erfolgs zu stehen schien. Sie wählte das Reisen und vergaß zurückzukommen. Was sie dabei gewann, indem sie einen hohen Preis zahlte, waren ein paar Glücksmomente, die sie für keinen Ruhm der Welt eingetauscht hätte. Wir hingegen haben ein Werk ersten Ranges gewonnen, eines, das sich, sollte man meinen, trotz und gegen alle widrigen Winde des Jahrhunderts behaupten wird.

Was wäre aus der talentierten Odette geworden ohne die plötzliche Anwandlung, die sie 1933, mit fast 40 Jahren, auf dem Gipfel ihrer Karriere, in die Einsamkeit der Großen Wüste führte? In jenem Jahr – genauer gesagt, am 28. November – reist sie mit ihrer Freundin Marion Sénones auf einem Langustenboot von Douarnenez zu den Küsten Mauretaniens. Noch ahnt sie nicht, dass sie in dem Moment, als sie ihren Fuß auf die Planken des kleinen Schiffs mit den rostbraunen Segeln setzt, ihrer Vergangenheit für immer den Rücken gekehrt hat.

Sie war Schneidermeisterin bei Jeanne Lanvin gewesen und auf dem besten Weg, als Modedesignerin Karriere zu machen und vielleicht auch in der Welt des gedruckten Worts, hatte sie doch mit der Reportage über ihre Abenteuer auf See Aufsehen erregt. Segeln, zeichnen ... das war die doppelte Vokation, zu der ihre Wurzeln sie hinführten. Ihr Vater, ein origineller Geist, hatte seine Berufung in der Malerei gefunden, unter den Freunden von Paul Gauguin in Pont-Aven. Er hatte ihr beigebracht, einen Pinsel zu halten, und Odette hatte sogar längere Zeit im Museum für Naturgeschichte und am Collège de France als wissenschaftliche Illustratorin gearbeitet. Die restliche Zeit widmete sie dem Meer, flüchtete in die Bretagne, so oft sie nur konnte, und schreckte auch nicht davor zurück, als Matrose bei Hochseetouren anzuheuern. »Mein Geburtstag am 20. Juli 1894 in Saint-Nazaire hatte einen tief greifenden Einfluss auf mein Schicksal. Ich glaube, ein Kind, das im Mündungsgebiet der Loire aufwächst, das sich am Kommen und Gehen der Boote berauscht, das die Sirenen der ausfahrenden Schiffe hört und die der Frachter, die mit exotischen Früchten, Tieren und fremdartigen Gegenständen zurückkehren, ein solches Kind wird sich niemals der Faszination des Meeres entziehen können und immer von großen Reisen träumen.« Und ist sie nicht der Spross einer Familie von Reedern aus Nantes und Seefahrern aus Dünkirchen? Odette macht ihr Navigationspatent, so wie später Ella Maillart, deren Lebensweg dem ihren seltsam gleicht. Und sie träumt von der großen Reise.

Ihre Wünsche werden weit über ihre kühnsten Träume hinaus erfüllt. Das Wüstenabenteuer wächst sich zu einer regelrechten Entdeckungsreise aus (fast 3000 Kilometer legt sie auf dem Kamelrücken zurück), und aus der Reportage, die sie den Zeitungen versprochen hat, wird das vorliegende Buch (1936 unter dem Titel *Pieds nus à travers la Mauritanie* erschienen), das erste in einer Reihe erstaunlicher Werke, die parallel zu ihren Expeditionen in das Herz der Sahara einen der schönsten Wege des Schreibens und Reisens illustrieren, den wir kennen.

Man kann sich heute nur schwer vorstellen, was damals die einsamen Weiten der mauretanischen Wüste bedeuteten, dieses riesigen, noch nicht befriedeten Gebiets, eines der wenigen Orte auf dem Planeten, der bislang dem Zugriff der Geschichte entgangen war. Ein paar Militärposten, vor allem im Norden und Süden, begnügten sich damit, den »weißen Fleck«, der noch immer nicht vollständig kartografiert war, zu überwachen. Die Küste selbst war, abgesehen von ein paar Orten, wo die Schiffe sich mit Süßwasser versorgten, Räubern ausgeliefert, grimmigen Kriegern, die sich weigerten, anders als von der Beute ihrer Überfalle zu leben, und die im Ruf standen, jeden Fremden, der sich in das Hinterland wagte, über die Klinge springen zu lassen.

Das also war das »Land der Angst«, in das sich unsere beiden Reisenden entgegen aller Warnungen und Ratschläge quasi blindlings hineinwagten, und im Lauf des Berichts hören wir von Überfällen, Hinterhalten, Sandstürmen und Begegnungen mit wenig Vertrauen erweckenden Raubtieren, von Fieber, Durchfall und ausgetrockneten Brunnen ... nichts fehlt in dem ersten Abenteuer, das für Odette nach einer schlecht versorgten Wunde auf einem Krankenhausbett in Dakar endet (wo man sich darauf beschränkt, ihr einen Finger zu amputieren). Aber sehr bald wird das Anekdotenhafte in ihrer Erzählung von etwas anderem verdrängt: einer verborgenen Musik, die von innen kommt, dem nachdenklichen Echo auf das magische Schweigen der Landschaft, das nur vom schlafwandlerischen Schritt der Kamele begleitet wird. Denn was die Aufmerksamkeit der Reisenden fesselt, ist nicht so sehr der Rausch der Entdeckung – der schnell wieder verfliegt – als vielmehr das langsame Eintauchen in die Welt des Anderen, mit ungeahnten Orientierungspunkten versehen, von geheimnisvollen Notwendigkeiten beherrscht und unbekannten Gesetzen unterworfen. Tatsächlich messen die Mauren den Reichtum ihres Lebens nicht an der Menge und Qualität des transportierten Gepäcks, sondern einzig an der Grenzenlosigkeit der Leere, die sich vor dem Schritt des Marschierenden auftut. Für sie ist dieser Raum nicht von Grenzen umschlossen, geschweige denn von obligatorischen Routen durchzogen. Jeder muss seinen eigenen Weg gehen, ja, er wird schließlich selbst zu diesem Weg. So gesehen hat es wenig Bedeutung, was man besitzt und was doch nur Ballast ist, nicht viel besser als eine Fessel. Nur was man im Vorwärtsgehen wird, indem man den Horizont immer weiter zurückweichen lässt, zählt. »Gehen genügt mir ...« Dieser Satz René Chars, des französischen Poeten, könnte die Devise der Nomaden sein – und unserer Reisenden, die sich lustvoll in dieses asketische Leben hineinfallen lässt, bis sie schließlich so maurisch wie die Mauren wird. Die ihr am Ende das schönste Geschenk machen, das sich denken lässt: sie für eine der Ihren halten.

»Ich liebte dieses wilde Leben, wo man sich weder als Mann noch als Frau fühlt, sondern als ein menschliches Wesen, das sich auf den Beinen hält«, vertraut sie uns an. Ihr Status, von allen respektiert, wird sich im Übrigen rasch durchsetzen, von dem Gerücht bestätigt, das sich im Busch verbreitet: Sie reist wie ein Krieger, begleitet von seinem Sklaven, und schreibt wie ein Marabut – eine doppelte Inthronisierung, die sie von vornherein mit den beiden dominierenden Kasten der maurischen Gesellschaft in Verbindung bringt.

Wir können uns gut vorstellen, dass die Rückkehr in die Heimat nach diesem Eintauchen in das absolut Andere nicht ohne Schmerzen vonstatten ging. Tatsächlich gab es keine Rückkehr: nur ein paar mehr oder weniger lange Aufenthalte in Frankreich, die wahre Heimat war fortan die nordafrikanische Erde, wo sie bis zu ihrem Tod leben wird. Was nicht etwa am mangelnden Erfolg in Paris lag, wo ihre Bücher eines nach dem anderen in wissenschaftlichen Kreisen wie auch vom großen Publikum begeistert aufgenommen werden: Der Archäologe Paul Rivet und der Wüstenforscher Théodore Monod rühmen ihre Arbeit, die Académie Française zeichnet sie aus, die Zeitungen stellen ihr ihre Titelseite zur Verfügung. Odette du Puigaudeau nützt diese Chance, um Partei für die maurische Bevölkerung zu ergreifen, indem sie, wider Willen zunächst, dann immer bewusster den »zivilisatorischen« Machtmissbrauch des Westens anprangert, auch wenn die Familienideologie, der sie immer verhaftet bleibt – die der kleinen, traditionsbewussten bretonischen Baronesse – sie dazu bewegt, spontan für die Kolonialisierung einzutreten (die Erstausgabe dieses Buchs erscheint mit einem Vorwort von General Gouraud). Bis sie sich schließlich während des Krieges im Lager der Kommunisten wiederfindet, von dem leidenschaftlichen Wunsch beseelt, ihre Nomadenbrüder vor der Versklavung durch die siegreiche Moderne zu bewahren.

Ihre politischen Freunde, wer auch immer das damals oder späterhin sein mochte, täuschten sich nur zu leicht über ihre wahren Beweggründe, das, was ihr Engagement und ihre Kräfte im tiefsten Innern mobilisierte. Als sie sich schließlich mit Marion, die ihre Lebensgefährtin geworden war, in Rabat niedergelassen hatte, trat sie in den 1960er-Jahren für die Idee eines »Groß-Marokko« ein, träumte aber von einem riesigen Nomadenstaat, der, nachdem alle Grenzen abgeschafft waren, vom Senegal bis zum marokkanischen Wadi Dra reichen sollte und wo die Gesetze der technisierten Welt keine Gültigkeit hatten.

Man kann diese utopische Verirrung belächeln, aber man kann sie auch als Ausdruck einer verzweifelten Treue gegenüber all dem sehen, was seit ihrer ersten Reise ihren Blick und ihr Herz gefesselt hatte. Fernab aller ideologischen Verwirrspiele, aller politischen Interessen der Nationen, existierten die Landschaften wie am Beginn der Zeiten; genauso wie die Menschen existierten, deren schwarze Silhouette in hochmütiger Verweigerung vor dem leeren Horizont aufragte. Gegen Ende ihres Lebens, als sie bereits ihr Augenlicht verloren hatte, machte Odette sich immer noch ein Vergnügen daraus, ihre Reisenotizen hervorzuholen, die ihre Bücher genährt hatten, sie zu streicheln, daran zu riechen, als ob die Gesten dieses geheimnisvollen Rituals die verlorenen Visionen in ihr auferstehen lassen könnten.

Denn was der vorliegende Bericht und die meisten ihrer späteren Werke in jedem Augenblick offenbaren, ist die ungewöhnliche Ungeduld des Blicks, der alle Beziehungen des Subjekts mit der Welt und den darin lebenden Wesen dirigiert und instrumentiert. Immer bleibt in ihr die Malerin wach, die sie in ihrer Jugend war, als sie in Gesellschaft ihres Vaters auf dem Fahrrad die Landes in der Gegend von Guérande durchquerte, auf der Suche nach einem »Motiv« (manchmal stellte sie in denselben Galerien wie er ihre Aquarelle der Meeresflora und -fauna aus): So arbeitet sie meist mit minutiösen Strichen, ergeht sich in ungewöhnlichen Farbkombinationen. Vor allem aber beherrscht sie wie kein anderer die Kunst, mit einer unerhörten Freude und Natürlichkeit das flüchtige Licht des Augenblicks einzufangen, sich an der geringsten Nuance von Sonne und Schatten zu erfreuen, mit einem verhaltenen Jubel, der unwiderstehlich ist und sich bald auf uns überträgt. Sicher hat sie später in Paris ihre Reiseeindrücke überarbeitet, um ihnen die präziseste, die gelungenste Form zu geben. Aber die Lektüre ihrer Reisenotizen, die sie sich am Abend jeder Etappe zu schreiben zwang, offenbart eine bereits überaus ausgefeilte Prosa, die darauf abzielt, den im Flug eingefangenen Visionen ihre ursprüngliche Frische zu bewahren.

»Ich lenkte mich ab, indem ich den subtilen Zusammenklang der rostbraunen und blauen Farbtöne studierte, die uns umgaben. Vor einem dunkelbraunen Wollzelt ein paar rotbraune Matten, die als Lämmergehege dienen. Sklavinnen stampfen Hirse. Ihre Körper sind von derselben Farbnuance wie das Zelt. Die Haut der Kinder fängt das Licht mit wärmeren Reflexen ein. Blauschwarz verschleierte Frauen ziehen wie eine Prozession von Grabesgestalten vor dem sehr blassen Blaugrau des Himmels vorüber. Alles ist rostbraun, braun, schwarz, blau oder grau. Kein einziges Rot oder Grün, nichts Lebhaftes stört diese triste Harmonie eines französischen Herbstes.«

Ein Text, der an Colette erinnert in seiner visuellen Unersättlichkeit, die, so könnte man meinen, dem Asketismus ein Schnippchen schlägt, der vielleicht nur die strengste Ausprägung der Sinnenlust ist. Denn die Entäußerung, die sie unablässig hochhält, scheint nicht weniger ein Vergnügen des Körpers als der Seele zu sein. »Barfuß …« Selten wurde das Gefühl des Gehens, der einfache Kontakt mit dem Boden, mit einer derart kommunikativen Euphorie vermittelt. Wer Odette du Puigaudeau folgt, tritt zugleich in die Fußstapfen einer Literatur, die von allen üblichen Hemmnissen befreit ist: Hier heißt es (so wie es unsere beiden Abenteurerinnen machten, als sie in die Wüste reisten), den Holzschuh oder die Galosche gegen die Sandale eintauschen, bevor man schließlich auch die Sandale über die erstbeste Düne wirft, einzig um des Vergnügens willen, mit der Fußsohle die Haut der grenzenlosen Welt zu liebkosen.

Dass man in der Zeit nach dem Zweiten Weltkrieg, im Zeichen der freudlosen Existenzialismus-Debatten, eine Weggefährtin, die so begabt für das Glück war, aus den Augen verloren hat, ist nicht verwunderlich. Und es liegt auch in der Natur der Dinge, dass sie uns genau in dem Augenblick wiedergegeben wird,[2] da die Konfusion, die sich Fortschritt nennt, auf dem besten Weg ist, die letzten angestammten Nomadengebiete zu zerstören, die letzten Möglichkeiten eines freien Umherziehens. Lassen wir uns von der unbeugsamen Odette leiten: Ihre Lebensbahn besitzt, nachdem sie sich einmal für das Abenteuer entschieden hat, die Geradlinigkeit einer großen Besessenheit, aber ihr Auge versteht es, mit Vertrauen, mit Liebe diese Welt zu umarmen, die es vielleicht nicht verdient.

J. P. S. (1991)

1 Smara – verbotene Stadt. Reiseaufzeichnungen, aus dem Frz. von Wilhelm O. von Riedemann, Stuttgart: Klett-Cotta 1995.

2 Neuerdings liegt eine Biografie von Odette du Puigaudeau vor (*Odette du Puigaudeau: une Brétonne au désert*, Paris 1991). Der Verfasser des obigen Geleitworts möchte an dieser Stelle der Autorin, Monique Vérité, danken, die so freundlich war, ihm die wichtigsten Kapitel vor der Drucklegung anzuvertrauen

Vorwort

Unsere Reise haben wir ohne jede Unterstützung aus eigenen Mitteln finanziert, die bescheiden waren. Aber solange es in den bretonischen Häfen schöne Segelboote und tüchtige Mannschaften gibt, sind Reisen immer für jeden Geldbeutel erschwinglich.

Wir haben von dieser Reise neolithische Steinsammlungen und moderne Kunstobjekte mitgebracht, die dem Trocadero-Museum für Völkerkunde, der Geografischen Gesellschaft und diversen Provinzmuseen gestiftet wurden oder noch gestiftet werden.

Da wir nicht wussten, welchen Auftrag wir nennen sollten, um unsere Gegenwart in einem Land zu rechtfertigen, in dem Frauen normalerweise nicht allein reisen, haben wir uns als »Reporterinnen« präsentiert. Das hat uns eine Menge Scherereien eingebracht, uns jedoch zugleich in die Lage versetzt, das ganze Misstrauen der Kolonialfranzosen gegenüber der Presse zu ermessen.

Manche Reporter haben aber auch unglaubliche Talente! Ein paar Tage, und sie kennen jedes x-beliebige Land in allen seinen Aspekten und von Grund auf, seine Fauna, seine Flora, die Bewohner, ihren Charakter, ihre Sitten und Bräuche, die Franzosen, die dort regieren, wobei die Dramen und Skandale, die einem das Blut in den Adern stocken lassen, noch nicht einmal mitgerechnet sind. Von Löwen, Schakalen und Moskitos gefressen, von Wilden erschossen, in schrecklichen Stürmen gekentert, in der Wüste oder in den Wäldern verschollen, ziehen sie mit Wagenladungen unentbehrlicher europäischer Lebensmittel und mit bis an die Zähne bewaffneten Eskorten umher. Wenn sie dann wieder nach Frankreich kommen, frisch und munter wie der Fisch im Wasser, verkünden sie, sie seien knapp dem Tod entronnen und bei den Menschen in dem Land, aus dem sie sich wunderbarerweise retten konnten, ob weiß, farbig oder schwarz, handle es sich samt und sonders um Banditen ... Als ob am Ende nicht doch immer die Wahrheit herauskäme!

Da sie ständig »Mordio!« schreien, glaubt ihnen niemand mehr, aber in Kolonialkreisen hat man seine helle Freude, wenn die Zeitungen und Reportagen eintreffen!

Ein Jammer, dass ein so schöner Beruf derart verhunzt wird! Statt sich damit zu begnügen, Informationen zu liefern, haben sie sich darauf verlegt, die Helden zu spielen, und das ist ihnen nicht gelungen. Vielleicht sind sie nur Märtyrer, denn anscheinend fehlt es ihnen an guter Gesundheit. Von den zwei Journalisten, die nach Mauretanien gekommen sind, schrieb der eine, dass er nach fünfzig Kilometern auf dem Kamelrücken, in kleinen Etappen, in der kühlen Jahreszeit und schon in Sichtweite des Postens von Trarza, wo man ihn erwartete, »halb tot vor Elend« nicht mehr weiter konnte. Der andere berichtete, dass er nicht mehr die Kraft hatte, sich von dem Kamel zu entfernen, hinter dem er hermarschierte, als der Wind ihm den Urin ins Gesicht peitschte. Diese jungen Männer besitzen offensichtlich sehr wenig Stolz, wenn sie so etwas zugeben!

Erst seit unserer Rückkehr nach Frankreich, nachdem wir eine Anzahl Seiten aus diesem Buch in diversen Zeitungen veröffentlicht hatten, entdeckten wir die wahren Gefahren Mauretaniens.

Den Banditen kann man aus dem Weg gehen, und man kann sich mit den Mauren, den wilden Tieren, mit der Sonne und den Sandstürmen arrangieren. Aber man ist machtlos gegen die Zivilisten, von denen man schlichtweg als militaristisch abgestempelt wird, und gegen die Militärs, die einem vorwerfen, dass man sich mit den Zivilisten verbündet.

Genauso wenig entgeht man denen, die nach zwei Monaten Aufenthalt im Norden den Süden zu kennen glauben, und umgekehrt. (Dasselbe gilt für Ost und West.) Und dabei handelt es sich bei Mauretanien, wo es fast keine Straßen und keine schnellen Transportmittel gibt, um den vermutlich am wenigsten bekannten Teil der Sahara, um ein Land, das anderthalbmal so groß ist wie Frankreich und sehr vielfältig in seinen Landschaften, Menschen, Tieren und Klimaten.

Ein Beispiel unter tausenden. Wir wurden wegen der Seen oder Gueltas angegriffen, die in den Bergen von Assaba eine kostbare Ressource darstellen. Offiziell existieren diese ganzjährigen Wasserreservoirs nicht. Und nun haben wir die Unverfrorenheit besessen, mitten in der Trockenzeit dort zu baden, unsere Schläuche zu füllen, Fische aus dem See und die Eier der dort lebenden Krokodile zu verspeisen. Und das Schlimmste ist, dass wir das ohne alle Scham und Eitelkeit erzählt haben, in der Meinung, dass diese Seen ein geografisches Faktum darstellten, für das wir nichts konnten.

Dann ist da noch die Kolonialarmee, die die Ansicht vertritt, dass Mauretanien pazifiziert ist, und da sind andere, die das nicht glauben. Wenn du auf *razzi* triffst, wirst du von Ersterer geächtet; wenn du auf keine triffst, ist deine friedliche Gegenwart im Busch eine Beleidigung für Letztere.

Und schließlich die Traditionswächter, die sich darin gefallen, die heroische Atmosphäre aus der ersten Zeit der Eroberung aufrechtzuerhalten. Sie kennen keine Gnade für den Eindringling – und schon gar nicht für den weiblichen! –, der herkommt, ohne Waffen, mit einer armseligen Eskorte, und mit seinen nackten Füßen die heilige Wüste beschmutzt, die unverletzlichen Berge, den ewig jungfräulichen Sand der großen rosa schimmernden Dünen.

Diese diversen Feinde waren sich nur in einem einig, dass wir nämlich auf »Lügenmärchen« hereingefallen wären. Als ob die

Leute, die sich an derart primitiven Scherzen ergötzen, auf der anderen Seite raffiniert genug wären, um diese überzeugend darzubieten!

Ich habe mich darauf beschränkt zu erzählen, was wir gesehen, gehört und nur zu oft gespürt oder zumindest in glaubwürdigen offiziellen Dokumenten verifiziert haben.

Als wir in Mauretanien an Land gingen, hatten Marion und ich keinerlei vorgefasste Meinungen. Und die haben wir auch jetzt nicht. Die unberührte Natur hat uns sofort fasziniert. Im Geheimnis ihrer Dünen und Berge, in den gastfreundlichen Zelten und den oft feindseligen Strohhütten ruhte der wahre Gegenstand unserer Reise. So hat auch dieser Bericht kein anderes Ziel, als die schlichte Poesie, die karge Größe der Sahara heraufzubeschwören und den manchmal bitteren Zauber unserer langen, ungewissen Wanderungen.

Odette du Puigaudeau

1 Auf der Route der Sklavenhändlerschiffe

11. Dezember. Es war dreizehn Tage her, seit die *Belle Hirondelle* – die »Schöne Schwalbe« – ihre rosafarbenen Flügel entfaltet hatte, dort oben im Norden, in der Bucht, wo die Stadt Douarnenez von der sie umgebenden Küste aus ihr Bootsgeschwader bewacht.

Sie war die Schönste unter den mauretanischen Ketschen, mit den geschweiften Linien ihrer Barghölzer, dem abgeflachten und dennoch kraftvollen Heck, ihrem stolzen Vordersteven, in dem Schwarz auf Weiß ihr hübscher, einer königlichen Fregatte würdiger Name geschrieben stand. Sie war schön, von der selbstverständlichen Schönheit eines Wesens, das ganz auf seine Bestimmung zugeschnitten ist. Sie war der Halt und das Zentrum unseres Lebens geworden, und wir verehrten sie mit kindlichem Stolz.

Wieder einmal pflügte sie durch die Dünung des Golfs von Biscaya, unter ihrem verkürzten Großsegel und dem neuen Focksegel. Die Sturmböen fingen sich in ihrem Tauwerk, so dass sie, ihrer Kraft gewiss, schrie und knarzte, wütend und triumphierend, vom Kiel bis zur Mastspitze, auf der sich eine Schwalbe aus Zinkblech drehte.

Bei diesen Sturmspielen musste die *Belle Hirondelle* Federn lassen. Die Sturmflut bei Sein kostete sie ein Focksegel; Kap Finisterre ein Stück des Großsegels. Tag und Nacht kämpften die Männer, behände und zäh. Bei jedem Befehl stürzten sie schlitternd und stolpernd in die Taue. Mit einem Fluchen oder Lachen protestierten sie gegen die Gischt, die ihnen die Sicht raubte, gegen den Wind, der ihnen die Segel aus den zerschundenen Fingern riss, gegen ihr steifes Ölzeug, das ihre Bewegungen behinderte und ihnen Kräfte raubte.

Es waren neun Matrosen und ein Schiffsjunge aus Douarnenez, raue Burschen, die sich überall, wo es Meer, einen Hafen, Fische gibt, zu Hause fühlen. Nach jedem Manöver tranken sie einen Schluck Weißwein, Rotwein, Rum oder Absinth, je nach Tageszeit, wischten sich den Mund mit dem Ärmel ab und scherzten: »Ein schönes Wetter! Da wird's nicht lange dauern, bis wir aus dem Golf raus sind!«, und dann spuckten sie aus, von der Brücke auf den Laderaum oder ins Meer, wohin immer es auch traf.

Sie waren unterwegs zur mauretanischen Küste, um grüne Langusten zu fangen.

Während der Flauten schrieb der Kapitän in seiner braven Schülerschrift mit verschnörkelten Anfangsbuchstaben: »Starker Seegang .... Um 21 Uhr das Marssegel eingeholt, das Schiff beigedreht. Aufgewühlte See ... fünf Uhr morgens, das Großsegel zerrissen ... starke Brise ...« und so weiter.

Sie war sehr rau, die Route der Sklavenhändlerschiffe.

Aber was scherte das die *Belle Hirondelle*?

Ihre Aufgabe bestand darin, zehn Männer zu ihrer Arbeit zu bringen, zehn Männer, die es eilig hatten, ihr Brot zu verdienen, indem sie dem Meer Nahrung für andere Menschen entrissen. Da ihr Arbeitsplatz weit entfernt an der afrikanischen Küste lag, war man gut beraten, sich nicht von den drohenden Wellen aufhalten zu lassen.

Die *Belle Hirondelle* schoss in einem herrlichen Aufsprühen der Gischt dahin; die Dünung, die von der Seite gegen sie anrollte, hämmerte in heftigen, dumpfen Schlägen gegen ihren Bauch und ihre Flanken, und obwohl keinerlei Markierung ihre Route kennzeichnete, staunten wir über ihre Geschwindigkeit, die uns wie in einem undurchdringlichen Kokon einschloss und die wir nur am Pfeifen des Wassers gegen den Schiffskiel abschätzen konnten.

Und wir beide, Marion Sénones und ich, was machten wir an Bord dieser Ketsch?

Von dem uralten Wanderinstinkt getrieben, der trotz der sesshaften Zivilisation in den Tiefen der menschlichen Seele schlummert, wollten wir eine wahre, eine schöne Reise machen – *die* Reise! – mit allem, was ein Unternehmen, das dieses Namens würdig ist, an Unvorhergesehenem, an Freuden und Leiden mit sich bringt.

Etwas, das uns anfangs so einfach erschienen war!

Mauretanien ist auf Grund seiner schwierigen Pazifizierung noch immer von der Aura des Geheimnisvollen, der Gefahr umgeben. Wir wollten auf der alten Route der Sklavenhändlerschiffe dorthin reisen, denn die Preise der Air France und der Schiffslinien waren unerschwinglich für uns. Wie die Seefahrer von einst und die Langustenfischer von heute wollten wir auf einem der schmucken, robusten, tapferen, gastfreundlichen Segler reisen, die mit Fangnetzen, Hoffnungen und Abenteuern voll gestopft sind. Ich kannte ihre Mannschaften gut, denn ich war oft genug mit ihnen an der bretonischen Küste oder auf dem offenen Meer gekreuzt, von den Scilly-Inseln bis hinunter in die spanischen Gewässer.

Sobald wir in Port-Étienne (Nouadhibou) von Bord gegangen wären, wollten wir uns »in die Natur« stürzen, mit den Nomaden leben, da unsere Mittel nicht ausreichten, eine große Karawane mit Boys und moderner Campingausrüstung auf die Beine zu stellen.

Wenn wir genug hatten, würde sich schon ein Langustenboot finden, das uns nach Hause zurückbrachte, oder auch eine »Occasion«, wie man in der Bretagne zu sagen pflegt, eine günstige Passage von Dakar aus auf einem Bananen- oder Erdnussdampfer oder einem anderen Handelsschiff. Doch das war nicht so wichtig – das Wesentliche bei einer Reise ist der Aufbruch.

In Douarnenez machten wir die Bekanntschaft eines Schiffers, der in der Nähe der Mole ein Boot voller Lebensmittel überwachte.

»Hab gehört, dass Sie nach Mauretanien reisen wollen ... Mir macht es nichts aus, Sie mitzunehmen ... Nicht dass ich viel Platz an Bord übrig habe, aber wer bereit ist, sich auf alles einzulassen, der findet immer einen Weg.«

Und so waren wir am 28. November an Bord gegangen, mit vier Empfehlungsbriefen, zwei kleinen Revolvern, einer Kodak Junior, den Kopf voll guter Ratschläge, die uns einen Berg von Wollsachen eingebracht hatten, wie er einer Reise nach Spitzbergen würdig gewesen wäre.

Wenn man neun Männer und einen Schiffsjungen, Proviant und Getränke für drei Monate, Öl für den Hilfsmotor, Ersatzsegel und -takelungen, 800 Netze, Kleidung, einen Hund, zwölf Hasen, 80 Hühner und diversen Kleinkram im Bauch eines Schiffes verstaut hat, das 78 Meter lang und bereits von seinem Motor und den Langustenbecken ausgefüllt ist, bleibt nicht mehr viel Platz für die Bequemlichkeit zweier weiblicher Passagiere.

Nédélec, der freundliche Schiffer, hatte uns im Hauptladeraum ein mit Netzen abgetrenntes Abteil eingerichtet, das zugleich als Salon, Esszimmer, Kleiderkammer und Atelier diente. Auf dem Boden dieser »Kajüte« wurde ein Strohsack ausgebreitet; Segeltuchvorhänge wurden mit Leinenenden wie ein Baldachin ringsum befestigt; das Ganze hatte etwas von einer Sänfte, einem Renaissancebett, einem Hühnerkäfig oder einem merowingischen Streitwagen. Ein paar Fässer bildeten die Trittleiter; die Karbidkiste diente uns als Nachttisch.

Man sah keinerlei Wand im Laderaum; die mit braunen Netzen voll gestopften Abteile, die Wasser- und Benzintanks verdeckten sie. An den Trennwänden der Abteile hingen Bananenbüschel, Ölzeug, Hanf- und Baumwollstränge, neue Korkschwimmer, die wie barbarische Halsketten aussahen. Der weiße Farbton eines Tropenhelms zeigte an, wohin wir reisten.

In der Mitte zwischen den Bänken, der Tisch. Zweimal am Tag fanden wir uns hier wieder, ausgehungert, Ellbogen an Ellbogen, und immer wieder hob sich der Blick zu dem Abreißkalender, von dem wir das tägliche Blatt abrissen, als brächte uns diese Geste dem Ziel näher.

Es schien uns so fern, das Ziel, manchmal unerreichbar, wenn der Sturm wütete oder die Matrosen, während sie ihre Netze knüpften und ausbesserten, von den großen, heißen Dünen erzählten, wo die verschleierten Mauren lauerten.

»Im Süden von Rio de Oro haben sie sogar mal auf Lanvoc'hs Boot geschossen und den Benzintank durchlöchert!«

»Uns haben sie auch mal aufs Korn genommen, in der Nähe vom Faux Cap.«

»Ich weiß ja nicht, was Sie dort suchen, aber was mich betrifft, ich würde mich lieber dreimal im Kreis drehen, als in den Busch gehen, das steht mal fest!«

»Bei den Negern in der Nähe von Dakar, in Sainte-Marie-de-Bathurst, ist das was anderes; das sind brave Kerle. Sobald wir an den Fangplätzen vor Anker gehen, kommen sie längsseits mit ihren Pirogen voller Früchte, und hopp!, rauf an Bord und die Muscheln und Fische aufsammeln, die sich in den Netzen verfangen haben! Wir behalten natürlich nur die Langusten.«

Marion und ich träumten, während wir beim Netzeflicken halfen, von Mohren, mit Papayas und Orangen beladen, von wilden Tänzen unter Kokospalmen, von Perlaustern, Sägezahnhaien, Riesenschildkröten, von exotischen Menschen, Tieren und Pflanzen, wie man sie in den Büchern der alten Seefahrer sieht.

Bis wir in den Genuss dieser Dinge kamen, begnügten wir uns mit jenen an Bord, die weniger exotisch, aber erreichbarer für uns waren, schöne rote Äpfel aus der Bretagne, die uns der eine oder andere Matrose schenkte, während er uns seinen großen Buttertopf zuschob: »Nehmen Sie, nehmen Sie, es kommt von Herzen! Wenn nichts mehr da ist, müssen wir alle den Gürtel enger schnallen.«

Mit ihren struppigen Bärten sahen unsere Reisegefährten wie Piraten aus, aber wir wussten, dass sie unter ihrer rauen Schale viel Herzensgüte verbargen, einfach, ohne große Worte, wie es die Art der Seeleute ist

Die kleine Schiffshündin hatte sich auf uns kapriziert. Sie war eine Art Spaniel im Miniaturformat, eine Promenadenmischung, wie man sie häufig auf den Türschwellen ländlicher Pfarrhäuser findet. Mit ihren schwarzen Hängeohren hatte sie etwas Demütiges, Sittsames. Sie wurde »Bachturss« genannt, was Bathurst bedeutet oder auch Sainte-Marie. Diese kühnen Namen passten nicht zu ihr, denn sie war sanft, hasste das Seemannsleben und verbarg ihren kräftigen Appetit unter der falschen Unterwürfigkeit einer armen Verwandten.

Schon dreißig Tage ist es jetzt her, dass wir das einfache Leben hier führen!

Wir haben Trawler, spanische Kreuzer, Ketschen und Schoner auf dieser Route getroffen, einst der Weg der Sklavenschiffe, auf dem sie ihre geschundene Fracht ins Exil verschleppten.

Nach und nach war das Meer ruhiger geworden, von einem tieferen Blau, und die Tage heißer. Auf der Brücke pickten die Hühner herum; die Hasen gaben sich zärtlichen Liebesspielen hin. Nachts brasste das Schiff, im silbernen Wellengang, in den phosphoreszierenden Funken, die allein die Sterne am Himmel hätten zählen können.

In der ersten Zeit hatte Marion Sénones mir wohl bisweilen Vorwürfe gemacht, dass ich sie wieder einmal in eine dieser Reisen hineingezogen hatte, die mir so teuer sind, weil sie, da sie sehr lange dauern, die Illusion vermitteln, auch sehr weit zu führen. Aber sie hatte zugeben müssen, dass es nur logisch war, auf einem Fischerboot, das auf mauretanische Langusten ging, nach Mauretanien zu reisen. Sie hatte also zur ihrer alten Liebenswürdigkeit zurückgefunden, brütete über Seefahrerromanen und eroberte die Herzen der Matrosen, indem sie Fotos von ihnen »schoss«.

Wir waren sehr zufrieden mit unserem Leben, zumal wir am Vortag die ganze Zeit an den Kanarischen Inseln entlanggefahren waren. Als Erstes Lanzarote, das sich, zackig wie ein Sägeblatt, grauviolett vor dem blassen Morgenhimmel abhob; dann Fuerteventura mit den Schieferbergen, den orangefarbenen Sandgruben, die gegen Abend mit den leichten Wolken am Horizont verschmolzen. In der Abenddämmerung tauchte plötzlich der Pico de Teide vor einem goldenen Hintergrund auf, und mit einem Schlag versank die Sonne hinter Gran Canaria.

Wenn ich meinen Bericht am dreizehnten Tag begonnen habe, so keineswegs aus Aberglauben, sondern weil wir an diesem denkwürdigen Datum, ohne uns mit ihnen vergleichen zu wollen, den Jubel eines Christopher Columbus, Nuno Tristão oder Ca' da Mosto nachempfinden konnten, all jener Entdecker, die nach langer Mühsal zwischen zwei Wolken endlich das Ziel ihrer Wünsche erblickten.

Die *Belle Hirondelle* schlummerte, da der Motor ausgefallen war und kein Wind ging. Mit ihren braunen und rosafarbenen Segeln, in Form einer »Schere« getakelt, glich sie einem großen, müden Schmetterling, der nicht weiß, ob er seinen ungewissen Flug fortsetzen soll. Ein schimmernder Nebel verengte den Horizont um sie herum. Auf der Brücke spleißten die Männer missmutig Bowerleinen an den Ankersteinen.

Julic und Quiennec hatten ihre Netze zum Trocknen aufgehängt. Es waren fast zweihundert, die wie schwarze, brünette, kastanienbraune oder blonde Haarmähnen im Wind wehten. Mit Bleikugeln beschwert, hatte man sie an den beiden Booten befestigt, an den Backspieren, den Pardunen, der Seilwinde, ja, sogar am Besansegel, das auf seinem Giekbaum eingerollt war. Überall lagen Hanfstränge herum. Am nächsten Tag kamen zwei andere Matrosen an die Reihe und so weiter, bis tausend Netze schön trocken und zu je fünfen in Säcken verpackt waren.

Der leichte Nebel war zu zart, um der Glut der Sonne standzuhalten, und plötzlich, gegen zehn Uhr, tauchte Afrika vor uns auf.

Ein flaches, eintöniges Afrika, wie verschlissen, von Rost und Grünspan zerfressen. Uralt und nicht besonders schön. Es war nichts darauf. Aber uns erschien es trotzdem wunderbar, denn es war das Gesicht unseres Traums, dem wir uns auf dem kleinen Segler langsam genähert hatten. Ein endlich in Erfüllung gegangener Traum, der bereits neue Träume gebar! Von dem schmalen, zwischen dem sehr hellen Blaugrün des Himmels und dem grellen Ultramarin des Wassers eingeschlossenen Sandstreifen ging eine große Freude auf uns über, die Freude über etwas lang Ersehntes und endlich Eingetroffenes.

Und dann sagten wir uns: »Ja, so ist es an der Küste, aber im Inneren ...«

Wie sich bald zeigen sollte, verhielt es sich im Hinterland genauso, nur dass der rosigere Sand mit giftigen Wolfsmilchgewächsen und dann mit Gestrüpp voll reißender Dornen bedeckt war.

Das spanische Gebiet Rio de Oro und seine französische Schwester, Mauretanien, lagen vor uns: »Trab-el-Beidane«, der »Sand (oder auch das Land) der weißen Menschen«, der Mauren. Eine Million Quadratkilometer Sand, der sich in einem einzigen Wellenband von Dünen und engen Tälern erstreckt, im Norden und Süden von Tafelbergketten zerschnitten – Adrar, Tagant, Assaba –, zwischen den ungewissen marokkanischen Grenzen und der präzisen Grenzlinie zum Senegal, zwischen dem Atlantik und den großen sudanesischen Wüsten.

Um diese Sandwüsten zu erforschen, haben zahlreiche Männer ihre Kraft, ihre Jugend, ihre Wissenschaft und ihr Leben geopfert.

Wegen der Reichtümer von einst – Gummi, Sklaven, das Gold, das im langsamen Schritt der Kamele durch die glühenden Einsamkeiten aus dem Sudan kam – hatten Engländer, Holländer, Portugiesen, Spanier und Franzosen jahrhundertelang um die Handelsniederlassungen an der Küste gekämpft, die heute nur noch Ruinen sind, von Gräbern umgeben.

Für ihre Eroberung hatten die französischen Truppen, die vom Senegal nach Norden hinaufmarschierten, große Opfer gebracht, denn es musste die Route erschlossen werden, die Algerien und Marokko mit den Kolonien im Süden verbindet.

Doch in den Schlupfwinkeln des Rio de Oro brodelte der Fanatismus unter seiner grünen Fahne weiter, und Räuber machten die Dünentäler und Bergpässe unsicher.

500 000 Nomaden lebten in den Sandwüsten, unterworfen oder abtrünnig, mit dem Karabiner ebenso vertraut wie mit dem islamischen Rosenkranz, und verbargen ihr Geheimnis unter den Falten des nachtblauen *litham*.

Von diesen Sandwüsten aus, in denen wir ein ganzes Jahr unseres Lebens verbringen würden, wollten wir das Abenteuer lernen.

Am nächsten Tag segelte die *Belle Hirondelle* an der Küste von Rio de Oro entlang, der tödlichen Falle für die gefährlichen Flüge der Air-France-Piloten. Eine Panne, und sie hatten die Wahl: entweder der Atlantik, in dem 1929 Lécrivain und Ducaud versanken, oder die Sandwüsten, die eine qualvolle Gefangenschaft oder ein tödliches Martyrium bedeuteten. Hier, ganz in unserer Nähe, waren am 11. November 1929 Érable und Pintado niedergemetzelt worden; von hier brach ihr Kamerad Gourp auf, blutend, auf ein Kamel gebunden, um in Casablanca zu sterben.

An einem solchen Ort hebt man unwillkürlich den Blick zum Himmel. Und plötzlich rief Marion: »O, schau mal – da ist eins!«

Ein Flugzeug, ein Lichtvogel, in dem sich die letzte Glut der sinkenden Sonne spiegelte, tauchte an diesem Himmel auf, wo Geopferte und Gerettete – Ville und Rozès, Reine und Serres, Mermoz und so viele andere, berühmt oder unbekannt – ihre schmerzliche oder ruhmreiche Spur gezogen hatten.

Wie viele verstümmelte Helden würden noch hinzukommen?

Unseren Fischern bedeutete der Ort nichts anderes als ihre endlich erreichten Fanggründe. Ihre Route war markiert von den Strudeln um einige Wracks, die in den Untiefen gestrandet waren, den Erinnerungen an tote Kameraden, von einer Welle fortgespült, an Netze, die der Sturm mit sich gerissen hatte, an all das Elend, das die zähe bretonische Fischerflotte erduldet hatte und das auf ihrem eigenen Weg lauerte.

Heute Abend würden die Leuchtfeuer von Villa Cisneros (Dakhla) in Sicht kommen, und morgen schon würden sie die Netze ins Wasser lassen.

Vorher aber kreuzten wir noch den Weg eines Seglers in der Art der *Belle Hirondelle*, von dem sich ein Beiboot löste. Zehn struppige Kerle sprangen auf die Brücke, als wollten sie das Schiff entern, zehn Burschen aus Tréboul, Kameraden, mit denen unsere Fischer über die Heimat reden konnten und die die Post brachten, die sie vor wenigen Tagen in Port-Étienne an Bord genommen hatten.

Die Post, einzig wahre Freude dieser armen Teufel!

Es wurde über den Fang gesprochen: »Kann nicht sagen, dass es viel eingebracht hat, war aber auch nicht allzu schlecht«, und Nédélec entschied sich, dazubleiben und abzuwarten.

Unter den kräftigen Händen dieser doppelten Mannschaft holte die *Belle Hirondelle* ihre Segel ein und ankerte in der Nähe der

Trébouliste. Das Ganze ging nicht ohne Geschrei und Geschepper ab.

Dann verdoppelte der Schiffsjunge, der bereits Erfahrung hatte, die »Cotriade«, eine dicke bretonische Fischsuppe, und zog alles hervor, was er an Feldbechern und angeschlagenen Gläsern besaß. Man kann sich denken, dass eine solche Begegnung auf dem 23. Breitengrad gebührend gefeiert werden muss. Und für das Fest reichte die ganze Nacht nicht aus.

Das änderte indessen nichts daran, dass am nächsten Morgen in aller Frühe reger Betrieb an Bord herrschte. Die Boote wurden zu Wasser gelassen. Der Fang begann, die harte Tagesarbeit: Auslegen und Einholen der Netze nur wenige Kabellängen (zwischen hundertachtzig und zweihundert Meter) von der Küste entfernt, Aussortieren der Langusten, Überwachen der Becken, Instandhalten der Netze, die sonst schnell von Meeresspinnen, Muscheln und Felsen zu Lumpen zerfetzt werden.

Das Wetter war zum Glück einigermaßen ruhig, aber oft genug müssen die Fischer, um ausgelegte Netze im Wert von acht- bis zehntausend Franc zu retten, ihr Leben in den kleinen Booten zwischen den Sandbänken, Brandungszonen und Tornados dieser mörderischen Küste aufs Spiel setzen. Und bei stürmischem Wetter, wenn das trübe Wasser die Langusten blendet, macht man die besten Fänge!

Wir wurden eingeladen, in je einem der Boote mitzufahren, um »Glück zu bringen«.

Während die vor Anker liegende *Belle Hirondelle* im Westen unseren Blicken entschwand, wuchs die Küste vor uns an. Eine seltsam abgeflachte Küste unter einem grauvioletten Himmel. Helle Strände lagen zwischen den Sandsteinfelsen eingebettet, die horizontal mit grünlich-orangefarbenem Schwefel durchzogen waren, mit kreidigen und schwarzen Wellungen. Gewaltige Dünen rückten wie Bastionen vor. Die Ebbe legte Sandinseln frei, die unverzüglich von den Vögeln erobert wurden. An den Stränden hatten Schakale, die nächtlichen Fischer, ihre Spuren hinterlassen.

Die Farben der Landschaft bildeten eine überraschende Harmonie in der Art einer japanischen Tuschezeichnung, nur wenig belebt durch das Gelb der Erde und der Öljacken, das Dunkelgrün des Meeres und eine lebhafte Gouachefarbe; einziger weißer Farbton: die Gischt am Vordersteven der Boote.

Nédélec streckte den Arm nach Norden aus, wo man den Militärposten und die Fischereigebäude von Villa Cisneros sehen konnte.

»Dort drüben, hinter der Punta Durnford, hat Lanvoc'h die spanischen Gefangenen an Bord genommen, die nach der Revolution von 1931 nach Villa Cisneros verbannt wurden. Es waren siebenundzwanzig, Könige und Königinnen ... Ist erst ein Jahr her. Am Weihnachtsabend hab ich sogar sein Schiff gekreuzt, das auf dem Weg nach Süden hinunter war, als Ablenkungsmanöver, bevor er wieder nach Norden rauf ist, wohin, weiß ich nicht genau, Portugal, heißt es ... Einen schönen Fang hat er da gemacht, weiß der Himmel! Bringt bestimmt mehr ein, Könige aufzufischen als Langusten! Zwei Königinnen sind noch dort, die sich nicht an Bord gewagt haben. Jedenfalls sagt man das.«

Immer wird viel geredet im Ruderhaus der Ketschen und unten, während der langen Abende, die mit Flickarbeiten hingehen. Es war schön, sich das vorzustellen, die Legende von den »spanischen Königinnen«, die in ihrem afrikanischen Turmverlies auf ihre Befreiung warten.

Folgendes wurde uns später noch erzählt: Am Heiligabend 1932 hatte der Gobernador die politischen Verbannten, die sich frei auf der Halbinsel bewegen durften, zu sich eingeladen. Die Abendessenszeit kam und ging, und niemand erschien. Die Verbannten hatten es vorgezogen, der »Einladung« von Lanvoc'h zu folgen. Per Funk wurde Las Palmas alarmiert. Eine schöne Nachricht, die mitten ins heilige Weihnachtsessen hineinplatzte! Das einzige Kriegsschiff, das in der Lage gewesen wäre, die Flüchtigen zu verfolgen, hatte wegen Geldmangels keine Kohlen an Bord. Man kann sich denken, dass das am Weihnachtsmorgen auch nicht anders war! Und als endlich alle Hindernisse aus dem Weg geräumt waren, war Lanvoc'h mit seiner Fracht bereits über alle Meere.

Wir hingegen fanden keine Könige oder Königinnen an der verrufenen Küste von Rio de Oro, sondern unsere ersten Mauren.

Sie standen auf der alten windgeschliffenen Düne und spähten zu uns herunter, edle Bronzegestalten, die sich scharf gegen den Himmel abhoben, in weiße und blaue Gewänder gehüllt.

Die ersten Nomaden, die ersten Vorboten des wandernden Volkes, mit dem wir leben würden! Und sie schienen uns willkommen zu heißen, denn sie schwenkten ihre Gewehre.

Aber statt uns zu ihnen zu bringen, wendeten die Schiffer das Boot und nahmen Kurs aufs offene Meer. Es war auch höchste Zeit: Kugeln pfiffen und peitschten das Wasser um uns herum auf.

»Ich sag Ihnen doch, das sind Wilde, und Sie wollen ihnen auch noch in ihre verdammte Wüste nachlaufen!«, brüllte der Steuermann wütend. »Die können es einfach nicht lassen, auf die Boote zu schießen! Vor drei Jahren haben sie Panduff, den Leuchtturmwächter vom Cap Blanc, umgebracht. O, die Kanaillen!«

Zum Glück waren alle Netze in den Booten, prall mit Fischen, Krabben, vielfarbigem Getier gefüllt: Langusten waren nur wenige darunter: Hier würde man nicht länger verweilen.

»Ist immer dasselbe hier, man fragt sich, ob das jemals aufhören wird! Es liegt in ihrer Natur, Böses zu tun. Und glauben Sie nur nicht, dass die Mauren nur an der spanischen Küste so sind! In Mauretanien, im Hinterland, ist es dasselbe. Ich muss es schließlich wissen! Ein paar Burschen aus der Heimat sind bei der Marine – die französischen Posten sind voller Bretonen. Und alle sagen das Gleiche: Immer herrscht Aufruhr, immer *rezzou* und endlose Scherereien ... Ich schwöre Ihnen, wenn ich an Ihrer Stelle wäre, zwei junge Fräulein, die nicht dazu gezwungen sind – ich würde keinen Fuß hierher setzen!«

Aber die menschenfeindliche Sandwüste hatte für uns die Anziehungskraft des Unbekannten, und diese war zu stark, als dass wir uns von ein paar Gewehrschüssen als erstem Gruß der Nomaden hätten abschrecken lassen.

Nédélec nahm uns an einem Vormittag, sanft und schimmernd wie eine Perle, nach Villa Cisneros mit.

Der afrikanische Empfang war hier herzlicher: Dafür sorgten der spanische Gouverneur und die französischen Piloten, die sich in liebenswürdigster Weise um uns kümmerten.

Die Mauren, die vor ihren lumpigen Zelten standen, grüßten uns mit strahlendem Lächeln, aber in ihren Augen funkelte etwas, das nicht sehr beruhigend aussah.

Die weißen Gebäude mit den blauen Zinnen machten durch ihre Anordnung und Einheitlichkeit den Eindruck eines Dorfes. In Wahrheit gab es jedoch nur die Kaserne, den spanischen Luftstützpunkt, den Stützpunkt der Air France, die Fischerei, eine Faktorei, die spanisch-arabische Schule und ein paar Baracken. Danach kam nur noch der nackte Boden, eingeebnet wie von Menschenhand, rot und trocken wie gebrannter Ton.

Ziemlich weit in der Ferne war die Halbinsel von einem Stacheldrahtzaun versperrt, der mehrere kleine Forts miteinander verband.

Jenseits davon lag die Freiheit, das Abenteuer, die magische Anziehungskraft eines ungewissen Horizonts. Das war die Wüste!

Und hinter der Absperrung wartete eine Karawane, wie eine geheimnisvolle Einladung …

Eine ganze Woche lang, je nach Fangerträgen und Begegnungen, zog die afrikanische Küste, blass und trostlos, an Backbord an uns vorbei.

Der Fang war schlecht. Am 20. Dezember mussten wir der *Belle Hirondelle* Lebwohl sagen. Man verlässt ein Schiff nicht ohne Bedauern, ebenso wenig wie die braven Weggefährten, deren Leben man drei Wochen lang geteilt hat. Ihr Schicksal lag im Süden, in den warmen Gewässern von Englisch-Gambia; unseres hingegen in den Sandwüsten des Ostens. In beiden Fällen war der Ausgang ungewiss.

Unsere Ankunft in Port-Étienne war bescheiden: Nachdem wir den Coppolani-Leuchtturm umrundet hatten, dann den Leuchtturm von Cansado, stieß das Boot gegen einen schwarzen Holzpier, der von der Brandung geschüttelt wurde, am Rand eines langen, weißen Strandes, auf dem ein paar Boote vor sich hinfaulten. Auf drei Kilometer langen, niedrigen Dünen reihten sich vier kleine Gebäudegruppen aneinander, mit Stacheldraht umzäunt und alten Blechkanistern gespickt, ein dritter Leuchtturm, einige kleine Forts, aus denen der mohnrote Farbklecks eines Infanteristen-Fes auftauchte. Hier und da bedeckte ein Aussatz von schmutzigen Zelten den Boden. Kein Strauch, kein Gras: Die Heuschrecken waren durchgezogen.

Maurische Fischer in abgetragenen europäischen Kleidern, aber den Kopf mit indigoblauer Baumwolle umwickelt, begrüßten uns in einer unbekannten Sprache und nahmen uns unser Gepäck ab: eine Kiste mit rostigen Eisen, verschimmelte Koffer, eine Ladung Holzschuhe und Ölzeug, den Strohsack, der unterwegs seine Haferfüllung verlor. Am Schluss des Zugs marschierten Marion und ich ohne Eitelkeit dem herzlichen Empfang durch ein paar konsternierte Kolonialbeamte entgegen.

Ab Port-Étienne (wahrer Name Nouadhibou, »Brunnen der Schakale«, obwohl es dort keinerlei Wasserstelle gibt) versteht man leicht, warum die Mauren nur ein einziges Wort, *trab*, für das Land und den Sand haben. Kennen sie ein Land, können sie sich ein Land vorstellen, das nicht aus Sand besteht? Wir sehen, so weit das Auge reicht, nur weißen, pudrigen Boden, mit kleinen Hügeln und Sandsteinfelsen gespickt, die vom Wind zu fantastischen Gebilden geschliffen sind. Dieses bizarre Chaos, mit französischen und arabischen Gräbern dazwischen, bedeckte die ganze Halbinsel bis zu den glatten Stränden des spanischen Postens in Aguera.

Port-Étienne, einer der ersten Posten, die von den Franzosen an der Grenze zu Rio de Oro errichtet wurden, ist so bekannt, die Flugzeuge der Air France haben schon so viele Reisende hier abgesetzt, dass ich es nicht noch einmal beschreiben muss. Alles wurde bereits gesagt über den Militärposten, den Fliegerstützpunkt, die Fischerei, die Lager der *rezzou*, den Ehrgeiz der Stadt, als großer Fischerhafen zu gelten, ihre enttäuschten Hoffnungen. Vielleicht entschied die Regierung von Mauretanien, die ihren Sitz in Saint-Louis im Senegal hat, als sie ihr defizitäres Budget prüfte, dass es dringendere Aufgaben zu bewältigen gab als einen Hafen mit Werft und Zementinsel zu bauen für die seltenen Schiffe, meistens ausländische, die Wasser und Waren zu diesem Posten mit einem Hinterland ohne Ressourcen bringen. So blieben der Kühlschrank im Reich der Träume und die Schaluppen auf dem offenen Meer, wo sie sehr gut zu Rande kommen. Die Einwohner wurden auf diese Weise von der Errichtung einer Zollgrenze verschont (nach einem fruchtlosen Versuch) und die Fischer an der französischen Küste, mitten in der Krise, vor Seezungen zu fünf Franc das Kilo.

Die große Affäre für uns war die Begegnung mit den Mauren. Deshalb waren wir hierher gekommen, und sie brannten geradezu darauf, mit uns in Kontakt zu treten. Bislang bestanden ihre Avancen vor allem darin, uns zu verfolgen und aus vollem Hals: »Boujou, Madame-cadeau!« zu brüllen (Bonjour, Madame-Geschenk!) Wir hatten eine Schar nackter Kinder im Schlepptau und Frauen, die wie antike Statuen in die fließenden Falten ihrer *malahfas* aus blauschwarzem Guineatuch gehüllt waren. Die Frauen bettelten nicht, sie forderten. Die Männer, die misstrauischer waren, beobachteten uns von fern und wandten den Kopf vor dem Fotoapparat ab.

Nach und nach wurden die armseligen Zelte gastlicher. Manchmal wurden wir sogar im Vorübergehen hineingerufen, um, auf Matten hockend, die vier obligatorischen Gläser des stark gezuckerten Tees zu trinken.

Wir hatten Freunde: der Diula, ein reisender Händler, der gekommen war, um Zuckerblöcke, Tee und Guineastoffe zu kaufen, die seit mehreren Jahrhunderten die Tauschwährung darstellten, und der die Waren dann in entfernten Lagern weiterverkaufte; die schöne Aicha, die von ihrem Ehemann aus dem Süden hergebracht, anschließend verstoßen worden war und nun seit zwei Jahren vergeblich auf eine durchreisende Karawane von zu Hause wartete, mit der sie in das Zelt ihres Vaters zurückzukehren konnte, um dort wieder zu heiraten; Ahmed Saloum, der Chef der Fischerei, der uns in den Süden nach El Memrhar bringen und zu unserer Eskorte stoßen sollte, sobald wir in Dakar die Genehmigung erhalten hatten, in den Busch aufzubrechen.

Der Busch, ein magisches Wort, das eine leidenschaftliche Flamme in ihren Augen entzündete. Der Busch ...!

»Dort hast du die großen Kamele, die Ochsen, die Schafe, viel gute Milch. Und schöne Zelte aus Schafshaut hast du dort. Hier, siehst du, gibt es nichts, weil keine Weiden für die Tiere da sind ... Er ist so schön, der Busch ... Du machst alles, was du willst, du marschierst, du ruhst aus, niemand sieht dich, niemand sagt dir was.

Du bist frei, verstehst du? Ja, genau, das ist es – du bist frei! ... Der Beidani auch, der ist auch frei ...!«

Und so blieben sie unter ihren lumpigen Dächern, in dem Land, in dem eine Garnison, der Air-France-Stützpunkt, die Fischerei, eine Krankenstation, eine Post, Boote, Reisende einen europäischen Lebensstil eingeführt haben, wo die Mauren durch ihre Arbeit direkt mit der fremden Welt in Berührung kommen, dennoch bleiben, was sie waren: Nomaden, solidarisch untereinander gegenüber den Herren, denen sie dienen mussten, um zu leben, den Herren, die sie manchmal liebten, denen sie aber immer den fernen Busch vorzogen.

Flugzeuge, Autos oder die drahtlose Telegrafie, diese Wunderwerke der Technik, auf die der Nazarener so stolz ist, bedeuten ihnen nichts; stattdessen träumen sie vom Busch, in dem es nichts gibt als eine wunderbare Freiheit.

Arme Nomaden, die von weit hergekommen waren, um sich hier zähmen zu lassen! Es waren zum größten Teil Berber, Söhne der Almoraviden, der Eroberer Spaniens. Ihre reicheren Verwandten in Fez, in Marrakesch, in Agadir bewahren bis heute ehrfürchtig die »Zabil«-Währung – so genannt nach einer spanischen Prinzessin, die in einen marokkanischen Sultan verliebt war – und den Schlüssel des Hauses in Cordoba oder Granada, das ihre Vorfahren im Mittelalter bewohnten. Wer kennt schon die Zukunft und die Wege Allahs?

In Port-Étienne waren sie jetzt, doppelt besiegt, Tributpflichtige von Kriegern und Marabuts und französische Steuerzahler. Als Seeleute, Hilfsarbeiter, Mechaniker oder Boys ließen sie sich im Kontakt mit einer Zivilisation korrumpieren, die unvereinbar mit der ihren war, während sie genug Geld anhäuften, um die französischen Steuern und die Abgaben an ihre arabischen Lehnsherren zu bezahlen.

Bei diesen kleinen Leuten, den Zenaga, die man leicht an ihrem berberischen Typ erkennen konnte – stämmige Körper, breite, fahle Gesichter, von schwarzen Bärten eingefasst –, trafen wir auch ihre Anführer. Die Marabuts Ahel-Grâa und Barek-Allah handhabten das Gewehr ebenso selbstverständlich wie den islamischen Rosenkranz, aber die Krieger, die sich stolz »Hassanen« nannten, also Söhne des Hassan, des Eroberers, kannten nur das Pulver. Unter ihnen die Ouled Delim, die sich mit bitteren Gefühlen den französischen Waffen unterwarfen. Auf dem Rücken ihrer ausgemergelten Kamele kamen die Anführer der verschiedenen Gruppen aus Rio de Oro, um die Unterwerfungssteuer auszuhandeln, die sie ihren eigenen Tributpflichtigen so gut abzupressen verstanden. Sie waren wild und edel, ihre Augen funkelten unter ihren *haouli*, grausam, lauernd, wie die eines Schakals, der sich in einer Falle verfangen hat.

Die Herren der Fischereiflotte waren auch Ouled Delim, das einzige Kriegervolk, das Seeleute zu den Seinen zählt und arbeitswillig ist, auch wenn sie nicht ohne Bitterkeit für den mageren Lohn von vier bis acht Franc Christen dienen.

Ihre Schiffsjungen und Handlanger, die den riesigen Umberfisch, der in den afrikanischen Gewässern so häufig vorkommt, säuberten, salzten und trockneten, waren schwarze Sklaven, deren Vorfahren im Senegal oder im Sudan geraubt worden waren. Diese hier waren Imraguen, Fischer, die in Strohhütten entlang der gesamten Küste leben.

Die französische Verwaltung nennt sie »serviteurs-né« (erbliche Leibeigene) und bestraft streng jeden Kauf oder Verkauf, der ihr zu Ohren kommt. Nur leider erfahren die Behörden nicht alles, was sich im Geheimen im Busch abspielt.

Wer in Mauretanien an Land geht, wird um zwanzig Jahrhunderte in die Vergangenheit zurückversetzt, eine Rückkehr in biblische Zeiten. Die Herren der Zelte und die Diener teilen Reichtum und

Elend, dieselbe Decke aus Ziegenleder, dasselbe Glas Tee, dieselbe Pfeife, und doch sind die Diener Sklaven, Gefangene, über die ihr Herr das Recht auf Leben und Tod hat, die er nach Belieben kaufen, mieten, verkaufen oder freilassen kann.

In Marokko hat die französische Verwaltung diesen Sklaven mit der Freiheit zugleich die Angst vor einer ungewissen Zukunft, die Arbeitslosigkeit, die Krise geschenkt, und sie flehen ihre alten Herren an, sie wie früher in den Schoß der Familie aufzunehmen.

Die Sklaven Afrikas kennen keine Sorgen, sie brauchen keine Versicherungen, keine Renten; ihr Zuhause ist das Zeltlager, von der Geburt bis zum Tod, und wenn ihr Herr sie freilässt, bleiben sie, *haratine* genannt, freiwillig bei ihm.

So unvollkommen die maurische Gesellschaft auch sein mag, bevor man sie umstürzt, sollte man sicher sein, dass man etwas Besseres anzubieten hat.

Hundert Kilometer nackter Sand trennten diese Verbannten, Araber, Berber und Schwarze, von ihrem verlorenen Paradies.

Oft vergnügten sie sich nach dem Tee mit Tänzen, die sie sichtlich aufleben ließen. Die *haouli*, zu Schärpen geworden, gaben ihre krausen Locken frei. Ekstatische Schauer ergriffen die Tänzer, und die langen Gewänder aus blauem Perkalstoff, die auf den ausgebreiteten Armen entfaltet wurden, zitterten wie ungeduldige Flügel. Lange Zeit berauschten sie sich am Rhythmus des Tamtams, das eine alte Frau auf einem leeren Blechkanister schlug, aber auf ihrer Stirn lastete der Fatalismus ihrer Rasse, die Resignation, die sie hier festhielt, klaglos, denn Allah, den sie Moulanah nannten, wollte es so.

Manchmal fielen die Masken der Knechtschaft, und wir erhaschten einen Funken wilden Stolzes, ein Aufwallen von Rebellion und Hoffnung. Viele dieser Männer gehörten zu abtrünnigen Völkern, die die großen *rezzou* von 1924 und 1927 angeführt hatten, die die Flugzeuge plünderten, die im Rio de Oro notlandeten oder abstürzten, die nicht davor zurückschreckten, einsame Wanderer in der Nähe von Port-Étienne zu massakrieren, und im Umkreis des »Blauen Sultans« in der Gegend von Smara und Wadi Nun kämpften.

Eines Abends, als wir bei einem Europäer weilten, einem Freund der Mauren, kam ein junger Bursche herein, von der stolzen Schönheit, wie sie den halbwüchsigen Wüstensöhnen eigen ist. Sein *haouli* umrahmte ein wunderbar edles Gesicht, mit großen schwarzen Augen von makelloser ovaler Form. Die weißen Perkal-Schulterriemen, die sich über dem blauen Gewand kreuzten, hielten einen marokkanischen Dolch aus ziseliertem Silber und die Patronentasche aus rotem Leder.

Er war der Diener des Arztes.

Er führte die rechte Hand an sein Herz und rief die Segnungen Moulanahs auf den Hausherrn herunter, der zugleich sein Vater und seine Mutter war, wohltätig wie der Regen, groß wie die Sonne und ...

Der Europäer unterbrach ihn.

»Was willst du?«

Und da erzählte Mohammed eine lange Geschichte, mit Lobreden und flehentlichen Bitten gespickt. Seit langer Zeit (er war höchstens siebzehn) wollte er heiraten, und die Frau seines Herzens (die zwölf war) war an ebendiesem Tag mit ihren Eltern aus dem Busch gekommen. Der Vater verlangte fünfhundert Franc Mitgift von dem Verlobten!

In Mauretanien muss nämlich der Ehemann eine Mitgift zahlen, die seiner Kaste angemessen ist. Der Europäer sagt dazu, dass die Mauren ihre Töchter verkaufen. Der Maure sagt, dass die französischen Frauen sich ihre Männer kaufen, und jeder verachtet den Brauch des anderen.

»Hundert *ouguïate*! Was soll ich tun, ich, der ich nichts besitze? Daher bin ich zu dir gekommen, weil du reich und mächtig bist.«

Der Europäer stellte sich taub, redete von etwas anderem.

»Hast du die Ouled Delim gesehen, die gestern angekommen sind, um sich zu unterwerfen?«

Mohammeds Gesicht verfinsterte sich.

»Ja, sie haben den Tribut bezahlt, Gewehre und Kamele. Es hat nicht geregnet im Rio. Die Tiere haben Hunger; was bleibt ihnen da anderes übrig, als zu den französischen Weiden zu ziehen?«

Immer ist es der Regen, der aller Diplomatie zu Grunde liegt, den Unterwerfungen und *razzi*.

»Nicht nur deshalb, Mohammed; die Franzosen werden einen großen Krieg im Wadi Nun führen, und deine Verwandten, die Ait Lhassen, sprechen selbst davon, dass sie sich unterwerfen wollen.«

»Nein, nein, die Ait Lhassen, niemals unterworfen, nie Tribut bezahlen an *roumis*, nie. Mein Volk, das sind zu große Krieger. *Al Hamdullilah*!«

Und Mohammed, der mit glühenden Wangen dastand, die Hand über seinem Dolch verkrampft, vergaß seine Verlobte und seine fünfhundert Franc ... die er am nächsten Tag dennoch bekam.

Die Hochzeit war sehr schön. Mitten in der Nacht hörte man trotz des Lärms der Trommeln den Schrei der Neuvermählten, und am Eingang ihres Zelts wurde ihr *malahfa* gezeigt, der die Spuren ihrer kostbaren Jungfräulichkeit trug.

Sie waren auch durchaus zu Treue fähig, wenn die Macht und Größe eines Anführers ihre Zuneigung und Anhänglichkeit zu erobern vermochte, wenn er ihren stolzen Kriegerseelen einen Gegenstand der Verehrung bieten konnte.

Der Boy der Fischerei, im Adrar-Gebirge geboren, war der Vasall eines Hassanenvolkes. Er war noch ganz jung gewesen, als ihn der

Zufall nach Port-Étienne verschlagen hatte. Er war ein friedfertiger Mensch, sehr ergeben, ein erstklassiger Koch, und ließ sich nur zu gerechtem Zorn hinreißen, wenn sein Meister ihn als »Philosophe« bezeichnete.

»Nein, Monsieur, Sidi nicht ›Mach die Eier‹. Das nicht nett, so etwas sagen, Monsieur! Nur Strauße ›machen Eier‹!« (»Philosophe« klingt in Sidis Ohren wie »Fi les œufs!«, »Mach die Eier!«)

Und Sidi zog seinen *haouli* über die Nase hoch und begab sich würdevoll in seine Küche zurück, während die Schürze zwischen seinen nackten Beinen flatterte.

Aber Gott weiß, dass Sidi der Titel »Philosoph« gebührte!

Eines Tages passierte es, dass die Gäste, die am Tisch versammelt waren, vom Adrar sprachen, von seiner Eroberung, von General Gouraud, der gerade nach Dakar gekommen war, um das Denkmal des Generals Archinard in Bamako einzuweihen.

Sidi blieb wie angewurzelt stehen, mit offenem Mund, einen Teller Sahne in einer Hand, die andere auf der Brust.

»Nun, was ist dir, Sidi? Träumst du?«

»Nein, Monsieur, Sidi niemals träumen! Aber wenn du sprechen Genilal Gouraud, ich verlieren meinen Kopf.«

»Ah, das ist wahr! In Sidis Heiligenverehrung kommt Gouraud gleich nach Moulanah und seinem Propheten.«

»Ja, Monsieur. Ich kenn ihn sehr viel gut! Als meine Verwandten alle tot im Franzosenkrieg, ich ganz allein im Busch, und die Senegalschützen haben mich aufgelesen. Dann bin ich nach Atar gekommen und habe Boy für Gelinal gemacht. Ich klein, klein, ich noch nix bekommen Bubu. Ich, Monsieur, ich Kaffee servieren für Gelinal Gouraud. O, mein Gott, er so stark, Gelinal Gouraud, so stark und gut! Akh!«

Der Tod seines Vaters, seiner Onkel, seiner älteren Brüder, die Demütigung der Niederlage, all das wurde ausgelöscht von dem

Charisma des großen Heerführers, der wie eine mythische Gestalt im Adrar aufragte, in den kargen, harten Bergen, rechteckig wie gewaltige Sockel, die wir eines Tages sehen würden.

Und so lernten wir nach und nach die Mauren kennen, die grausam und gastfreundlich sind, stolz und unterwürfig, faul und gierig, großzügig und Bettler ohne Scheu. Da sie das Wenige, das sie besitzen, miteinander teilen, finden sie es normal, dass die, die etwas besitzen, ihrerseits mit ihnen teilen, und sie sind fähig, ihren Eroberer zu bewundern, sofern sie ihn respektieren können. Man nennt sie hinterhältig, weil das Herz sich nicht immer unterwirft, wenn die Hand den Tribut bezahlt – und trotz allem liebt man sie wegen der Vornehmheit ihrer Rasse, ihrer Anmut, wegen des Geheimnisvollen, das sie umgibt.

Afrikanisches Meer – wer aus dem Norden kommt, von der braunen Erde und den grauen Wassern, stellt sich sogleich eine lapislazuliblaue Ausdehnung vor, unter einem blendenden Azur hingebreitet. An diesem Tag war das afrikanische Meer ein Tumult aus Jade und Silber, von der Dünung aufgewühlt. Der Ostwind peitschte bald heftige Regengüsse, bald den Sand der Wüste herunter, und der Gewitterhimmel warf violette Bänder und bläuliche Lichtreflexe hinein.

Die Bucht von Lévrier ist groß und tief. Bis zum Horizont, hinter dem Port-Étienne verschwunden war, nichts als Wasser, der Himmel und mittendrin, im Wind, dessen Lauf durch einen ganzen Kontinent von keinem Hindernis gebremst wurde, ein kleines kanarisches Fischerboot mit schlanker Silhouette, das sich recht und schlecht in den Wellen behauptet, mit seinem großen, an der Raa zulaufenden Insektenflügel.

Das Heck war in eine Art Plane aus grobem Segeltuch gehüllt; der Bug mit einem Haufen blauer Lumpen verstopft. Am Ruder Ahmed

Saloum, das Gesicht bis zu den Augen in seinem *haouli* verborgen; im Bug, wachsamer Ausguck, ein Schwarzer in einem Turban, halb nackt unter einem großen Stück abgewetzten Fells. Nichts sonst rührte sich. Als das Fischerboot im goldenen Licht der Abenddämmerung in die ruhigen Wasser der Pelikanbucht glitt, wagten Marion Sénones und ich, die Nase aus der Plane herauszustrecken, unter der wir mit unserem Gepäck um den Strohsack herum Schutz gesucht hatten.

Brahim, der Ouled-Delim-Boy, erwachte. Die Lumpen bewegten sich, und darunter kam ein großer, hochmütiger Maure zum Vorschein, im tiefen Guineablau, noch triefend vor Farbe. Später sollte er in Tenaloul abgesetzt werden, um einen Warenkonvoi zu organisieren. Der zweite Matrose zeigte sein Piratengesicht, und Cheikh, von der strahlenden Schönheit der jungen Nomadensöhne, richtete sich auf, den Karabiner in der Faust. Am Fuß des Mastes fiel ein altes Focksegel auf die Brücke herab und gab eine Frau und ihr dreijähriges Kind frei, die kleine Bettah, die schlicht und einfach mit einem Silberkettchen an jeder Hand bekleidet war, einem Kostüm, das ihr offensichtlich unzureichend erschien, denn sie brüllte laut in dem eisigen Wind, der durch unsere dicken Wollsachen pfiff. Vergeblich: In Mauretanien ist es nicht üblich, Kinder zu bedecken, egal bei welchen Temperaturen und Wetterbedingungen.

Alle reckten und streckten sich, murmelten: »*Al Hamdullilah! T'barek Allah!* – Gott sei gesegnet«, weil er uns, den Nomaden der Wüste, die schrecklichen Dschinn vom Leib gehalten hatte, die das Meer bewohnen! Man musste ihnen notgedrungen die Stirn bieten, denn auf der Piste von Tasiast lauern Gefahren, die schlimmer sind als böse Teufel: die R'Gueïbat Banden, die an der Grenze zu Rio auf die kleinen, einsamen Karawanen lauern.

Jeder der Männer wickelte die lange N'Bahn Guineatuch um seinen Kopf, raffte die fließenden Falten der Tunika im Gürtel zusammen und hängte die rote Patronentasche und den silbernen Dolch in die gekreuzten Schulterbänder ein; dann ging die kleine maurische Pfeife, mit einem herben Tabak gestopft, von Mund zu Mund.

Das Fischerboot näherte sich langsam dem Strand. Tausende von Vögeln stoben mit durchdringendem Kreischen auf. Im letzten Moment, als das Schiff zu kentern drohte, holte der Fischersklave Messaoud das Segel ein, setzte sich aufs Schandeck und ließ sich bis zum Bauch ins Wasser gleiten. Das Wasser strudelte um seinen glänzenden, dunklen Körper und begleitete mit Blei und Gold seinen Marsch zu den Haltetauen, dem Anker, dem Boot.

In der Nähe des improvisierten Zelts, am verlassenen Ufer, wurde bald ein Buschfeuer entfacht, um Tee zu kochen. Der große Abendfrieden, der einen Augenblick gestört war, stellte sich nach und nach wieder ein. Die Männer warfen sich gen Mekka nieder, unter dem ersten Stern, ließen symbolisch Sand über ihre andächtigen Gesichter rieseln, und die Worte des Salam stiegen ernst auf in die muslimische Nacht.

Paris war fern. Das Abenteuer, das wir ersehnt hatten, hielt uns jetzt in seinem Griff.

Sobald wir die Genehmigung des Generalgouverneurs von Französisch-Westafrika erhalten hatten, waren wir nach El Memrhar aufgebrochen, einem Dorf der Imraguen, wo drei Krieger unter dem Kommando eines alten Stammesführers zu uns stoßen sollten, um uns nach Nouakchott zu bringen. Danach würden wir weitersehen.

Im Augenblick waren wir hier, mit unseren kleinen Revolvern und unserem großen Vertrauen, mitten unter den Ouled Delim, einer halb unterworfenen Gruppe eines abtrünnigen Volks. Zwar hatte man uns gesagt, dass es anständige, seit langem in Port-Étienne angestellte Leute seien, aber man hatte uns auch erzählt, dass ihre Verwandten, ebenfalls Matrosen auf französischen Booten, 1932 fortgelaufen waren, um an dem Überfall auf Moutounsi teilzunehmen, bei der der Oberleutnant Mac-Mahon getötet worden war.

Die Loyalität der Völker des Nordens hängt vom Klima ab. Regen auf den Weiden von Rio de Oro bedeutet Abtrünnigkeit; auf den Weiden des Südens dagegen Unterwerfung. In diesem Jahr war es im Rio trocken. Die Frage war nur, für wie lange?

Brahim kam herüber und setzte sich zu uns. Je weiter wir uns von Port-Étienne entfernten, desto mehr verlor er seine falsche Unterwürfigkeit, die den gut gedrillten Boy verriet. Er trug jetzt wieder den Bubu, so wie die anderen; er kehrte nach Hause zurück; er wurde wieder ein Nomade, ein Herr der Wüste.

»Hast du gar keine Angst? Hör zu, damit du verstehst. Der Beidani, er ist guter Kerl. Er macht nur Geschichten, wenn er zu böse ist wegen Armut und Steuern. Der Europäer, er will alles nehmen, er will ganz Afrika nehmen, er lässt bezahlen für die Weiden, für die Brunnen, für alles. Das ist unmöglich! Wenn du rechts nichts mehr zu essen hast, gehst du links; wenn du kein Geld verdient hast, kämpfst du, damit du das bekommst, was du brauchst, und dann läufst du zu den Spaniern und versteckst dich, was willst du machen?«

In Port-Étienne geben die Beidane vor, unsere Nachbarn (die Spanier) zu verachten, aber hier …

»Die Spanier, da gibt's gute und schlechte, wie bei den anderen natürlich. Ich, ich werd dir erklären, was Hintergrund von Problem ist, damit du gut verstehst. Du hast den Chef meiner Leute in Port-Étienne gesehen. Er hat sich unterworfen, er hat die Gewehre, die Kamele abgegeben und alles. Der Kommandant behandelt ihn wie gefangene Sache. Wenn mein Chef nach Cap Juby geht, verlangen die Spanier nichts, sie machen Geschenke, sie grüßen höflich. Der Krieg ist zu Ende, gut! Man muss Freunde werden und das Böse vergessen, wie der Beidani es mit dem Beidani macht. Du verstehst, die

Spanier, sie sind nicht so stark wie die Franzosen, aber nicht schlecht für die Unterwerfung.«

Dann kam Brahim auf seine gegenwärtige Sorge zurück: »Nein, du musst nix Angst haben! Wir machen alles, was du willst. Wir führen dich nach El Memrhar; ist gute Leute, die Imraguen. Danach siehst du ganzes Mauretanien, und das, mein Gott, das ist komplett schön!«

Und, wie als Unterpfand für den Pakt, den wir mit dem Trab-el-Beidane und seinen Nomaden geschlossen hatten, holte der arme Brahim, Hassanenkrieger und französischer Boy, aus seiner Patronentasche zwei kleine Silberringe mit abgenutzten Ziselierungen hervor, die er uns in seiner hohlen braunen Hand hinhielt.

Nach dem Salam der Morgendämmerung holte Messaoud, der schwarze Bootsmann, seine ganze Gesellschaft an Bord, und wir glitten, von den Seevögeln begleitet, aus der Pelikanbucht hinaus, einer runden, von einem flachen Ufer gesäumten Schüssel.

Ein scharfer Wind pfiff vom Land her, und wir schlotterten in der graugrünen Morgenfrühe, was nicht dazu beitrug, die Landschaft, die so vielen Tragödien als Kulisse gedient hatte, freundlicher zu gestalten.

So viele Galeeren, Karavellen und Schiffe waren schon den Sandbänken, die Messaoud, nach vorn gebeugt, Ahmed Saloum ankündigte, zum Opfer gefallen, seit der Zeit, als Hanno, der karthagische Seefahrer, seit die Perser und die Phönizier Krokodile im Seguiet-el-Hamra und im Wadi Dra gesichtet hatten! Seit Nuno Tristão 1443 die Insel Arguin entdeckte, seit die Sklavenschiffe zu den europäischen Handelskontoren an der Küste Mauretaniens und des Senegals gesegelt waren! Wie leicht war es, unter diesem grauen Himmel, während unser Boot an den ersten Hängen des Banc d'Arguin vorübersegelte, die *Méduse* heraufzubeschwören, die hier 1817 kenterte, die Boote mit den Schiffbrüchigen und das grausige Floß, das tagelang dahintrieb und seine Leichname der Wasser- und der Sandwüste an der Küste übergab!

Die Landung an der Südwestspitze von Arguin gegen sechs Uhr bot eine erfreuliche Ablenkung. Jetzt war es an uns, auf die Schultern von Messaoud zu steigen und so an einen aufgeweichten Sandstrand zu gelangen, der sofort unsere Beine verschlang. Als wir dann auf einer Uferböschung saßen, im Schutz einiger Sträucher, nahmen wir lebhaften Anteil an der Zubereitung unserer ersten maurischen Mahlzeit.

Als Erstes saugten unsere Gefährten, von Ahmed Saloum bis Bettah, die Tülle der mit trübem Wasser gefüllten Teekanne aus. Danach wurde darin der grüne, sirupartige Tee gekocht, von dem man vier Gläser zu trinken pflegt. Beim zweiten hatte ich genug, aber Marion, die widerstandsfähiger ist, nahm noch ein drittes. Brahim machte sich an einem Kessel zu schaffen, aus dem wir zu gegebener Zeit mit der hohlen Hand, so wie die anderen, eine scheußliche Brühe aus Reis, Fleisch und Sand schöpften.

Wir ahnten nicht, dass die Zeit bald kommen würde, da uns der Tee in der Kanne immer viel zu schnell zur Neige gehen und der mit vollen, fettigen Händen umgerührte Reis eine willkommene Abwechslung vom zähen *méchoui* sein würde, dem im Sand oder in der Glut gegarten Hammelspieß, die Zeit, da auch wir in großen Schlucken aus dem Wasserkessel und den gemeinsamen Kalebassen trinken würden, denn das Leben im Busch vereinfacht das Dasein, indem es illusorische Hygienevorschriften schnell vergessen lässt.

Das also war Arguin, der weiße Fleck auf dem blassen Ozean der Saharakarte: eine riesige rote Sebkha, ein ausgetrockneter Meeressumpf, im Nordosten von hellen Dünen begrenzt. In dem Maße, wie wir sie überquerten, Cheikh und Sid Ahmed an der Spitze, den Karabiner über der Schulter, schienen die Dünen sich aufzulösen wie eine Fata Morgana. Und doch wussten wir, dass dort unten das verfallene Fort und die Zisternen der Niederlassungen lagen, die Portugal, Holland, England und Frankreich sich vier Jahrhunderte lang streitig gemacht hatten, die bald florierten, bald von der Senegal-Compagnie zu Grunde gerichtet wurden.

Das einzige Resultat jener Kämpfe waren die Gräber, die mit ihren Einfassungen aus unbehauenen Steinen das äußerste Ende der Insel bedeckten. Die ältesten erstreckten sich jenseits einer roten Lehmverwerfung bis zu einem Kap aus weißem Sand. Sie waren noch immer regelmäßig mit rauem Sandstein gekennzeichnet, und auf jedem kennzeichnete ein schwarzer Block das Kopfende.

An den Rändern des vom Meer unterhöhlten Kaps war der Sand abgerutscht und hatte herausgeschleuderte Skelette freigelegt, die aus ihren leeren Augenhöhlen auf die Ruine von Arguin, das eingestürzte Fort und den nutzlosen Landungssteg starrten.

Von den blutigen Kämpfen der Habgier, der Missgunst war nur das hier geblieben: Steine, Knochen, zertrümmerte graue oder schmutzigrote Ziegel, die einst von portugiesischen Sklaven fabriziert wurden, Feuersteinsplitter, von den Mauren verloren, Schutthaufen eingerissener Mauern, unter denen vielleicht ein Geheimnis ruhte, die unversiegbaren Zisternen am Grund der Höhlen, wo die einheimischen Fischer sich heute noch mit Wasser verproviantieren.

Vorbei die traurigen Erinnerungen und trostlosen Landschaften. Sobald wir das hohe Felsmassiv umrundet hatten, das die Landspitze El Freh am Ende eines schmalen Sandkamms ins Meer hinausstreckt, traten wir ins Reich der Vögel ein.

Sie waren überall, beschrieben Linien, Kreise und Dreiecke in der Luft und hüllten die von Meer und Wind erodierten Sandsteinfelsen in einen Mantel aus Federn ein. Sie bildeten große, pulsierende Inseln auf dem Wasser; die Iknioua (von den Mauren »Fohidiji-Jraif«

genannt; ihre Zahl variiert je nach den Gezeiten) waren damit bedeckt. Es gab sie in allen Größen, in allen Grautönen, in allen Flugformationen. Die rosafarbenen Flamingos entfalteten die Anmut japanischer Kakemonos, und die plumpen, feierlichen Pelikane hielten sich vom gewöhnlichen Volk der Blesshühner, Möwen und Kormorane fern.

Von Zeit zu Zeit hätten wir doch gern gewusst, wo wir waren. Über die Karte gebeugt, versuchten wir deren Skizzierungen mit den ungewissen Konturen der wandernden Küste zu vergleichen. Die Mannschaft nannte uns die Inseln, die Kaps, die Wasserstellen, die von den Geografen mit Politikernamen oder originellen Bezeichnungen wie »Kap der Hyänen« oder »Kap der Strauße« französisiert worden waren. Da die Geografen nicht anwesend waren, werden wir nie erfahren, was sie sich dabei gedacht haben.

Zum Glück hatten wir andere Zerstreuungen: das Vergnügen, in der wiedergekehrten Sonne zu träumen, die Drolligkeiten von Bettah, die mit ihren kleinen Händchen den geheimnisvollen Tanz der Hände ihrer Großmutter nachahmte, die Haie, die um das Boot schossen, die ersten Wüsteneuphorbien an der Küste, die ersten Dromedare, die sich als bizarre Silhouetten auf dem Kamm der Dünen abzeichneten – und plötzlich, an der Biegung eines Kaps, ein Boot wie das unsrige, das uns entgegensegelte.

Es waren Imraguen auf dem Weg nach Port-Étienne. Die beiden Boote legten sich längsseits, die Segel eingerollt. Die Männer murmelten eine Litanei endloser Begrüßungen.

»*Labès*? ... Fehlt euch nichts? Wie geht es euch? ... Gut, Gott sei Dank! ... Wie geht es euren Kindern? Eurer Familie? Euren Freunden? Den anderen im Zeltlager? Euren Herden? ... *Labès aleikum, al Hamdullilah*! Es fehlt ihnen nichts, Gott sei gelobt! Möge er dir ein langes Leben schenken, möge er deinen Rang erhöhen, möge er deine Neider zerschmettern!«

Jede Frage, jeder Wunsch wird mehrmals wiederholt; das Ganze dauert eine gute Viertelstunde. Danach erzählten uns die Imraguen, dass Cheikh-ould-Mouknas sein Lager in Tenaloul hatte und sich bereithielt, zu uns zu stoßen.

Das Boot war voll getrockneter Fische, von welchen ein Schwarzer Messaoud einen Arm voll hinhielt, im Tausch gegen einen Zuckerblock. Ein Mückenschwarm umschwirrte diesen Tauschhandel.

Plötzlich hob eine kleine braune Hand eine Segelbahn hoch, und eine Beidani erschien, auf Säcken hockend. Es war eine Kriegerfrau, die zu ihrem Zelt im Rio de Oro zurückkehrte, und ihr Gesicht war nicht verhüllt wie das der Marabut-Frauen. Sie hatte kühne und zärtliche Augen; ihre Zähne funkelten in ihrem dunklen Gesicht; barbarische Ketten zierten ihren Hals; ihre Haare, zu zahlreichen kleinen Zöpfchen geflochten, waren mit Perlen und Muscheln geschmückt. Mit ihrem runden Arm, der mit Armbändern überladen war, winkte sie uns zum Abschied, als ihr Boot sich mit anmutigem Flügelschlag seines geblähten Segels nach Norden wandte.

Am Ufer der Insel Fohidiji-Jraif genossen wir unsere letzte Meeresnacht, friedlich, biblisch, um ein Feuer, das rote Lichtreflexe auf die wehenden Gewänder zauberte, auf die muskulösen Oberkörper, die edel geschnittenen Profile. Einziges Lebenslicht auf diesen verlassenen Inseln, dem verlassenen Meer, an der verlassenen Küste. Wir allein, eine kleine Gruppe ungleicher Menschen, ein mageres Feuer, ein Boot, das ist alles.

»Niemand sieht dich, niemand sagt dir etwas! Man ist frei ... Er ist so schön, der Busch!«

Auf der niedrigen Düne verströmten die gelben Blüten der »Maurenbananen« ihren Alpenveilchenduft.

Im Westen erstreckten sich zwei andere Inseln parallel zueinander, Iouili und Tidra. Im Osten war die Erde mit Gestrüpp bedeckt.

In unruhigeren Zeiten wäre die Nacht weniger friedlich gewesen. Um den *razzi* zu entgehen, flüchten sich manche Karawanen nach Gouchneh, das durch eine Untiefe von fünfzig Zentimetern mit Foumotric verbunden ist.

Die Überfälle lagen jedoch nicht weit zurück, und Sid Ahmed, der am Vorabend in Tenaloul an Land gegangen war, würde es bald am eigenen Leib erfahren. Wir übrigens auch!

In einer schmalen Passage, die von Strömungen durchzogen und von Haien bevölkert war, suchte Ahmed Saloum, von Messaoud gelotst, einen ungewissen Weg. Die Küste selbst würde bis El Memrhar von nun an nichts anderes als ein irreales Vexierspiel von Wasser und Sandspiegelungen bieten.

Hier drängten sich die armseligen Strohhütten der Imraguen-Dörfer, Taschott, Regueiba, und ihre Barken, deren Bug so lang und spitz war wie ein Narwalzahn.

Als wir näher kamen, stürzten die Fischer rufend und winkend zum Ufer hinunter. Die Frauen, die sich mitten im Dorf zu Skulpturengruppen zusammendrängten, klatschten in die Hände, tanzten und stießen ihr durchdringendes Trillern aus. Während wir uns entfernten, folgten uns Männer und Frauen, indem sie singend am Strand entlangliefen.

Und unsere Augen ergötzten sich an der antiken Schönheit der dunklen Schleier, in denen der Wind spielte, der kraftvollen Anmut der glänzenden Körper, an dem ganzen urtümlichen Fest zu Ehren des vorüberkommenden Reisenden.

El Memrhar: ein langer weißer Strand. Sanft abfallend, setzt er sich bis weit unter dem Meer fort, dessen Wellen geduldig den Sand hertragen, der Tag für Tag die mauretanische Küste verändert. Rote und violette Fiedlerkrabben recken ihre einzige weiße Schere wie einen

Schild in die Höhe; Pelikane, Möwen, rosafarbene Flamingos suchen ihre Nahrung am Wasserrand.

Zweihundert Kilometer im Norden, Port-Étienne; fünfhundert Kilometer im Süden, Saint-Louis im Senegal. Nichts als versinkende Inseln, rosafarbener Sand, grauviolette Wolfsmilchgewächse und der trostlose Charme einer Natur, die, da sie dem Menschen nichts gibt, auch nichts von ihm empfängt.

El Memrhar: ein paar Hütten, rund wie Bienenkörbe, ein paar braune Zelte. Spielende nackte Kinder, von Mückenschwärmen umsurrt. Man hört das monotone Geräusch der Mörser, die die Fischabfälle für das Abendessen zerstampfen.

Ein barbarischer Fries vor dem blassen Himmel: Schwarze, nur mit einem Lendenschurz aus braunem Leder bekleidet, der ihnen auf der Haut klebt, bringen ihre Netze zurück. Sie sind an Stangen aufgehängt, die sie jeweils zu zweit tragen.

Links vom Dorf erinnern drei bescheidene Bretterkreuze an die Ermordung spanischer Fischer.

Rechts, auf einer Reihe Tümmlerschädel abgestellt, drei modrige Koffer voll heiliger Bücher. Ein alter Marabut hat sie hier gelassen, ehe er gestorben ist, damit sie sich in Staub auflösen und eines Tages mit dem Wind und dem Sand verwehen mögen.

Das also sehe ich, wenn ich jenes Fischerdorf in meiner Erinnerung heraufbeschwöre, wo unser Boot uns eines Januarmorgens mit einem letzten Schwung seines Lateinsegels absetzte.

In Mauretanien verbreiten Nachrichten sich schnell, ob auf dem Meer oder im Busch, und die Imraguen erwarteten uns am Strand von El Memrhar.

Sobald das Boot verankert war, stürzten sie sich wie Bronzetritone in die Wellen, packten uns vom Bootsrand, die Münder zu einem strahlend weißen Lachen geöffnet, und als wir auf ihren breiten Schultern hockten, hatten wir das schmeichelhafte Gefühl, im Triumph zu einem wilden Volksstamm getragen zu werden.

Das Tamtam machte einen Höllenlärm, so wie in Regueiba, und die halb nackten Sklavinnen, die noch nie Europäerinnen gesehen hatten, schienen von einem Freudenrausch erfasst zu sein, der in keinem Verhältnis zu unserer bescheidenen Ankunft stand. Eine von ihnen schlug auf ein großes Tamtam, während ihr Baby, das mit einem blauen Guineatuch auf ihrem Rücken festgebunden war, mitten in dem ganzen Radau friedlich schlummerte.

Das Spektakel steigerte sich noch den ganzen Nachmittag und erreichte am Abend seinen Höhepunkt, als die Imraguen mit ihren Eselsstöcken statt Gewehren eine Kriegerparade mimten, dann Verführungstänze, die obszönen Gesten der Hunde und den Tod eines Ochsen, der von einem Löwen gerissen wird.

Das Verteilen von Tee, Zucker und Tabak ließ ihren Eifer noch einmal mit verdoppelter Kraft aufleben und machte uns vollends beliebt.

Denn im harten Leben der Imraguen gibt es nicht viele Gelegenheiten, sich zu vergnügen.

Sie bilden ein Volk für sich, verachtet, unrein: die Porognes, die aus der Vermischung mit den ersten Berbern, den geheimnisvollen Bewohnern, die sie hier vorfanden, und den Schwarzen hervorgingen, die entlang der Küste verkauft wurden. Dieser Herkunft verdanken sie ihre stämmigen, ungewöhnlich großen Körper, ihre kurzen Gesichter mit den sehr ausgeprägten Zügen und traurigen Augen, die keinem anderen maurischen Typus gleichen.

Das hat sie zu einem Dasein als Parias verurteilt, das noch dadurch erschwert wird, dass sie fernab der französischen Posten und großen Marabuts leben. Als Tributpflichtige oder Gefangene, Diener von Arabern und Berbern, müssen sie ihre Herren bezahlen, um fischen zu dürfen, ihr Vieh zu weiden, das brackige Wasser der Brunnen zu trinken.

Herren haben sie überall, von Adrar bis Trarza: in Tiris, bei den Ouled Delim; in Iguidi, im Tasiast, bei den Ouled Bousba, obwohl das Gesetz des Korans festlegt, dass kein Mann an mehrere Herren Tribut bezahlen muss.

Nur die Natur, die das afrikanische Meer mit einer Überfülle von Fischen gesegnet hat, und die Küste mit Titarek, einer Art Ginster, dessen Fasern zum Flechten von Netzen dienen, ist ihnen günstig gesonnen. Diese Netze sind grobe Gebilde, mit Lehmgewichten beschwert und Schwimmern aus dem leichten Euphorbienholz.

Außer dem Umberfisch gibt es Meeräschen in Hülle und Fülle, vor allem bei Neumond, und ihre Eier, die Pourtagues, werden in den Fischereien von Port-Étienne verkauft. Karawanen kleiner grauer Esel bringen den in der Sonne getrockneten Fisch nach Nouakchott und Saint-Louis. Die unverkäuflichen Abfälle – Köpfe, Haut, zerstampfte Gräten – stellen die Nahrung der Fischer dar.

Marion Sénones und ich haben sie gesehen, bis zur Brust im Wasser stehend, mit Stöcken bewaffnet, wie sie ihre Netze in den Sanduntiefen verankerten, mit den Haien und Schakalen kämpften, ihren Fang ans Ufer hinaufhievten. Kleine Jungen von sieben oder acht Jahren, die Augen verklebt und entzündet, mit aufgeblähten Bäuchen und geschwollenen Beinen, arbeiteten mit ihren Vätern.

Und das waren noch die »Chefs«. Ihre Sklaven sammelten den Fang ein und brachten ihn vom Strand zu den Hütten, wo die Frauen ihn zum Trocknen herrichteten.

Zu allem hin müssen sie noch die jährlichen Steuern bezahlen: sechshundert Franc an die Franzosen, fünf Guineen an die Ouled Seid, drei an die Ouled Mohammed Laleub, dreißig an die Krieger von Adrar, eine halbe Guinee an die Ouled Lap und so weiter.

Man kann sich vorstellen, dass die Bezahlung all dieser »Lehnsherren« bei einem Verdienst von fünf Franc für zwanzig Fische kein Kinderspiel ist.

Als wir dort lagerten, war El Memrhar friedlich, aber manchmal kommen Krieger von weit her, um säumige Zahlungen einzutreiben. Wehe den Tributpflichtigen, die nichts haben! Wenn sie nicht zahlen können, werden sie mit Knüppeln gejagt, ausgehungert, in Angst und Schrecken versetzt und schließlich nach ein paar Tagen nach El Memrhar zurückgebracht. Die Krieger bewachen sie am Strand, reißen die gefangenen Fische an sich, nehmen sich die besten Hütten und die schönsten Frauen. Und wenn sie endlich auf ihren großen Mehara, den Kamelen, in die Wüste verschwinden, lassen sie in den armen, verwüsteten Siedlungen nichts als Zerstörung und Elend zurück.

Die Zahl der Imraguen nimmt ab: die Armut, die Abwanderung nach Rio de Oro, das unbarmherzige Gesetz, das verlangt, dass die Kinder unverheirateter Frauen sofort nach der Geburt getötet werden müssen.

»Du hast Recht, aber was willst du? So war es immer; wir können nichts dazu: Die Imraguen, das ist *lhamm*, das ist das Fleisch, und ihr Schicksal ist besiegelt. Möge Allahs Wille geschehen! *La ilaha ill'Allah*!«

Am zehnten Januar stieß unsere Eskorte in El Memrhar zu uns.

Auf dem Rücken ihrer prächtigen Mehara trafen unsere Führer bei uns ein, Cheikh-ould-Mouknas, ganz in Weiß gekleidet, König der Wüste, umgeben von drei blauen Kriegern.

Die Sandwolke, die sie beim Reiten aufgewirbelt hatten, verschmolz mit dem Gold der Dünen im flammenden Licht des Sonnenuntergangs.

Die schäumenden Kamele knieten unter wütendem Röhren vor uns nieder. Auf dem rötlichen Fell eines *azouzel* ein Schaf, hinter dem Reiter festgebunden, mit durchgeschnittener Kehle.

Mit ihren Dolchen, ihren weißen, über der Brust gekreuzten Schärpen, dem nachtblauen *litham*, der nur ihre grausamen Augen freiließ, war es, als tauchten sie aus einem unbekannten Land auf – Hassanenkrieger aus einer versunkenen Epoche, der mittelalterlichen Zeit der Leibeigenen, der stolzen Kreuzfahrten in trügerische heilige Kriege, dieses ganzen rauen, edlen Rittertums, das ihre Vorfahren einst in die Welt der Christen trugen.

Von nahem betrachtet, muss ich leider sagen, hatte Cheikh das Aussehen eines Straßenräubers. Wahrscheinlich um uns in Sicherheit zu wiegen, hatte er seine beiden Sahara-Orden an seinen Burnus geheftet. Er war gerissen wie ein Raubtier, aber diensteifrig und legte das Gebaren eines großen Herrn an den Tag. Von einem Aufenthalt in Paris während der Kolonialausstellung hatte er ein drolliges Französisch mitgebracht, eine tiefe Bewunderung für ein Land, das so viel Wasser auf öffentlichen Plätzen verschwenden konnte, und eine Vorliebe für die Fotos der kleinen Varietétänzerinnen auf den Zigarettenpäckchen der Marke »Job«, die den Kolonialfranzosen die Einsamkeit versüßen sollten. Er hatte Sehnsucht nach den Folies-Bergère: »Kleine Höschen von Paris, ah, das gut!«

Aber er zog die Wüste vor.

Wir begannen sofort mit den Vorbereitungen für die Abreise, wobei das Wichtigste natürlich die Verteilung der Rationen war. Sie waren im Voraus mit einem Mittelsmann vereinbart worden, der seine Gründe hatte, Cheikh zu Gefallen zu sein, und sie waren horrend, ebenso wie der Lohn der Männer und der Mietpreis für die Kamele. Da wir nichts darüber wussten, waren wir hochzufrieden.

Im Zelt erleuchtete ein Lumpendocht, der in Fischöl brannte, das hakennasige Profil und die scharfen Augen von Cheikh. Ein Hirte aus Palästina hielt die weit aufklaffenden Ledersäcke, und wir zählten begeistert die Zuckerblöcke, die Teeblätter, wir schütteten Glas für Glas den Reis und den Tee hinein. Es war wie in biblischen Zeiten, und ich hatte das Gefühl, die Kornscheffel abzumessen, mit denen man die Tochter eines Königs kaufte.

War Cheikh zufrieden? Wir sollten es nie erfahren, nicht einmal, als er später in Nouakchott schweigend unser Geldgeschenk von mehreren Guineen annahm, die wir schüchtern vor ihn hinlegten, ohne dass er sie anzurühren oder auch nur anzusehen geruhte. Wir wussten damals noch nicht, dass ein Maure nie zufrieden ist und dass Geschenke seine Begehrlichkeit nur noch mehr entfachen.

Nachdem unsere Säcke leer waren und ihre voll, gingen unsere Kamelführer fort, um sich anderen Dingen zu widmen. Und die Neugierigen, die der Anblick so großer Reichtümer herbeigelockt hatte, ließen es sich nicht nehmen, die Angelegenheit in salbungsvollem Ton und unter ständigen Wiederholungen zu kommentieren.

Und dann ereilte uns der Schicksalsschlag, der schon immer in Allahs Plänen vorgesehen war.

Ein Schrei in der Ferne zerriss die Nacht, kam näher, vervielfachte sich. Die Beidane hatten bereits begriffen. Ein Fausthieb warf das Licht um. Eine erstickte Stimme befahl uns, dazubleiben, nicht zu sprechen und uns nicht zu bewegen. Fußgetrappel im Sand, Befehle, Gegenbefehle, streitende Männer, schrille Angstrufe der Frauen, schluchzende Kinder. Endlich erkannten wir in dem Tumult, der das Lager erfüllte, den Alarmruf, hundertmal wiederholt, den Schrei einer alten, vor Angst halb verrückten Frau: »*Razzi! Razzi!*« – Überfall!

Und wir saßen hilflos da, ganz allein mit einer jungen Frau, die unter ihren Schleiern ihr schlafendes Baby an sich drückte.

Vor dem Zelt brandete sanft das Meer. Still leuchteten die Sterne über dem wilden Tumult der Menschen.

Ausgerechnet diesen Augenblick wählte Marion Sénones, um mich unaufgeregt zu fragen, ob ich nicht am Ende doch der Meinung sei, dass es besser gewesen wäre, auf die Ratschläge von General Gouraud zu hören: »Trauen Sie nur ja den Mauren nicht ... Reisen Sie nie allein mit ihnen, auch wenn sie noch so sehr französisiert sind ...«

Etwas Tröstlicheres hätte sie kaum sagen können, nachdem wir uns in die Obhut der Ouled Delim begeben hatten, deren abtrünnige Verwandten im Rio de Oro jede Woche auf die Flugzeuge der Air France lauerten!

Blitzartig sah ich wieder die hasserfüllten Gesichter vor mir, die grausamen, verschlagenen Augen der Ouled Delim, die nach Port-Étienne gekommen waren, um sich zu unterwerfen. Sich unterwerfen? Ja, bis die Weiden im Norden nach dem ersten Regen wieder grün wurden!

Draußen brach das Geschrei von neuem los, und es wurde heftig gestritten.

Und was war aus unseren Gefolgsleuten geworden? Ein paar Wochen später, als wir die Mauren besser kannten, hätten wir gewusst, dass sie, nachdem sie ihren Lohn erhalten hatten, auch noch ihr Herrenrecht bei den schönen Sklavinnen im Dunkel der Hütten einfordern mussten. Dort hatte der Alarm sie überrascht.

Wir waren am Ende mit unserer Geduld in dem schwarzen Zelt, wo wir uns wie in einer Falle fühlten, und wollten zum Strand hinunterflüchten. Kaum waren wir aber draußen, versperrte ein finsterer Trupp uns den Weg.

Es war Cheikh mit den anderen, den Karabiner in der Hand.

Das Geschrei war verstummt.

Zwei Fremde, das Gesicht von ihren *haouli* verhüllt, hatten eine alte Sklavin, die ihr verirrtes Schaf im Busch gesucht hatte, aufgegriffen und ausgefragt. Nachdem es ihr gelungen war, den Männern zu entkommen, hatte sie Panik im Lager verbreitet, indem sie zitternd ihr zerfetztes Wickeltuch vorzeigte. Die Männer hatten alles abgesucht, aber nur verwischte Spuren im Sand gefunden. Wahrscheinlich hatte die Gegenwart von vier Kriegern die Räuber abgeschreckt. Vielleicht würden sie mit Verstärkung wiederkommen. Die Männer hielten Wache, die Gewehre geladen, aber vergeblich.

Im Morgengrauen, nachdem wir unter Cheikhs Schutz endlich eingeschlafen waren, erwachten wir mit klopfendem Herzen von einer Gewehrsalve. Es war jedoch eine Freudensalve. Die Frau von Lhassen hatte vor lauter Schreck in dieser Nacht »Bebi bekommen«, und ihr Mann lief umher und feuerte Gewehrschüsse zu Ehren des kleinen Kriegers ab, der gerade das Licht der Welt erblickt hatte.

Später, im Posten von Boutilimit, erfuhren wir aus offiziellen Telegrammen, dass wir nicht umsonst gezittert hatten. Der berüchtigte Vetter des »Blauen Sultans«, Brahim-Salem-ould-Moichan, genannt der »Ungreifbare«, hatte kaum hundert Kilometer von El Memrhar entfernt die Karawane überfallen, die ein Händler von Port-Étienne nach Atar schickte, dieselbe, die der unglückliche Sid Ahmed eskortieren sollte: Dreißig gestohlene Kamele, geraubte Waren, und was nicht fortgeschafft werden konnte, wurde an Ort und Stelle verbrannt.

Die Räuber waren aus dem Norden gekommen, wie immer. Wer hatte ihnen die Abreise der Karawane verraten? Es fehlte ihnen nicht an Verbündeten entlang der Küste. Vielleicht hatten sich auch die Anführer der Ouled Delim für die demütigende Abfuhr gerächt, die der Kommandant von Port-Étienne ihnen erteilt hatte, als sie ihm ihre ausgemergelten alten Kamele und verrosteten Gewehre andienen wollten. Ihre Verwandten, die sich seit langem in französischem Territorium aufhielten, hatten sie unterwegs verpflegt und mit Informationen versorgt.

Nach dem Raub tauchte Brahim Salem ganz in der Nähe auf, bei einem Cousin, dessen Sohn als Boy bei dem französischen Händler arbeitete. Dieser schlief im Zelt, ohne etwas von seinem Unglück zu ahnen. Brahim weckte vorsichtig den Boy, der neben seinem Herrn schlief.

»Morgen sagst du dem *roumi*, dass ich, der Ungreifbare, seine Karawane zerstört habe und dass ich hierher gekommen bin, wo ich ihn schlafend gesehen habe. Das Gesetz der Gastfreundschaft verbietet es, seinen Feind in einem Zelt des Stammes zu töten, aber er soll sich in Acht nehmen: Wenn ich ihn jemals im Busch oder einem fremden Lager finden sollte, werde ich ihn abstechen wie ein Schaf.«

Und dann trabte er davon, auf zahlreichen Umwegen, um seine Spuren zu verwischen.

Brahim Salem wusste zweifellos, dass wir in der Gegend waren, denn man hatte noch nie zwei Nazarenerinnen allein mit maurischen Begleitern durch den Busch reisen sehen, und es war ein Ereignis, das bei den abendlichen Palavern viel Raum einnahm. Wir bedeuteten Gepäck, das geraubt werden konnte, vielleicht ein Lösegeld; auf jeden Fall die Freude, den Hunden von Eroberern schaden zu können.

Aber die Kundschafter berichteten, dass Cheikh-ould-Mouknas und seine drei Neffen schon in unserer Nähe waren. Und diese Männer waren Krieger, mit denen man rechnen musste. Folglich machte sich die ganze Bande davon und hielt sich an den unbewaffneten Tributpflichtigen in der Gegend von Akjoujt schadlos.

Worauf der Kommandant der Kamelreitertruppe seine *goumiers* – die nordafrikanischen Soldaten – versammelte, deren starke Reittiere immer bereit waren, die Verfolgung aufzunehmen. Sie marschierten lange, ohne Rast, bis die Sonnenstrahlen eines Morgens nicht mehr auf die Spuren vor ihnen fielen, die bis dahin ihre Suche geleitet hatten. Die Räuber hatten nämlich ihre Flucht unterbrochen, sobald sie den Feind bemerkt hatten, da sie von dem Gewicht der Beute behindert wurden. Sie hatten sich samt ihren Kamelen und dem Gepäck versteckt, halb eingegraben hinter dem dichten Dorngestrüpp, wo sie abwarteten, bis die schönen *goumiers* mit ihren roten Schärpen in Richtung Rio verschwunden waren. Danach begaben sie sich auf einer anderen Route ebenfalls dorthin.

Das jedenfalls erzählte der Sand einige Tage später.

Was uns betrifft, so hätte unser Abenteuer um ein Haar eine unvorhergesehene Wendung genommen: in Richtung Norden, wo wir als Gefangene der Abtrünnigen alle Muße gehabt hätten, zu lernen, wie man den Mauren dient, anstatt ihnen Befehle zu erteilen.

2 Die Dünen der Angst

Das also ist der Busch, eine riesige Ausdehnung rosafarbener und goldener Dünen, von rötlichen Senken und weißen Tälern durchzogen, von felsigen Regs, den Geröllwüsten, und einer steinigen Fläche, die sich unter diversem Gesträuch zwischen zwei Wüsten hinzieht – der des Wassers, des Atlantiks, und der des nackten Sandes, des sudanesischen Nordens. Eine Mauer durchquert den Busch: der Dhar, so nennen die Mauren die Berge im Osten.

Die Europäer sagen, dass sein französischer Teil 850 000 Quadratkilometer misst. Die Nomaden wissen nur, dass man viele Tagesreisen auf dem Kamelrücken braucht, um ihn zu durchqueren, Tage um Tage der Einsamkeit und der Stille, und dass nur Moulanah das Glück und Unglück kennt, das über ihre Anzahl entscheidet. Denn der Busch ist voller Unwägbarkeiten, Gefahren und böser Geister. Dieser Busch, der Trab-el-Beidane, welcher ganz Mauretanien umfasst, wird von den Franzosen die »Natur« genannt, in die sie »hineinbrettern«. Die Beidane durchwandern sie. Sie weiden ihre Tiere, das heißt, sie marschieren von Brunnen zu Brunnen, von Weide zu Weide, mit ihren Familien, ihren Sklaven und ihren Herden, ihr ganzes Leben lang.

Die Bevölkerungsdichte wird mit 0,5 pro Quadratkilometer angegeben. Da die »halben Kilometermenschen« in weit voneinander entfernten Lagern zusammengefasst sind, bleibt genügend freier Raum für den Einsatz aller Energien.

Die »Natur«, in acht zivile oder militärische Bezirke unterteilt, wird von achtzehn französischen Posten verwaltet, die durch mehr oder weniger von Autos befahrene Straßenabschnitte mit dem

Senegal verbunden sind, oder, wie Akjoujt und Atar, durch Lastwagenkonvois, aber ohne Straßen. Und die Nomadenlager, die in dieser Natur errichtet sind, gehorchen, bezahlen die Steuer und verteidigen ihre Geheimnisse.

Am Morgen des elften Januar, als wir in El Memrhar den *siroual* und den blauen Bubu über dem weißen Bubu zogen und unsere Köpfe in den *haouli* aus indigoblauem Guineatuch hüllten, hatten wir das Nomadenleben gewählt, mit seinen Härten, an denen man wachsen kann, mit seiner Langsamkeit, die einem Zeit zum Schauen und Lauschen lässt.

Wir mussten im Morgengrauen aufbrechen. Drei Männer kamen zurück, vier Kamele am Zügel hinter sich herziehend. Die übrigen zwei Tiere hatten sich in der Nacht auf der Weide verirrt, einem Ort, der einfach dichter mit Dornensträuchern bewachsen ist als der umliegende Busch. Ali hatte sich auf die Suche nach den beiden Ausreißern gemacht. Er hatte ihre Spuren entdeckt und würde sie bald zurückbringen, wenn es Moulanah gefiel.

Cheikh machte einen besorgten Eindruck, denn das hier war keine gute Stelle, um Kamele der Obhut Gottes anzuvertrauen.

Marion und ich waren sehr aufgebracht über diese Verzögerung, die doch nur die erste von vielen anderen darstellte.

Immerhin blieb uns so die Zeit, unsere Kamele aus allen Blickwinkeln zu betrachten.

Sie waren prächtig, kräftige Mehara mit feinen Köpfen, beigefarbenem und rötlichem Fell, weich und wellig, aber wir hatten die Ästhetik des Kamels noch nicht erfasst: Diese buckligen Massen, die auf langen, zerbrechlichen Beinen schaukelten und zudem noch mit einer Kaffeetülle als Hals gesegnet waren, erschienen uns vollkommen absurd. Ich glaube, die Angst, dass wir uns bald hinaufschwingen mussten, spielte eine große Rolle bei unserer Abneigung.

Es waren Dromedare, aber die Europäer in Mauretanien haben sich ein für allemal darauf geeinigt, dass Dromedare Kamele heißen, so wie Krokodile »Kaimane« genannt werden. Niemand weiß, warum, aber gegen einen derart eingefleischten Sprachgebrauch lässt sich nichts ausrichten.

Am frühen Nachmittag stießen endlich die Nachzügler zum restlichen *goum*, angeführt von Ali, der keinerlei Grund zur Eile sah.

Die beiden Karawanenschülerinnen ihrerseits sahen keinen Grund, sich zu freuen, denn unverzüglich gingen die sechs Tiere, die bisher ganz friedlich waren, auf das Chott .... Chchtt! der Krieger in die Knie, ließen sich in zwei Etappen nieder und erfüllten die Luft mit entsetzlichen Schreien. Es hatte etwas vom Gebrüll eines verletzten Raubtiers oder eines wütenden Stiers. Darunter mischten sich knurrende Geräusche aus den riesigen, aufgerissenen Mäulern, zahnlos und mit zerquetschtem Grünzeug verschmiert. Manchmal verstummten sie plötzlich wie auf Kommando, und man hatte kaum die Zeit, Allah zu danken, ehe das Protestgeschrei sich von neuem erhob, und zwar bei jedem noch so geringen Anlass. Das konnte ein Sattel sein, der zu weit vorn oder hinten oder direkt in der Mitte saß, ein Riemen, der zu fest gezurrt oder zu locker war, der Zügel, den man an einem Ring in ihrem rechten Nasenloch festband, eine *tassufra*, ein Ledersack, den man auf ihrer Kruppe anbrachte. Das Kamel brüllt aus Prinzip: Es brüllt, wenn man es belädt und wenn man es entlädt, wenn man es anhält und wenn man es antreibt, wenn man ihm umzukehren befiehlt und wenn man es geradeaus gehen lässt, und man kann noch von Glück sagen, wenn es einem nicht sein Frühstück ins Gesicht spuckt. Es ist wie ein mürrischer Wohltäter, der nur knurrend seine Hilfe gewährt – es kann einfach nicht gutwillig dienen.

Da wir noch nie eine Europäerkarawane gesehen hatten, fanden wir unsere überaus großartig. Dem Gepäck mangelte es allerdings an Einheitlichkeit: Gestreifte *tisufren*, die Ledersäcke mit langen Fransen, lagen neben Rucksäcken und Seesäcken; unsere Tropenhelme, die keine Verwendung fanden, krönten mit schreiendem Weiß die Kruppen der Kamele; der bescheidene Teekessel aus Weißblech, von dessen lebenswichtiger Bedeutung und Nützlichkeit wir noch nichts ahnten, schaukelte auf dem Rücken von Cheikhs Kamel. Ali und Hassan hatten sich die *gerbas* aufgeladen, Ziegenhäute, die, mit brackigem Wasser gefüllt, eine traurige Ähnlichkeit mit aufgedunsenen Hunden hatten, die man, den Bauch nach oben, auf dem Fluss treiben sieht.

Um die Ladung zu vervollständigen, entfernte Ahmed die Fliegenkruste von einem frisch geschlachteten, abgehäuteten Schaf und legte es, blutig wie es war, auf unsere schönste *tassufra*. Da Cheikh Europäerinnen eskortierte, die sicherlich unfähig waren, auf einen Schlag für drei oder vier Tage im Voraus zu essen, hielt er es für geraten, Vorräte mitzunehmen. In der Gegend von Agneitir und Amoukrouz, die wir auf einer Strecke von zweihundert Kilometern bis Nouakchott durchqueren würden, hatten die Brunnen noch Wasser, die Weiden waren noch grün, und die Räuber nutzten ihre Chance, dort ihr Glück zu machen. Die Nomaden und ihre Herden überließen ihnen das Feld und zogen sich in sicherere Gebiete zurück, aus Angst vor unguten Begegnungen. Nur die Imraguen lagerten entlang der Küste, da ihnen nichts anderes übrig blieb und sie außerdem nicht viel zu verlieren hatten. Aber wie auch immer, unser Gepäck war geradezu fürstlich im Vergleich zu dem, was wir später haben würden, zusammen mit der Erfahrung, die alles einfacher machte.

Der schmerzliche Moment war gekommen. Hassan kümmerte sich um mich und Ahmed sich um Marion.

»Ist nicht so schwierig. Du setzt deine Fuß auf Bein von Kamel, und dann auf seinen Rücken. Ja, so.«

Alsbald kippte ich nach vorn, dann nach hinten, und nach einem letzten Stoß landete ich in einer Art Schüssel in zweieinhalb Metern Höhe.

Hassan gab mir den Zügel und einen Stock, den er *tebbus* nannte, und ging zu seinem eigenen Reittier. Da das meine auf seinem Rücken keine Autorität spürte, die in der Lage war, ihm Befehle zu erteilen, drehte es sich herum und suchte mit herzzerreißenden Schreien seinen Weg. Das Schlimmste war, dass ich meine arme Marion, die ebenso hilflos war wie ich, in die entgegengesetzte Richtung davongaloppieren sah.

Endlich kam Bewegung in die Karawane: Die Kamele, gesellige Tiere, nahmen ihre Plätze ein, und unsere Rolle beschränkte sich darauf, das Gleichgewicht zu halten, während wir unsere Reittiere denen unserer Weggefährten folgen ließen, die mit wachsamen Augen, den Karabiner über den Knien, dahintrotteten.

Langsamen Schrittes arbeiteten wir uns aus der Geröllwüste hinaus, und bald erstreckten sich, so weit das Auge reichte, Wellentäler aus feinem ocker- und rosafarbenem Sand, der mit grauvioletten Euphorbien bewachsen war. Ein paar gelbe Blüten leuchteten in den mandelgrünen Blattrosetten, die die Kamele im Vorübergehen abrupften und aus denen eine giftige Milch hervorquoll.

Das war der Busch, der wahre, in Stille und Dämmerung gehüllt, und die erste Nacht, die er uns auf einem Sandhügel im Schutz eines Dornbaums bescherte, war sehr schön.

Als Erstes hatten wir das Vergnügen, die widersprüchlichen Tiere auf der Suche nach ihrem Abendessen verschwinden zu sehen, abgeladen, beschwichtigt und gehörig mit Grasstricken gefesselt. Dann errichteten unsere Krieger unser provisorisches Lager, wobei sie die Zuvorkommenheit großer Herren an den Tag legten, die ihre Gäste in ihrem Reich willkommen heißen.

Wir hatten zwei Gäste: Bouhibé, ein Ait Lhassen, der aus dem marokkanischen Süden kam und tausendfünfhundert Kilometer zurücklegte, um in Nouakchott den Preis für eine Kamelstute abzugelten. Messaoud, der zweite, war ein Gefangener, der in sein Imraguen-Lager zurückkehrte. Alle beide waren froh über den Schutz unserer Eskorte, besonders Messaoud, der wusste, dass ein Gefangener einen wandelnden Wert darstellt, der für Diebe verlockend ist. Unterwegs hielt er sich in der Nähe der Kamele, die zu reiten ihm sein niedriger Stand verbot, und er marschierte unermüdlich, einen Stock über den Schultern, seinen *siroual* im Gürtel eingerollt, um es sich bequemer zu machen.

Außer seinem eigenen Herrn muss ein Gefangener allen Personen von Rang dienen, wo immer er sie antrifft, und Messaoud bereitete eilfertig den Tee und das *méchoui* zu. Eine ziemlich einfache Küche: Man schneidet ein Schafsviertel ab und gräbt es im Sand oder in der Glut ein: Wenn es gar ist, wird das Fleisch mit einem Stock geklopft wie ein Teppich, um den Sand herauszuschütteln, und dann macht sich jeder mit Klauen und Zähnen darüber her.

Sobald das Essen fertig war, wurde der Pfefferminztee eingeschenkt. Cheikh segnete ihn, indem er »*Bismillah*!« murmelte, und da die Krieger wohlerzogen waren, schlürften sie ihn geräuschvoll, mit tiefen Seufzern des Wohlbehagens. Viermal, wie es Brauch ist, brach Hassan ein Stück von dem Zuckerblock ab, kostete den Tee, füllte die Gläser mit gut gezieltem Strahl bis zum Rand auf und verteilte sie. Aber Ali erhob sich und ging mit seiner Portion hinter einen Busch.

»Er schämt sich«, erklärte Hassan. »Er darf nicht essen, rauchen, lachen, singen, singen hören oder Beidani-Frau ansehen vor Ahmed, der wie großer Bruder für ihn ist. Ist dasselbe bei seinem Vater und Bruder von seinem Vater. Das muss auch so sein, du verstehst? Wenn kleiner Bruder Erlaubnis hat, vor dem großen zu scherzen, dann er schämt sich nicht mehr, und dann er nix mehr gehorchen und alles!«

»Dann ist es nicht gut, der kleine Bruder zu sein, nicht wahr, Hassan?«

»Doch. Er viele Geschenke bekommen, er bekommt Kamel von Ahmed, wenn er heiratet. Und dann, wenn sein Vater tot ist, bleibt er bei seiner Mutter, und wenn seine Mutter auch hinüber ist, dann er hat das Zelt für sich bekommen.«

»Und Bouhibé ist ein Freund von dir?«

»Nein, ich nicht kennen .... Nein ... Er ist gekommen ...«

»Aber er hat doch gar kein Gepäck? Gebt ihr ihm von euren Rationen zu essen?«

»Muss wohl. Wenn ein Typ nichts hat und er ist guter netter Typ, macht der Maure es immer so: Er teilt mit ihm.«

Und damit zündete er seine Pfeife aus Schafsknochen an, die bis zum letzten Zug des beißenden Qualms von Mund zu Mund ging.

Es war die Stunde des Erzählens. Bouhibé beschrieb in glühenden Farben die Schönheiten des Nordens, wo er einen Garten hatte. Die anderen lachten schallend über die Vorstellung, dass man einen Garten mit Mauern drum herum haben könnte.

»Du nix Schaf im *zeriba*! ... Also, was machst du mit einem Garten, du?«

»Garten von mir ist komplett schön, und mein Frau, sie ihn essen!«

Cheikhs homerisches Gelächter übertönte das aller anderen. Der gekränkte Bouhibé verkündete, dass es Zeit sei für Salam, und sie warfen sich gen Mekka nieder und ließen an Stelle der rituellen Waschungen lauwarmen Sand über ihre Gesichter rieseln.

Dann rollte sich jeder in seinen Burnus ein, die Hände um die Gewehre geschlossen. Hassan übernahm seine Wache auf dem Hügel, und im unendlichen Frieden der Sahara hörte man nichts mehr als das geräuschvolle Atmen von Cheikh, den Schrei eines Schakals in der Ferne und das Klicken eines Rosenkranzes.

Am nächsten Morgen, während wir auf das unvermeidliche verirrte Kamel warteten, streckte Ahmed die Hand nach Osten aus.

»Beidani, er kommt.«

Was mit einem metallischen Klicken beantwortet wurde, als die Krieger ihre Karabiner durchluden.

Der Beidani schien auf den ersten Blick auch nicht gerade entzückt über diese Begegnung. Während die üblichen Segnungen ausgetauscht wurden, hielt er sein Kamel bereit und sein Gewehr im Anschlag, um gegen Überraschungen gefeit zu sein. Das war nicht nach Cheikhs Geschmack, der ihn aufforderte, das alles zu unterlassen, und ihm als Entschädigung Tee anbot, während er ihn scharf im Auge behielt.

Das Misstrauen war überall, erfüllte die Luft zwischen dem grauen Himmel und den rosafarbenen Dünen. Es stieg aus jedem Tal auf, spähte von jeder Düne herunter. Bei jedem Hindernis fragte man sich: Was lauert auf der anderen Seite?

»Siehst du die Dünen dort hinten, noch weiter als die blauen Bäume? Dort hab ich, Cheikh, einen Anführer aus dem Norden getötet, der viel Böses getan hat. Er hat Beidane getötet, er hat Franzosen getötet, er hat Senegalschützen getötet, er hat viele Kamele gestohlen. Als der Oberst Mac-Mahon dort unten im Süden, in Mountounsi, getötet ist, ich habe lange gelauert. Ich gut kenne alle Pisten und alle Brunnen.«

Cheikh spähte auch jetzt noch aus, wie an jenem Tag, als er seinen Orden erhalten hatte; er erlebte es noch einmal, über sein Gewehr gebeugt, am Fuß des Strauchs mit den langen weißen Dornen, der jenem glich, unter dem er sich auf die Lauer gelegt hatte. Seine Augen leuchteten in einem wilden Glanz; seine Nasenlöcher bebten bei der Erinnerung an seinen Sieg, und die Bewegungen seiner

Hand zeigten die Brunnen an, zeichneten die Pisten nach, beschworen die Überraschung des Feindes herauf, dessen Niederlage, und seine eigene Kraft, die des großen Cheikh.

»Und eines Tages, wie kann es anders sein, ich ihn sehen, wie er neben Baum steht, mit seinen Männern, die alles für den Tee vorbereiten. Er nix gewusst, dass ich mit vierzig Männern gekommen war. Ich ziele auf ihn, ganz ruhig; ich schieße erstes Mal: Er hat den Arm gebrochen. Ich schieße zweites Mal: Schulter gebrochen. Ich schieße drittes Mal: Bein gebrochen. Ich schieße: Kopf kaputt! Ahahaha! Ich schieße und schieße und schieße! Und er ist tot, vollkommen tot. Ahahaha! Meine Männer, sie schießen auf die verdammten Schweine, und sie töten vierzehn!«

Cheikh legte den Karabiner, mit dem er diese Szene gemimt hatte, neben sich, den Lauf zwischen seinen Zehen wegen des Sandes. Sein ganzer großer Körper wurde von jenem unbändigen Lachen geschüttelt, das von Port-Étienne bis Nouakchott berühmt war; Tränen schimmerten in seinen Raubvogelaugen.

»Schau dir dein Kamel an! Das Loch dort unter seinem Ohr, das ist Kugel von dieser Schlacht!«

Wie auch immer, der feindliche Anführer muss viel Geduld bewiesen haben, dass er sich so Stück für Stück zerschmettern ließ, ehe er »vollkommen tot« war.

»Nachher sind viele Dreckskerle aus dem Norden gekommen, dreihundert Gewehre mit Mohammed el Mamoun. Sind hier vorbeigekommen, aber haben zu viel Angst für den Emir von Trarza und die französischen *goumiers*, also sie nehmen Reißaus nach Brakna, stehlen viel Kamele, und dann abhauen nach Hause, nach Rio de Oro ... Nein, nicht gut hier! Nur ich, ich bin zu stark; ich guter Kopf, gutes Pulver. Du brauchst nix Angst haben mit mir ... Ich, ich großer Bandit! Ich bekommen zwei Orden!«

Cheikh hatte sich trotz seines kriegerischen Ruhmes eine erstaunliche Einfachheit bewahrt. Alles Gepäck, das die Jungen nicht wollten – das Schafsviertel, der verrostete Teekessel, der Lederschlauch zum Wasserschöpfen, die alte, fettige und geflickte *tassufra* –, türmte sich auf seinem Kamel, das am wenigsten schönste des ganzen *goum*. Es hatte einen aus dem Leim gegangenen Sattel, der mit ein paar Lumpen ausgepolstert war, einen knotigen *tebbus* und nicht einmal einen Zügel.

Aber das machte nichts, er war Cheikh, der Chef, und saß stolz, hoch erhobenen Hauptes, auf seinem Kamel, eine große Don-Quichotte-Gestalt, mit seinem helmähnlichen Turban, aus dem sich immer eine krause Haarlocke löste.

Am Abend im Lager setzte er sich mitten unter uns, und wenn er seinen zerfetzten Burnus ausbessern wollte, kommandierte er: »Gib die Nadel! Gib den Faden!«

Und wie die anderen gehorchten wir dem Patriarchen, der uns beschützte.

Wenn die Nacht kam, gab er die Nadel und den Faden zurück oder auch die Schere, mit der er seinen Schnurrbart gestutzt hatte, holte seinen Rosenkranz hervor, drehte ihn zwischen den Fingern und erzählte von Paris, von der Ausstellung, in die »achthundert Männer« an einem einzigen Tag hineingegangen waren, wo die Kameras sich auf ihn gerichtet hatten.

»Ich sagen zu diese Männer: Du mir gibst fünfzig Franc, oder ich verstecke meine Visage in meinem *haouli*. Aber der französische Frau, sie sehr schön, sie nix zahlen für Foto, nie!«

Tapferer Cheikh, gerissener alter Kindskopf, von einem so treuherzigen Stolz erfüllt, loyal, zerlumpt und hochmütig, der uns wie seine eigenen Töchter herumkommandierte, den anderen aber nicht die geringste Entgleisung gestattet hätte und der über unser Wohlbefinden, über unsere Sicherheit wachte – ja, wie ein Vater.

Die Tage vergingen, einer wie der andere. Wir durchquerten große Sebkhas aus blauem Salz, die von fern wie Seen aussahen; wir kletterten auf weiche Dünen und stiegen in einer rosafarbenen Staubwolke wieder hinunter. Dornbäume und Akazien waren an die Stelle des Gestrüpps getreten. Mittags und abends lagerten wir in der Nähe eines Baums, aßen das unvermeidliche Hammelfleisch, tranken mehrere Runden Tee, bestehend aus den üblichen vier Gläsern. Wir schauten zu, wie die blassen Farben des Buschs sich mit dem Lauf der Sonne veränderten. Die Nächte waren atemberaubend mit ihren Myriaden von Sternen, und der Zauber Afrikas schlug uns allmählich in seinen Bann.

Alles war gut. Das Einzige, was uns zu schaffen machte, war der ungleiche Kampf, den unsere Haut mit dem Sattel zu bestehen hatte. Die Schrunden wurden nach jeder Etappe noch tiefer und breiter, und die ersten brandigen Stellen machten sich bemerkbar. Jeder Kamelreiter, der sich seiner Anfänge zu erinnern geruht, wird mich verstehen.

Aber eines Tages, als wir dem Erg von El Mahara auswichen, indem wir am Strand entlangzogen, fingen die Kamele, von der Brandung erschreckt, zu traben an. Die armen Tiere! Vorbei der grässliche, langsame Trott, der so anödend und zermürbend war, die einzige Gangart, die wir kannten! Wir beharrten darauf, den Trab beizubehalten, trotz Cheikhs Protesten, der lieber unsere Hintern strapazieren wollte, als seine Tiere zu erschöpfen.

Wo waren sie, die schönen braunen Zelte, die man uns versprochen hatte? Die Kalebassen voller Kamelmilch, die Festtrommeln? Der Busch war verlassen, die Angst hatte ihn geleert. Seit jener Begegnung am zweiten Tag war alles, was wir gesehen hatten, ein alter Hirte, der ein paar Zebukühe in der Nähe einer Wasserstelle hütete, die aus etwa zwanzig runden Löchern bestand, halb mit Mist und magnesiumhaltigem Wasser gefüllt. Er hatte unsere Tiere getränkt und unsere *gerbas* gefüllt. Nachdem er uns ein kleines Schaf verkauft hatte, hatte er aus einem Lederschlauch ein gräuliches und Ekel erregendes Getränk, das aus saurer Milch und Salzwasser bestand, in unsere Feldbecher gegossen. Ich zeigte auf die Kühe und verlangte Milch.

»Milch von Rind du nix kannst bekommen«, erklärte Hassan mir.

Ich beharrte nicht weiter darauf. Hassan schien seine Gründe zu haben, und die schönen Kühe gingen fort und nahmen das einzige anständige Getränk mit, das wir uns hier erhoffen konnten.

Ja, Hassan hatte seine Gründe, und ich sollte sie bald erfahren, als wir zum Brunnen von Lemsid kamen.

Seit mehreren Stunden zogen wir durch eine Savannenlandschaft mit hohen, verdorrten Gräsern. Am Horizont zeichneten sich weiße Dünen ab, die langsam größer wurden. Wie immer konnte man nicht sagen, worin die Faszination, die Noblesse dieser tristen, platten Landschaft bestanden. Vielleicht in ihrer ungeheuren Reinheit, vielleicht in der Stille und Versunkenheit, die sich über die Menschen und Dinge in Afrika legt.

Müde und durstig erreichten wir Lemsid. Der Wind hatte die Dünen im Lauf der Jahrhunderte zu spektakulären Gebilden geformt, zu Ringdünen, Hügelkuppen, Talmulden, die terrassen- und spiralförmig übereinander gelagert waren. Die Oberfläche war hart gebacken, mit Wellungen moiriert. Der Wind hatte einen schwärzlichen Staub auf den Gipfeln abgelagert, die daher finsterer waren als die Vertiefungen zwischen den Felshängen, so dass das Auge einen bizarren, irrealen Eindruck erhielt, wie vom Negativ einer Landschaft.

Direkt vor einer solchen Kulisse ein ganzes Zeltlager – Hirten, die auf dem Weg nach Nouakchott waren und am Brunnen rasteten. Diesmal hatten sie eine große Herde Zebus dabei, hunderte von Ziegen, Schafen und Graueseln. Die Sklaven huschten eilfertig um uns herum. Frauen, die ihre langen Schleier im Sand schleifen ließen, und Kinder näherten sich uns, angelockt von dem unglaublichen Ereignis: »Frauen von Europäer« ohne Europäer im Busch!

Wieder verlangte ich Milch, und wieder war es nicht möglich, diese zu erhalten, weil das »Klein Rind« nicht da war und folglich »das Rind seine Milch nicht geben will«.

Ich gebe zu, dass ich nichts von dieser Geschichte begriff und weiter darauf beharrte, ich versteifte mich darauf. Endlich erbarmte sich ein Sklave.

Nie wieder habe ich den Fehler gemacht, in Mauretanien nach Milch zu verlangen, wenn »Klein Rind« nicht da war!

Der Sklave näherte sich einer Kuh, fesselte ihre Füße, hob ihren Schwanz hoch, band ihn mit einer Grasschnur an einem Horn fest. Die Kuh muhte und warf den Kopf herum. Als sie sich beruhigt hatte, versuchte er sie zu melken, mit dem einzigen Ergebnis, dass die Kuh ausschlug. Dann streichelte er mit einer schnellen, leichten Bewegung ihr Euter und hielt eine nutzlose Kalebasse darunter. Jetzt war es an der Zeit, zu drastischen Mitteln zu greifen. Er steckte den Kopf unter ihren hochgebundenen Schwanz und blies mit aller Kraft hinein; seine Hals- und Stirnadern traten unter der schwarzen, glänzenden Haut hervor. Er blies, der arme Kerl, um die Launen einer *Nçrania* zu befriedigen, einer unwissenden Europäerin. Er blies, wie man den fliegenden Esel der provenzalischen Stadt Gonfaron aufblies, aber ohne Strohhalm oder anderes Hilfsmittel und durch die untere Pforte – dieselbe, durch die »Klein Rind« in diese traurige Welt eingetreten war, in der reisende »Frauen von Europäer« in ihrer Abwesenheit die gute Milch stehlen, die den armen kleinen Kälbchen zusteht. Die Kuh drehte den Kopf herum, ein wenig verwundert, und gab ein paar Tropfen ab. Ich hatte keine große Lust mehr darauf, aber der Sklave hatte Geschmack an dem Spiel gefunden und wollte gar nicht mehr aufhören mit dem Kitzeln und Blasen.

Jedes Mal gab die Kuh ein wenig Milch, und nach einer Viertelstunde bot der Sklave sie mir mit triumphierendem Lächeln an, ein paar Schluck Milch voller Haare und Sand, die ich notgedrungen köstlich finden musste, um der elementarsten Höflichkeitspflicht zu genügen. Marion hingegen war hochzufrieden – da sie nichts verlangt hatte, musste sie auch nichts annehmen.

Nicht weit von Lemsid, als wir gerade unser Lager errichtet hatten, kam ein Maure auf einem weißen Mehari mit den ersten Schatten der Nacht daher.

Er begrüßte Cheikh, den er schon kannte, entlud seinen Karabiner, um keine Zweifel an seinen freundlichen Absichten aufkommen zu lassen, und reichte ihn einem jungen, ihm folgenden Mischling. Das war sein *hartani*, ein befreiter Sklave und Herzensfreund. Sie stiegen beide von ihren Kamelen ab; der Diener breitete ein Schaffell aus, damit sein Herr sich in unseren Kreis um den Teekessel setzen konnte, während er sich hinter ihn kniete, das Gewehr zwischen seinen Knien aufgerichtet.

Der Neuankömmling war ein Fürst der Trarza und ein Cousin des Emirs der Ould Deid. Er war auf dem Weg nach El Memrhar, um die Abgaben seiner Tributpflichtigen einzutreiben und seine Herden zu inspizieren. Das Feuer erhellte sein Gesicht, das schön war wie das eines Prinzen aus Tausendundeiner Nacht und das ein Spitzbart zierte. Sein Hals war schlank und biegsam; seine Arme und seine gekreuzten Beine hatten zarte, fast mädchenhafte Gelenke; seine feinen Hände ruhten auf seinen Knien.

Ernst, fast ohne zu gestikulieren, die Lider gesenkt, tauschte er mit Cheikh und seinen Neffen die endlosen maurischen Grüße aus: »*Lahès?* … Wie geht's? … Es geht … Geht's gut? … Ja, sehr gut … Wie geht es deinen Söhnen, deinen Freunden, den Freunden deiner Freunde, deinem Zelt, deinen Kamelen, deinen Sklaven? … Allah sei gelobt und gebe dir Frieden!«

»Dein Zelt« bedeutet »deine Frau«, die zu erwähnen ungehörig wäre.

Der Besucher trank schweigend seinen Tee, bot seine Pfeife an, und als wären es Dinge, die einen Kriegsfürsten nicht zu erschüttern vermochten, erzählte er, dass zwischen dem Meer und Atar die Waffen sprächen, dass Räuber seine Herden bedrohten und dass sie sogar die französischen Lastwagen nicht weit von Akjoujt überfallen hatten.

Es war vor sechs Tagen passiert, fünfhundert Kilometer von der Stelle im Busch entfernt, wo wir nun durch eine Zufallsbegegnung davon erfuhren. Nachrichten verbreiten sich schnell in der Einsamkeit der Wüste!

Der Kampf hatte fünf Verletzte und einen Toten von der Eskorte aus Senegalschützen und Beidane gefordert, die den Konvoi begleiteten. Was die Feinde betraf, so waren sie auf und davon gelaufen. Zwischen den Spuren, die der Wind verwehte, blieben zwei *tebbus*, eine blutige Sandale und ein paar Behälter mit 86er-Kartuschen im Sand zurück.

Es war das letzte Aufbäumen einer Rebellion, der die Eroberung Südmarokkos bald ein Ende setzen sollte.

Nachdem er seine Neuigkeiten vorgebracht hatte, erhob sich der Trarza, ein letztes Mal Moulanah, den Allmächtigen, anrufend, und verschwand, eine weiße Gestalt auf einem weißen Reittier, in die tiefe Nacht hinaus.

Der junge Mond tauchte plötzlich auf, eine schmale goldene Sichel am dunklen Himmel, und unsere Weggefährten waren hocherfreut, da es das göttliche Zeichen für das Ende des Ramadan war. Nach dieser harten Woche würden sie morgen in Nouakchott ankommen, gerade rechtzeitig um Eid-al-Fitre zu feiern, das Fest des Fastenbrechens, das sie »Fatreh« nannten.

Es war jedoch nicht das Ende des Fastens, das sie so glücklich machte, denn nach dem Brauch der maurischen Hirten hatten sie seit ihrer Abreise den »Ramadan gebrochen«. Sie würden diese Fastentage nach eigenem Gutdünken im Lauf der Jahre nachholen, und der Verzicht würde umso schmerzlicher sein, wenn sie die Pfeife und das *méchoui* ihrer Kumpane vor sich sahen.

Aber morgen würden sie den allgemeinen Jubel teilen und Fatreh feiern wie die anderen. Ja, sie würden sogar die Könige des Festes sein, sie, die von weit her kamen, den Kopf voller Geschichten, das Geld in ihren *haouli* geknotet und mit dem Reiz des Neuen, der so unwiderstehlich für die angeborene Wissbegier der Nomaden ist.

Im hellen Morgen, als wir den Kamm der letzten Düne erreichen, breitet sich die gewaltige Geröllwüste, von den Sebkhas der Küste ausgehend, vor unseren Füßen aus, blendend und ohne Farbe über Meilen hinweg, bis zu den Bergen von Akjoujt – dem Inchiri, wo wir in der nächsten Regenzeit die großen Entbehrungen der Wüste kennen lernen sollten.

Im Westen zeichneten sich die rötlichen Ruinen des alten Postens vor dem bläulichen Himmel ab.

Unten, mitten in der Wüste, liegt der Militärposten, wuchtig, quadratisch, grau, eine niedrige, strenge Festung.

Es ist Mittag; alles flammt in einem geheimen Feuer, das die Augenlider versengt.

In der Nähe des Postens ein paar traurige, spärlich belaubte Büsche, die vergeblich versuchen, dem Garten, in dem sie stehen, Schatten zu spenden. Vereinzelte spanische Reiter, Stacheldrahtzäune und das Gerüst eines Flugzeughangars werfen grausame metallische Lichtreflexe.

Nouakchott, erste Etappe, erster Buschposten. Gastfreundschaft, Champagner, Grammophon, Katzenwäsche. Erstes »Gästehaus«. Dieses hier ist schön im Vergleich zu den anderen, die uns erwarten! Es hat – o Luxus – eine Tür und Fensterläden! Der Oberleutnant, der den Posten befehligt, hat Fässer mit brackigem Wasser herschaffen und eine große maurische Decke aus weichem schwarzem Schaffell auf die alte Matratze legen lassen.

Wie ist es möglich, dass wir uns nach nur acht Tagen des Umherziehens so verfremdet fühlen? Wie ist es möglich, dass der Busch uns bereits mit solcher Macht seinen Rhythmus aufgezwungen hat, dass wir uns verloren fühlen, wenn er unterbrochen wird?

Lautes Streiten, das die Siesta stört, zieht uns in den Hof hinunter.

Der Kommandeur des Postens versucht zwei wutentbrannte Rivalinnen zu beschwichtigen: die beiden tonangebenden Hetären, alle beide Herrinnen des Tamtams.

In Wickeltuch und Schleier gehüllt, mit klimperndem Schmuck behängt, beschimpfen sie sich gegenseitig, begleitet von bösen Gesten. Ihre Gesichter könnten schön sein ohne die »kleinen Accessoires«, die sie zieren: Mariam hat ein rotes Rechteck um ihr rechtes Auge gemalt und einen Kreis aus blauem Antimon um ihr linkes. Die Stirn von Bonheur trägt eine arabische Inschrift, ihre Wangen schmückt ein Blumenmuster.

Ich glaube aus ihrem Gebrüll herauszuhören, dass jede der beiden die andere daran hindern wollte, die Trommel für das Fest zu schlagen, weil »der Kommandant, er wissen: sie zu viel Hure, immer Geschichten machen, immer Leute ärgern«.

Als ob nicht genügend Platz in der Wüste wäre und genügend Kunden im Posten und im Dorf – Weiße, Braune, Schwarze – für zwei Tamtams vor zwei gastlichen Häusern!

Die Frauen der Senegalschützen, in farbenprächtige Lumpen gehüllt, scherzen auf der Schwelle ihrer armseligen Hütten: »Beidane-Frauen, sie nicht gut!«

Zwei kleine schwarzgelbe Schweine laufen erschrocken davon.

Einzig der Knüttel des Polizeisergeanten, eines alten Schwarzen mit einem unbeschreiblich komischen englischen Helm, bewirkt, dass einen Augenblick Stille einkehrt. So kann der Kommandeur die Tamtams genehmigen, die aber beim geringsten Gezänk sofort wieder verboten werden sollen.

Der Sergeant fügt noch hinzu: »Wenn du nicht brav, ich dir in Fresse hauen.«

Und die beiden Klägerinnen stolzieren davon, würdevoll und unter wilden Drohungen, ihre üppigen Hüften unter den Falten des Wickeltuchs schwingend, im schleppenden Schritt ihrer silberbeschwerten Füße.

Die Meeresbrise bringt etwas Erfrischung in der Dämmerung. Fatreh ist in vollem Gang. Die Gefangenen tanzen zum Klang der Trommeln. Bonheur und Maryam haben ihr Lächeln und ihre verführerischen Äugeleien wieder gefunden. Der französische Händler und der Diula verkaufen Zuckerblöcke und den grünen Tee, dessen Aroma heute Abend die sanderfüllte Luft parfümieren wird. Vor den Lehmhäusern und braunen Zelten werden Feuer angezündet.

Fatreh! Fatreh!

Die jungen Männer spielen »Kora«: Ein weißer Lederball, der mit gebogenen Stöcken von einem Lager zum anderen geschlagen wird, entfesselt einen grandiosen Lauf halb nackter Männer. Die blauen oder weißen Gewänder haben sie über ihren braunen Oberkörpern verknotet oder in archaischen Falten nach hinten geworfen, griechischen Siegergestalten gleich. Ein Gewühl aus sehnigen Armen und Beinen, gesträubten Haarschöpfen. Am Ende jeder Partie werfen die Sieger ihre Stöcke in die Luft, und das Trillern ihrer Frauen antwortet auf ihre Freudenschreie.

Die älteren Männer ziehen die Palaver auf den Matten vor, den Rosenkranz in den Fingern und Tee schlürfend. Unter einem Zelt spielt Cheikh mit einem alten *goumier* Dame; das Schachbrett ist in den Sand gezeichnet, Kamelfladen und Stöckchen ersetzen die Steine.

Fatreh! Fatreh! Ganz Afrika singt, tanzt, spielt, isst, wirft sich zum Gebet nieder, von einem Ende zum anderen seiner Schwindel erregenden Weiten bis in die entlegensten Exilstädte, denn die Buße ist zu Ende, und der Ramadan ist mit dem neunten Mond gestorben.

3 Die großen Zelte

Sobald die erste Turteltaube melancholisch ihre Kristallperlen in die Schale der Morgendämmerung kullern ließ, verließen wir das Lager der Tributpflichtigen, in dem wir die Nacht verbracht hatten. Wir wollten frühzeitig in Tin Deila ankommen, wo uns Sidi erwartete, der Vater von Mohammed Fall.

Er war eines Abends zum Posten von Nouakchott gekommen, sehr aufrecht, ernst und schweigsam auf seinem großen weißen Kamel. Die untergehende Sonne übergoss die wehenden Falten seiner langen Tunika mit Gold und zauberte einen Glorienschein um seinen krausen Haarschopf, der charakteristisch für die Trarza-Mauren ist. Eine Eskorte junger Krieger flankierte ihn. Ein *hartani*, der hinter ihm im Sattel saß, hielt seinen Karabiner und seine Patronentasche. Er selbst trug nichts außer seinem schwarzen Rosenkranz und seinen ledernen *grigris*. Es bedurfte keinerlei Rangzeichens, keinerlei Schmucks, um zu erkennen, dass er der Anführer war und dass das Geheimnis, welches sich in den Tiefen seiner schwarzen Augen verbarg, nur ihm allein gehörte.

Ohne Eile grüßte er uns, die Hand auf der Brust, und überließ sein niedergeknietes Reittier der Obhut des *hartani*. Der Dolmetscher erklärte uns, dass er Mohammed-Fall-ould-Sidi-ould-Mohammed-Fall-ould-Deid heiße, vom Volk der Ahmed ben Dahman, dass er Moulanah bitte, den beiden Besucherinnen, die durch den Trab-el-Beidane reisten, wie es Männer tun, Frieden zu bringen, nichts als Frieden, und dass es eine große Ehre für ihn sei, wenn wir seine Einladung annähmen, ihn nach Tin Deila zu begleiten, wo die Zelte seines Vaters standen.

Hochentzückt verbrachten Marion Sénones und ich den Abend damit, die *tisufren* zu füllen und auf der Karte die gepunktete Linie ausfindig zu machen – Tinouich, Tiddiegui, Tin Deila, Souelguis – die, durch die Gegend von Amoukrouz und Ogol führend, die Route der Brunnen bezeichnet, die von Nouakchott la Grise bis Boutilimit la Rose führt.

Unsere vierzehn Reisegefährten waren Krieger aus Trarza mit ihren *haratine*; sie hatten krauses Haar und undurchdringliche Gesichter, deren Lächeln kaum ihre Grausamkeit verbarg. Sie waren schmutzig, zerlumpt und dennoch königlich, und sie beherrschten die Kunst, ihre Gewänder wie römische Togen über die Schulter zu werfen und um sich zu schlingen wie griechische Hirten.

Seit zwei Tagen schlängelten sich unsere Spuren im rosafarbenen Sand der großen parallel verlaufenden Dünen dahin, die mit graugrünem Dorngestrüpp gespickt waren, im weißen Staub der engen Täler, wo wir hier und da auf einen schwarzen Gefangenen stießen, der seine Tiere beiseite trieb, um unsere trinken zu lassen.

Um die Mittagszeit oder in der Abenddämmerung hielten wir vor armseligen Zelten an, vielleicht wie jene, in denen die hebräischen Herren bei ihren Dienern ausruhten, und man bereitete uns ein Festmahl, wie Abraham es dem göttlichen Gast vorsetzte: Kamelmilch und Lammfleisch, in der Asche gegart.

Die großartige, einfache Landschaft um uns herum, ein flirrender Traum in Gold, bereitete mit der grenzenlosen Reinheit ihrer Linien den Boden für künftige Nostalgien.

Bald würden wir in dem Zelt sein, das Sidi-ould-Mohammed-Fall, älterer entthronter Bruder von Ahmed, dem Emir von Trarza, für uns aufstellen würde.

Marion und mir schwirrte der Kopf von den Schilderungen, die Ahmeddou am Abend beim Teezeremoniell für uns übersetzte.

»Mohammed Fall ist zu glücklich, weil du in sein Lager kommst. Dort gibt es schöne Zelte, viel Essen, viele die Schafe, und Mohammed Fall, er ist Enkel von Emir, er gibt dir alles, was du brauchst und was er hat: *faro*, Kissen, Halsketten, Teppiche. Du und Schwester von dir, du kannst wählen. Du bleibst lange, lange, und nachher bringt dich Mohammed Fall nach Boutilimit oder noch weiter; er gibt dir schöne Kamele, Krieger, einen *hartani* zur Bedienung, alles, was du verlangst!«

Mohammed Fall, der auf einem alten Schafsfell saß, wie Salomon auf seinem Thron, nickte gnädig dazu.

Der *hartani* war eine große Verlockung für uns. Ahmeddou beherrschte zwar die Kunst, seinen Turban nach Art der Seneschalle Ludwigs des Heiligen um seinen Kopf zu drapieren, aber er war unfähig, die Sättel und Ledersäcke auf dem Rücken der Kamele festzuzurren. Oder vielmehr wäre er durchaus dazu im Stande gewesen, wenn er gewollt hätte, aber es interessierte ihn nicht. Marion, der dieser künftige Luxus bereits zu Kopf gestiegen war, fand jetzt, dass Ahmeddou nicht mehr genügte, um unser Prestige zu wahren.

Aber was uns noch mehr erfreute, waren die schönen Reittiere, die man uns versprochen hatte, die *azouezil*, die schnellen und trittsicheren Kamelwallache. Die Kamele, die uns von Nouakchott hierher getragen hatten, waren erschöpft; die Geröllwüste hatte ihnen die Hufe aufgeschürft, die Strapazen hatten ihre Höcker dahinschmelzen lassen. Die harten Holzsättel waren verrutscht, kippten, wenn die abgenützten Gurte unter der Anspannung der Tiere rissen, und zehn ausgestreckte Hände fingen uns im Flug auf. Mohammed Fall kam von Akjoujt zurück, wo die Herden seines Vaters weideten, denn dieser Krieger mit dem Gesicht des Propheten war auch ein Nomadenhirte, so wie einst die Chaldäerkönige.

Nachts träumten wir von den Weisen aus dem Morgenland, von Prinzen aus Tausendundeiner Nacht und der Königin von Saba, von

Reichtümern, die uns mit vollen Händen vor die Füße geschüttet wurden, und wir fieberten Tin Deila entgegen, als wäre es das Gelobte Land.

Der Himmel war zartgrau. Zwischen den fliehenden Schatten der Wolken erleuchtete ein Sonnenstrahl das sanfte Mandelgrün der Blätter und das Rosa der Dünen. Die Kamele witterten ihr Zuhause und trabten humpelnd los.

Bei den ersten unverhofften Regentropfen in dieser Saison erklärte Ahmeddou uns, das sei eine besondere Gunst Moulanahs, und sie, die Mauren, die keinen Kalender kannten, würden später einmal sagen, wenn sie sich die Weidezüge, die Todesfälle und die Geburten in Erinnerung riefen: Das war in dem Jahr, als die beiden »Frauen von Europäer« zu uns gekommen sind. Der Regen war mit ihnen: Es war ein glückliches Jahr.

Die Männer sangen, lachten und waren überglücklich, ihre Zelte, Frauen und Verwandte wieder zu sehen. Mohammed Fall blieb nachdenklich und sagte nichts.

Plötzlich, als wir um ein Gummibaumdickicht bogen, sahen wir ein *goum* vor uns, fünfzig Krieger vielleicht, Gewehr in der Hand, die uns reglos auf ihren Reittieren erwarteten.

Freudensalven krachten und zerrissen die Stille.

Dann kam hier und da Bewegung in die Szene, und schließlich herrschte ein Durcheinander, in dem die Väter ihre Söhne suchten, die Brüder ihre Brüder, die Freunde ihre Freunde. Unter den Neuankömmlingen, die die Kamele zurückhielten, war alles versammelt: Greise mit blassblauen Haaren, nackte Kinder, der Marabut, gebeugt von den Jahren und den vielen Amuletten, die er trug, ein Kamelreiter mit seiner roten Schärpe, der Arzt, die Schmiede, die Herren und Diener, alles, was das Lager an wehrhaften Männern zu bieten hatte. Grüße und Segnungen wurden ausgetauscht, lang und umständlich, und nachdem die Jüngsten die Hände der Alten berührt hatten, Handteller an Handteller, führten sie die ihren untertänig über ihre andächtigen Gesichter.

Wir nahmen den Weg zum Lager, und in dem Schweigen, das sich wieder eingestellt hatte, stieg eine schrille Stimme zum durchsichtig gewordenen Himmel auf. Es war die Stimme von Barka, der Griotte, die sich, in dunkelblaue Schleier gehüllt, am Sattel eines Kriegers festklammerte. Sie sang das Loblied der Familie des Emirs, des geliebten Sohnes, der nach einer langen Reise zurückgekehrt war.

O du, der nirgends zu finden ist,
der nichts anderem gleicht,
ich bitte dich, die Wünsche der Feinde
des Mannes nicht zu erhören, dessen Loblied ich singe.

Die Pferde, die Nacht und die Wüste kennen ihn,
wenn die Gewehre sprechen,
achtet er der Kugeln nicht,
und wenn er kämpft, ist es sein Feind, der fällt.

Wir heißen dich willkommen,
du bist tapfer, du bist schrecklich, du bist edel und großzügig.
Du bist Mohammed Fall, Sohn von Sidi, Sohn von Mohammed Fall,
Sohn von Mohammed Habib ...

Eine Trommel dröhnte in der Ferne.

Die ganze kriegerische Prachtentfaltung, mit einer gewissen Zärtlichkeit vermischt, war überaus rührend. Stolzgeschwellt, dass wir daran teilhaben durften, trieben Marion und ich unsere Tiere nach vorn in die erste Reihe und erlebten die Schmach, dass aus einem Dickicht zwei kleine Grauesel hervortraten, die enge Piste versperrten, die sich zwischen dem Dorngestrüpp hindurchschlängelte, und so den Triumphzug in aller Arglosigkeit zwangen, sie vorübergehen zu lassen.

Dann kam das Lager in Sicht. Es glich den anderen, die wir bereits kannten, und wir würden noch hundert weitere dieser Art von hier bis Kiffa zu sehen bekommen. Aber vor dem Zelt, das für uns bestimmt war, wartete eine schwarze, brüllende Menge. Das durchdringende Trillern der schwarzen Frauen mit ihren nackten, mit gelbem Bernstein und Glasperlen geschmückten Brüsten, das Klatschen ihrer Hände, das Röhren der Kamele und die Gewehrschüsse übertönten den dumpfen Klang der Trommel. Mitten unter den entfesselten Sklaven führten zwei Krieger einen Kampf vor, indem sie ihren Karabiner in die Luft warfen und ihn im Tanz wieder auffingen.

Wir hätten dieses Schauspiel gern noch weiter verfolgt, aber Personen von Rang haben in Mauretanien ruhebedürftig zu sein, und wir schuldeten es unserer Würde, uns so schnell wie möglich auf den Matten und Fellen niederzulassen, die im Zelt ausgebreitet waren.

Mohammed Fall und sein Vater setzten sich uns gegenüber, auf die andere Seite des Tabletts, das mit kleinen Gläsern beladen und schon für den Tee bereit war. Um uns herum zwanzig Krieger, ein Kreis von *haratine*, eine Hecke von Gefangenen, die uns neugierig beobachteten.

Frauen drängten sich zu Mohammed Fall durch, verneigten sich vor ihm und legten ihre Stirn auf seine ausgestreckte Hand. Es waren die Töchter seines Vaters, seiner Mutter, seiner Amme und des Mannes seiner Amme, die Einzigen, die das Recht hatten, in der Öffentlichkeit vor ihm zu erscheinen. Durch die Scheidungen und den Brauch, die »Milchverwandtschaft« der Blutsverwandtschaft gleichzustellen, sind die maurischen Familienverhältnisse überaus kompliziert.

Wenn Sidis Frau anwesend gewesen wäre, hätte Mohammed nicht dableiben können; er durfte auch nicht mit der Seinen vor seinem Vater erscheinen. Ja, noch schlimmer, wenn irgendein Rüpel seine schöne Mutter oder seine eigene Frau vor ihm erwähnt hätte, dann hätte der Anstand ihm geboten, sich zurückzuziehen und sein Gesicht zu verhüllen. Dasselbe gilt gegenüber jedem anderen älteren Verwandten. Unter diesen Umständen ist es das Beste, sämtliche Frauen, die Urheberinnen all dieser Scherereien, in ihre Zelte zu verbannen.

Sidi war ein schöner Greis, höflich, von respektablem Aussehen, der den älteren Zweig einer berühmten Sippe würdig vertrat.

Mit seinem Bruder Ahmed, der auf seine Kosten Emir geworden war und den Namen Ould Deid angenommen hatte, ermordete er 1905 seinen Onkel Ahmed Saloum II. im Schlaf. Für kurze Zeit hatte er das Emirat erhalten, dann musste er nach Marokko flüchten, während Ould Deid als Abtrünniger in die Berge von Adrar zog.

Der Gerechtigkeit halber sei angefügt, dass Ahmed Saloum II. seinen Cousin Amar Saloum getötet hatte und dieser seinen Neffen Mohammed Fall, Vater von Sidi, dieser wiederum seinen Onkel Ali Diombot, der seinen Bruder Ahmed Saloum I. getötet hatte, und Letzterer seinen Bruder Sidi ... weiter bin ich nicht gekommen.

Das Emirat von Trarza stellt, in maurischen Abgaben und französischen Kapitalrenten, ein Einkommen von 150 000 Franc dar. Das scheint die Lebenserwartung der jeweiligen Amtsinhaber stark zu verkürzen.

Sidi hatte uns durch Ahmeddous Vermittlung angeboten, ein Kamel für unser Frühstück zu schlachten; worauf Marion höflich antwortete: »Wir danken dir, aber es ist nicht nötig, ein solches Opfer zu bringen, damit wir wissen, dass du ein großer Anführer bist. Ein Schaf genügt.«

Nach dem Tee brachte man also in einer fettigen Kalebasse die Leber, die Nieren und die Füße, und dann, schwarz vor Asche und Sand, das *méchoui* selbst, in Stücke zerteilt, nicht auf einer silbernen Platte, sondern auf einem »Lebda«, einem Teppich aus Leder und Fell, den man zwischen den Sattel und den Rücken des Kamels legt. Alle fielen darüber her und schlangen es so schnell wie möglich hinunter. Von Zeit zu Zeit reichte uns ein Mitgast zuvorkommend ein besonders gutes Stück. Die Sklaven und Kinder stritten sich um die Knochen und das pure Fett.

Es war ein ziemlich trauriges Spektakel. Die Kalebasse mit Reis, die die Mahlzeit vervollständigte, bescherte uns noch Schlimmeres: Mit ihren Händen, die mit dem unvermeidlichen Indigo verschmiert waren, rührten die Krieger im Reis herum, der sich blau färbte, und kneteten kleine Bällchen, die sie zusammenquetschten, bevor sie sie in den Mund steckten.

Marion und ich schauten Mohammed Fall mit der Verzweiflung verlorener Illusionen an. Wir sahen ihn noch vor uns, wie er an der Spitze seiner Karawane ritt oder sich mit seinen Gefährten zu frommen Salams auf einer Düne hinwarf. Gestern Abend, als der Mond aufging, war er wie ein verhülltes Licht vor uns hergegangen.

Und jetzt schabte er, nachdem er seinen Reis gegessen hatte, mit einem alten Messer das Fett von seinen Händen ab, um sich die Füße damit einzureiben.

Als er damit fertig war, wünschten uns alle eine angenehme Nachtruhe und zogen sich zurück. Wir wären nur zu gern schlafen gegangen, aber kurze Zeit später kam ein Krieger und sagte uns, dass Sidi uns in seinem Zelt erwarte.

»*As Salamu Aleikum!* Friede sei mit dir!«

»*Wa Aleikum as Salamu! Labès?*«

»T'barek Allah! Labès.«

»Al Hamdullilah. Jetzt, wo die Nazarenerinnen in meinem Zelt angekommen sind, sind sie zu Hause!«

Das Zelt war aus braunem Wollfilz, so wie die anderen, aber sehr groß: Eine Baumwollplane umgab es auf drei Seiten; das Mobiliar bestand aus einigen Truhen. Zwischen den Grasmatten war ein Stück freigelassen, damit man in den Sand spucken konnte.

Wir setzten uns zu Sidi, um Tee zu trinken. Sein jüngster Sohn, ein Baby, spielte mit seinem weißen Bart. Ein wenig abseits saß seine Frau, Fatimetu, die nicht älter als sechzehn sein konnte, und schaute uns schweigend an. Ein ganz neuer Schleier aus Guineatuch, noch glänzend von der frischen violetten Farbe, hüllte sie ein. Ihr Gesicht unter der blauen Schminke war von der Farbe des Mondlichts. Sie war hübsch, mit großen, sinnlichen, mandelförmigen Augen, einer geheimnisvollen Aura und feinen, mit Henna rot gefärbten Händen. Aber bei der leisesten Bewegung entblößte ihr verrutschter *malahfa* Arme, so dick wie Schenkel, und einen Körper, der die Anmut eines prall gefüllten Milchschlauchs hatte. Sie war eine sehr schöne Frau.

»As Salamu Aleikum!«

»Wa Aleikum as Salamu!«

Diesmal waren wir bei Mohammed Fall. Die gleiche Ausstattung, der gleiche Tee, die gleiche dicke, mit Milch gemästete Frau. Aisha war wie Fatimetu die Tochter eines Emirs. Die gleichen Blicke auf uns geheftet, die ersten Französinnen, die sie je gesehen hatten; die gleiche aristokratische, würdevolle Haltung, die gleiche Art, mit einem Stöckchen in den Zähnen zu stochern, sich in die Hände zu schnäuzen und diese an den Kleidern abzuwischen.

Mohammed Fall rief seine Söhne, um sie uns vorzustellen, und streckte die Hand nach ihnen aus wie ein segnender Christus. Durch die Löcher des Zelts fiel ein Sonnenstrahl auf seine Stirn.

Als wir unser arabisches Vokabular, das sehr beschränkt war, erschöpft hatten, kehrten wir in unser Zelt zurück. Marion war müde, und was mich betraf, ich hätte mich jetzt gern ein bisschen entlaust.

Kaum hatten wir mit unseren jeweiligen Programmen begonnen, als Sidi auftauchte, gefolgt von Mohammed Fall und der ganzen Eskorte. Salam, kontemplative Unterhaltung, Tee. Das Tamtam hatte seine Bacchanalien in einer Wolke goldenen Staubs wieder aufgenommen.

Ahmeddou gab uns jetzt zu verstehen, dass der Augenblick gekommen sei, Zucker, Tee und Tabak an die Tänzer zu verteilen.

Dann gab es ein paar Aufbrüche, Hoffnung auf Ruhe, plötzliche Wiederkünfte, bis zum Abendessen, zu dem sich alle um den Tee, das *méchoui* und die Kalebassen mit Milch versammelten.

Die Herden, die mit den ersten Schatten der Nacht zurückgekehrt waren, veranstalteten überall im Lager einen großen Lärm.

Die neunte Folge der vier Gläser Tee wurde bei Sidi serviert, der eine Abendgesellschaft zu unseren Ehren gab. Eine große Menge drängte sich in seinem Zelt, Krieger, *haratine* und Sklaven.

In der Mitte sang die Griotte Barka, den Kopf nach hinten geworfen, den Mund unter dem Schleier aufgerissen, den sie bis zu den Augen angehoben hatte, einem Schleier, in dem sich das Beben ihrer Lippen fortsetzte. Sie sang den Fagkou, das Kriegslied, sie schrie es hinaus, als wollte sie den Kampfesmut der Männer bis ans Ende der Wüste anstacheln.

Töricht die Feiglinge, die den Tod fürchten,
den Tod, der nie anders kommt als zur vorbestimmten Stund,
zu den Tapferen wie zu den Ängstlichen!
Ein Narr, wer sich erhofft, dass ihn das Schicksal vergisst ...

Zwischen den einzelnen Strophen und Refrains ließen ihre kleinen Hände die zweiundzwanzig Saiten der *ardine* vibrieren, einer einfachen Harfe, die einst aus vergessener Ferne, mit der Musik, den Traditionen, ja, dem Volk selbst über die Pisten Ägyptens gekommen war. Desgleichen die *tidinit*, die kleine, vereinfachte Laute, mit der Souidate, Barkas Mann, ihr Lied begleitete.

Stark müsst ihr sein!
Fröhlich müsst ihr sein, dann habt ihr Mut!

Gemeinsam sangen sie die Hymnen des Propheten; dann priesen sie den Ruhm ihres Anführers, des stärksten, schönsten und berühmtesten; der von Jugend an mit Lobreden überschüttet wurde; das Auge seines Volks, Freund der Großen, Beschützer der Kleinen, großzügig zu den armen Griots. *La ilaha ill'Allah!*

Mit Bernstein und Silber geschmückte Sklavinnen, die sich hinter den Musikern aufgestellt hatten, klatschten zum Rhythmus der Kalebassen und Harfen in die flachen Hände. Ein wilder Geruch stieg von dieser Menge auf, aus Schweiß, Leder, Tee und Gewürzen zusammengesetzt. Und aus dem Dunkel, wo die Herden blökten, wehte der Duft der gelben Akazienblüten zu uns herüber.

Barka sang. Das Gesicht jetzt unverschleiert, gab sie sich ihrem eigenen Gesang, ihrer eigenen Leidenschaft hin, entriss der *ardine*, die sie zwischen ihren Knien hielt, so wie Souidate der *tidinit*, deren Saiten er zupfte, eine Insel spröder Töne in komplizierten Rhythmen. Ihre Arme, ihre Armbänder, ihr Rosenkranz, ihre Haarflechten, ihre Schleier tanzten mit. Eine Musik der Rhythmen, nicht der Melodien. Barka war nur noch Rhythmus. Obwohl sie saß, tanzte sie wilder als ein Blatt im Wind.

Griots und Griotten, Freude und Poesie der Wüste! Troubadoure dieses biblischen, mittelalterlichen Mauretaniens. Vorletzte Kaste, verachtet und gefürchtet, Herrscher über die anderen durch den Stolz ihrer Herren. Wie soll man diesen Troubadouren auch ein Geschenk verweigern, wenn sie einen je nach Laune und Vorteil mit ihrem Spott demütigen oder mit ihren Lobliedern im ganzen Busch rühmen können? Sie trösten, schmeicheln, unterhalten, bald an einen bestimmten Herrn gebunden, bald frei umherziehend, aber immer bleiben sie Nomaden. Sie sind die geheimen Boten, die Vertrauten. Der Bräutigam oder Geliebte flüstert ihnen das Geständnis zu, das für seine Schöne bestimmt ist, und es ist die Griotte, die die Neuvermählte ins Hochzeitszelt führt. Das alles wird mit feurigen Kamelen bezahlt, mit Guineatuch, noch feucht und glänzend von der blauen Farbe.

An jenem Abend hatten Souidate und Barka keinen anderen Ehrgeiz, als »den Nazarenerinnen schöne Sachen darzubieten«. Sie sangen *El-Bial*, ein Liebeslied, und *Z'rac*, die »Resignation«, von der Dichterin El-Khansa, die im zweiten Jahrhundert der Hedschra lebte, und *Zeïni*, das Gedicht von Omar ben Khalsum, der noch vor Mohammeds Zeit geboren wurde.

Ehe wir auseinander gehen,
ich bitte dich, bleib noch ...

Wir hatten ihnen lange zugehört, ihre schönen Hände mit den ausdrucksvollen Gesten betrachtet, als Barka, ihren Schleier über ihr ruhig gewordenes Gesicht schlagend, endlich aufstand und zu ihrem Zelt ging und man nur noch die tausend Geräusche hörte, die das Schweigen der Wüstennacht ausmachen.

Dann überbrachte Ahmeddou uns Grüße von Sidi, der hoffe, dass Moulanah uns lange bei ihm verweilen lasse.

In aller Morgenfrühe wurden wir aus dem Schlaf gerissen. Der Sklave brachte den Tee, gefolgt von Besuchern.

Mohammed Fall packte alle seine Geschenke in ein Kissen aus bemaltem Leder und kündigte uns an, dass er sofort abreisen müsse, um sich ins Lager des Emirs zu begeben und seinen Onkel Ould Deid zu begrüßen. Moulanah sei ihm nicht günstig gesinnt, leider Gottes, und die prächtigen Kamele, die er den verehrten Besucherinnen gern gegeben hätte, befänden sich gerade jetzt auf einer fernen Weide. Hier gebe es nur erschöpfte Tiere, die am Vorabend hergebracht worden seien und unter denen er natürlich die besten auswählen würde.

»Die Worte der Nacht sind nicht die des Tages.« Ahmeddou, der wusste, was sie bedeuteten, packte schon unsere *tisufren*.

Zum Glück wollte ein junger Bursche von fünfzehn Jahren nach Boutilimit gehen, um sich beim dortigen Posten als Gefolgsmann zu verdingen, und wir brauchten einen *hartani*, der die geliehenen Kamele bewachte. Wir würden also eine Eskorte haben!

Während man unsere mageren Reittiere sattelte – o die schönen Mehara, von denen wir geträumt hatten! –, nahmen die Diener die Matten mit und bauten das Zelt ab.

Aber wir waren in Gedanken schon ganz auf den Busch eingestellt, der uns nie vertreiben würde. Er erwartete uns, seiner Opfer gewiss, mit seinem subtilen Charme, der sich aus den endlosen Strapazen, der wilden Freude an der Gefahr und allen Verheißungen des Unbekannten zusammensetzte.

Was er uns sofort bescherte, war der Beginn einer langen Geduldsprobe, in Gesellschaft von Kamelführern, die jetzt Trarza-Leute waren, »nichtsnutzige Hirten«, wie Saint-Exupéry sie nannte, trotz ihres Anspruchs, »Krieger« zu sein.

Wir lernten alles bis zum Erbrechen kennen – unausgeführte Befehle, heruntergefallenes Gepäck, verrutschte Sättel, verirrte Kamele, die ein Sklave am Morgen suchen muss, weil die Führer nach einer Nacht endloser Palaver ausschlafen möchten, Aufbruch in der Glut einer bereits hoch stehenden Sonne, durchtriebenes, hartnäckiges Betteln und so fort ... Das Ganze dauerte über tausend Kilometer an, bis nach Kiffa.

Jetzt fanden wir außer den verschiedenen Akazienarten, die wir bereits kannten – den Talha mit den langen weißen Dornen, den Sadra-el-Beida (weißer Baum) mit den seidigen gelben, duftenden Blütenquasten, den Iguinin mit ihrem dornigen Geäst, so dicht, dass es tiefen Schatten spendet, obwohl ich noch nie Blätter an ihr gesehen habe –, noch die »Adress«, aus der die Mauren die aromatischen Stäbchen schnitzen, mit denen sie sich die Zähne putzen, des Weiteren die große Euphorbia mit den malvenfarbenen Blüten, in blassen Plüsch gehüllt, deren geflügelter Samen als Zunder für die Feuersteine dient, und neue Gummibaumarten: den Tamat (Acacia seyal), den Amoûr (Acacia arabica) und den Aouerouar (Acacia berek), der den echten Handelskautschuk liefert.

Die letzten Tornados hatte es im September gegeben, und die Gräser waren schon verdorrt und farblos. Wir sahen verschiedene Arten des hoch wachsenden Aristida-Grases, aus dem man die Flechtmatten aus feinen, gefärbten Riemen macht, und jene bitteren Koloquinten, die »Eselsäpfel«, die Strafe des Tantalus in Gestalt von Melonen.

Zwischen den Grasbüscheln war der Boden mit einem Teppich von *initis* bedeckt, die die Franzosen »cram-crams« nennen, haarige Disteln, krumm, stachlig, die in den Kleidern, im Fell der Kamele, in der Wolle der Zelte hängen bleiben und ihr Opfer mit ihren winzigen giftigen Harpunen durchbohren.

Die Tyrannei der Wüste setzt sich aus diesen tausend kleinen Qualen zusammen, erschöpfend, aber unerschöpflich, treffsicher und raffiniert, die einen bis in den tiefsten Schlaf verfolgen.

Die Trappen stiegen schwerfällig aus den Gummibaumlichtungen auf; leichte Gazellen von der Farbe des Sandes flüchteten in schnellen Kreisen, die sie immer wieder, so scheint es, an ihren Ausgangspunkt zurückbringen. Die kleinen Hyänen und Schakale verrieten ihre nächtliche Anwesenheit nur durch unnützes Geschrei. Was die Schlangen betraf, so wimmelte es keineswegs von ihnen, wie man in Sensationsberichten liest; in einem Weidejahr habe ich im Busch nur eine gesehen – eine lange Viper, die im Schatten eines Dornbuschs ihre Siesta hielt.

Wir zogen von Brunnen zu Brunnen, von Lager zu Lager, ohne Stolz und ohne Freude, im unregelmäßigen Schritt unserer Tiere.

Bei den Halten setzte Ahmeddou sich an den besten Platz, gab nutzlose Befehle, sprach ausgiebig über seine Vorliebe für die großen Reisen zu fünf Franc pro Tag und schmiedete Zukunftspläne, in die wir unwillentlich mit einbezogen wurden. Der *hartani* bettelte um Nadel und Faden, um seine Lumpen zu flicken; der junge Krieger verschwand in geheimnisvollen Zelten, während wir gottergeben darauf warteten, dass sich irgendein Sklave, den der Zufall uns in die Arme trieb, unserer erbarmte.

Die einzige Arbeit, die Ahmeddou für nützlich hielt, bestand darin, uns und unserer Rasse zu schmeicheln.

»Du und deine Schwester von dir, ihr gute Köpfe, ah! Zu gut!«

Das bedeutete lediglich, dass wir keine »Methode« kannten, wie wir die Beidane dazu bringen konnten, uns zu gehorchen, und dass man sich ungestraft über uns hinwegsetzen konnte, was sehr angenehm war.

»Vor den Franzosen, du und deine Schwester von dir, ist nicht möglich diese Reise machen. Sogar zwei oder drei Beidane, unmöglich. Früher waren immer *razzi* im Norden und ihr tot auf jeden Fall. Immer viele Männer mit Gewehren zusammengehen ... die Franzosen, sie machen große Sachen!«

Das war übrigens die Wahrheit, denn die Befriedung Mauretaniens, jenes Unternehmen, das seit dem Pariser Vertrag von 1814 dem listigen Kalkül der Mauren eine endlos geduldige Diplomatie und ihrem grausamen Fanatismus die Tapferkeit unserer Soldaten entgegensetzte, ist ein Werk, das selbst die Geister anerkennen können, die grundsätzlich jede Kolonialisierung ablehnen. Gewiss lag es im Interesse der Franzosen, den Senegal und den Sudan gegen die Übergriffe der Hassanenkrieger zu verteidigen, aber gleichzeitig beschützten sie die berberischen Marabuts, die Zenaga und die terrorisierte schwarze Bevölkerung.

1900 lastete noch auf ganz Mauretanien das Gesetz des Stärkeren.

Die Sandwüste, die mit Euphorbien und Dornensträuchern bewachsene Savanne, in der Völker ohne Bedürfnisse und Fertigkeiten umherziehen, können keine Produktions- oder Bevölkerungskolonie sein, sondern nur eine unverzichtbare Schutzzone zwischen den Flusskulturen am Senegal und den Räubern im Norden, die wir nach dem Abkommen von 1900 nicht über die nebulösen spanischen Grenzen hinaus verfolgen können.

Boutilimit, die 1904 gegründete Hauptstadt von Trarza, tauchte am Abend des 26. Januar plötzlich vor uns auf – eine Art romantische Burg, die auf einer großen Düne aufragte, vom Licht der untergehenden Sonne angestrahlt, und darunter die smaragdgrünen Täler, mit Blau und Grau abgestuft, wie ein unverhofftes Meer.

Sie schien ganz nahe, aber es dauerte noch zwei Stunden, bis die Bodenwellen sich langsam, Düne für Düne, vor uns entrollten. Endlich erreichten wir den Brunnen des letzten Tals, mitten unter den Hirsefeldern, Maurenzelten und Strohhütten, wo die Familien der schwarzen Schützen leben.

Das Auftauchen zweier umherziehender Französinnen erregte natürlich großes Aufsehen.

Die Europäer, die uns vor dem monumentalen, mit Halbmonden gekrönten Tor erwarteten, fragten uns in aller Einfalt, als die Karawane komplett war, wo wir unser Gepäck hätten, unsere Reisekoffer und Feldbetten, und waren sehr erstaunt, dass sie uns als Erste Hilfe nichts anderes anzubieten brauchten als Zigaretten, frische Getränke und ihre Herzlichkeit.

Die Gefangenen, die sich im Dienst befanden, hielten mitten in ihrer Arbeit inne, wobei sie ihre beiden *banco*-Ziegel, die vorgeschriebene Last, auf dem Kopf balancierten. Die Mauren, die auf den Stufen der Terrassen auf Gott weiß was warteten, hörten einen Augenblick auf, sich zu lausen.

Und am nächsten Morgen war unsere Reise das Thema des Französischaufsatzes in der *medersa*, der einzigen französischen Schule von Mauretanien.

Ja, ihr habt richtig gelesen: nur eine Schule für ein Land, das halb so groß wie Frankreich ist, für 350 000 Nomaden, denn die wenigen »Dorfschulen« werden von schwarzen Hilfslehrern geleitet, die nicht viel mehr wissen als ihre Schüler, und können nicht mitgezählt werden.

In der *medersa* von Boutilimit lernen hundert Söhne von Stammesführern, die ein Stipendium erhalten und zwischen acht und zwanzig Jahren alt sind, den Koran, Französisch und Arabisch unter der Anleitung eines algerischen Lehrers und eines alten Marabuts. Die vier Schuljahre schließen mit einem Zertifikat ab, danach wechseln die, die es können und wünschen, in die »Eingeborenenschule« von Saint-Louis.

Der erste Preis für den besagten Aufsatz ging an Mohammed-ould-Yadali, den Verfasser eines höchst bemerkenswerten Dokuments, Frucht der arabischen Einbildungskraft.

Um den Glanz seiner Heldinnen noch zu steigern, hatte er unsere Führer unterschlagen und uns mit Karabinern und silbernen Dolchen ausstaffiert. Es war die Rede von unserer »männlichen Kühnheit«, der »Kompetenz«, die wir »unter Beweis gestellt« hatten, und von »Mitgliedern des Landes, die einer schwierigen und unermüdlichen Reise applaudieren«. Der Aufsatz endete mit einer verblüffenden Schlussfolgerung: »Diese ganze Geschichte zeigt die geistige und körperliche Macht Frankreichs und seine Überlegenheit über alle anderen Nationen.«

Da hat man sie, die sprichwörtlichen großen Wirkungen kleiner Ursachen!

Die offiziellen Dichter, die man sinnend in ihren Zelten sitzen sah, die langen, feingliedrigen Hände über den Knien gekreuzt, ließen es sich nicht nehmen, uns jeden Tag durch den Dolmetscher des Postens, einen Tukulor, ein lyrisches Gedicht samt Übersetzung überreichen zu lassen.

Mohammed-ould-Yadalis Belohnung bestand darin, dass er den Pagen für uns spielen durfte. Treu ergeben und lächelnd wartete er am Ausgang des Postens auf uns, um uns auf unseren Spaziergängen zu begleiten.

Andere Kinder liefen aus den Höfen, Zelten und Lehmhäusern herbei, grüßten uns fröhlich und gesellten sich zu uns. Die Schüler der *medersa* erkannte man an ihrer Schüchternheit und ihren sauberen Gewändern. Die anderen bettelten ohne Scheu und hartnäckig wie die von Port-Étienne (»A'teni tank, Madame!« »Gib fünfzig Centime!«). Armselige Soustücke lehnten sie ab.

Sie fragten uns endlos aus: »Warum bist du gekommen? Reist du morgen ab? Bei Neumond? In einem Jahr? Wo gehst du hin, nach Boutilimit?«

Die kleinen Beidane sind entzückend – schön, zutraulich und anmutig –, allerdings nur bis zu dem Moment, wo sie zu übermütig werden und man sie wie einen Schwarm Heuschrecken verscheuchen muss. Aber im Tausch dafür schenken sie einem das Vergnügen, diese harmonischen, freien und geschmeidigen kleinen Gestalten wie junge Zicklein umherhüpfen zu sehen. (Ich spreche nur von denen, die von Erbkrankheiten, von der Tuberkulose, der Ophthalmie, die so viele schöne Augen zerstört, und von allen körperlichen Schäden einer chronischen Mangelernährung verschont geblieben sind.)

»Komm her, Madame! Komm her! Achtung!«

Ein anmutiger, silberbereifter Arm räumte einen stachligen Dornenzweig aus unserem Weg; eine weiche kleine Hand fasste die unsere, wenn der Weg schwierig wurde.

Wenn sie müde waren, wurden sie plötzlich sehr brav, sehr ernst, hoben ihre verträumten Augen zu uns auf, und die Älteren legten ihren Arm um die Schultern der Kleinsten, wobei sie bereits die zärtliche, bezwingende Liebenswürdigkeit an den Tag legten, die manchmal die wildesten Krieger erkennen lassen und die eine überraschend sanfte, sinnliche Seite offenbart.

Mit unserer Kindereskorte besuchten wir das Lager der Schüler, die *banco*-Ziegeleien, die europäischen Gärten, wo Gefangene französische Gemüsesorten anbauten, den Markt mit Mückenschwärmen und verfaultem Fleisch, das Viertel der Prostituierten, die den ganzen Tag damit beschäftigt waren, ihre Haare zu flechten, Schminke und Parfüms anzurühren und Hennablätter zu zerstampfen, um sich die Hände zu färben. Ahmed und Sidi zeigten uns voller Stolz ihre Mutter.

»Sie ist schöne Frau!«

Endlich gingen wir zu den Brunnen, wo man die Neuigkeiten aus dem Busch erfährt. Zwei kleine Grauesel trotteten im Kreis herum und haspelten das lange, verzwirbelte Lederseil ab. »Arri! Arri!«, schrie der Treiber. Die alte Seilwinde knirschte zwischen ihren Gabeln, bis der *delou*, der große Schafslederbeutel, der an einen Holzring genäht ist, aus achtzig Metern Tiefe eine Ladung lauwarmes Wasser heraufbrachte, das sich im Trog für die Reittiere der Karawanen verteilte. »Hoo! Hooo!« Die Eselchen hielten einen Augeblick an, kamen zum Brunnen zurück oder ließen den *delou* und das Seil ins Wasser zurückfallen und trotteten wieder los. »Arri! Arri!« Und so ging es den ganzen Tag. Eintönige Arbeit, langsam und rhythmisch, wie alle Arbeiten in der Wüste.

Am meisten faszinierten unsere kleinen Freunde die Besuche bei den Händlern und Schmieden, denn dort waren große Reichtümer zur Schau gestellt, die ihnen die Illusion vermittelten, an diesen berauschenden Dingen teilzuhaben: ein Kauf, ein Verkauf.

Trotz der Drohungen des Diula, der ein Maure oder ein Schwarzer war, füllte sich der enge Laden mit einer lärmenden Kinderschar, die darauf brannte, und sei es auch nur einen Augenblick, die Stoffbahnen zu betrachten, violettes und blaues Guineatuch, japanischer oder englischer Perkal, holländischer Madras sowie die winzigen Flakons mit schweren Parfüms, die Zuckerblöcke, die Kisten mit grünem indischem Tee, die Säcke mit Reis, Hirse und Erdnüssen und die in Ziegenhäute gestopften Datteln aus Adrar, die man durch die Haut in Scheiben aufschneidet, je nach Wunsch des Käufers.

An den Wänden hingen Emailteekannen und Wasserkessel aus Weißblech, Kupferplatten, rund wie Sonnen, Sättel aus kunstvoll verziertem Holz, große, bemalte Ledersäcke mit Fransen, rote Patronentaschen, Pfeifen aus geschwärztem Eisen, mit silbernen und kupfernen Einlegearbeiten, maurische Schlösser, von denen jedes sein Geheimnis hatte, Seilstränge aus Baobab- und Grasfaser und haarige Lederschnüre.

Es war sehr schön für Nomaden, die daran gewöhnt waren, nichts zu besitzen. Für uns war es eher traurig zu sehen, dass so viele fremde Nationen zur Versorgung von Französisch-Westafrika beitrugen und nur so wenige französische Produkte zu finden waren. Unser Befremden nahm nur noch mehr zu, je weiter wir auf unseren Wanderungen Mauretanien, den Sudan und den Senegal durchquerten.

Da heißt es immer, die Entwicklung der Kolonien setze voraus, dass man der Metropole Märkte eröffnet. Das gilt vielleicht für andere ...

Die Händler und ihre maurische Kundschaft hatten ihre eigenen Maße: eine hohle Hand, eine Hand voll, die beiden zusammengelegten Hände, eine Esels- oder Kamelladung, eine Hand- oder Schrittlänge, eine Mannshöhe, Hüft- oder Kniehöhe. Die Entfernungen wurden in Steinwürfen, Stimmreichweiten und Tagesmärschen gemessen.

Die Währungseinheit war der Fünf-Franc-Schein Französisch-Westafrikas, den die Mauren *ouguïa* nennen. Für anderthalb *ouguïa* bekam man ein Schloss aus ziseliertem Kupfer, ein Paar Sandalen oder ein Lederamulett, mit Kupfer eingelegt, und ein Fellhalsband dazu. Für einen *ouguïa*: eine Pfeife in Form einer Zigarettenspitze mit Etui, zwei oder drei Silberringe oder eine bemalte und bestickte Brieftasche mit vielen Fächern. Für eine gute *tassufra* musste man mindestens vier *ouguïa* berappen. Ein Zuckerblock kostete vier Franc, das Kilo grüner Tee vierzig Franc und Zigaretten der Marke »Job« fünfundsiebzig Centime pro Päckchen.

Wenn es ans Bezahlen ging, kam Mohammeds große Stunde. Er nahm uns das Geld ab, das wir dem Händler hinhielten, und reichte es ihm selbst, nur um das Vergnügen zu haben, einen winzigen Augenblick dieses flüchtige und so seltene Ding zu berühren, aber auch aus Rücksicht auf uns, Leute von einiger Bedeutung, die nur über einen Diener bezahlen konnten, wenn sie nicht ihr Gesicht verlieren wollten.

Unter den Kindern gab es immer eins oder zwei, die von den anderen abfällig behandelt wurden.

»Das ist nichts, der da – das ist der Sohn vom Schmied.«

Der Schmied, das heißt der *mâllem*, und seine Frau, die *mâllema*, die Stamm- und Vaterlandslosen, aber die Künstler des Trab-el-Beidane!

Sie werden auch »Yhud« genannt, weil sie der Überlieferung nach von Juden aus dem Adrar abstammen, die von Boubakar dem Eroberer ein weiteres Mal in alle vier Winde zerstreut worden waren.

Sie beherrschten die Kunst, Holz und Metall zu bearbeiten, Leder zu gerben und zu färben, Sättel, Truhen und Schlösser herzustellen sowie Dolche und Schmuckstücke zu ziselieren, und die Reichsten unter diesen Arabern und Berbern, für die jede manuelle Arbeit eine Schande ist, holten sie in ihre Zeltlager.

Wie die Griots und Ärzte sind sie unentbehrlich, aber verachtet.

»*Mâllemin*, das sind Diebe! *Mâllemin*, Ungläubige! *Mâllemin*, die nix gut! ... Ja, aber *mâllemin*, sie machen schöne Sachen!«

Die ganze Industrie des Landes liegt in ihren geschickten Händen, und die Tüchtigsten unter ihnen findet man, wie ich gehört habe, in Boutilimit und in den großen Zeltlagern von Trarza.

Wir hatten immer einen Grund, in das Zelt von Ali oder Baba Ahmed einzutreten, nur um des Vergnügens willen, mitten unter diesem saumseligen, müßigen Volk einen tüchtigen Arbeiter am Werk zu sehen.

»Baba, ich brauche einen Silberring wie der von Fatimetu ... Baba, du suchst für mich Ebenholzarmbänder aus Tichitt mit so kleinen Silberdingelchen ... Ali, meine Sandalen sind ausgetreten, deine Frau muss mir schöne neue machen, aus Ochsenhaut mit roten Riemen ... Und außerdem will ich noch eine schöne gelbe *tassufra* für die große Reise ...«

Und Mimouna holte aus einer Truhe die gewünschten Armbänder hervor, die man paarweise trägt. Aminattou schnitt mit einem schartigen alten Messer sorgfältig meinen Fußabdruck aus dem weichen Leder heraus, kaute die Riemen mit ihren weißen Zähnen, um sie geschmeidig zu machen, und formte komplizierte Knoten, die als Schmuck dienten, während Baba Ahmed mit seinem primitiven Werkzeug Marions Ring ziselierte, in der Zeit, in der wir vier Gläser Tee tranken.

Niemals verarbeiteten sie das verderbliche Gold, das der Prophet verflucht hatte, das unreine Metall, das durch seine bloße Berührung einen Muslimen töten kann.

Dann kam das Handeln.

Mit ausgestreckten Fingern zeigten Baba und Ali den Preis an: »Fünfzig *ouguïa*!«, das heißt fünfundzwanzig Franc, aus denen mühelos »fünfeinhalb Franc« wurden, sieben Franc fünfzig, ein wenig mehr als der reelle Wert des Gegenstands.

Wir trennten uns als gute Freunde.

»Du kommst morgen! Meine Frau, sie machen schöne Brieftasche für dich!«

Worauf sie uns ihre jüngsten Söhne schickten, ein paar rote *grigris* oder einen Rosenkranz aus Ebenholz in der Hand – »*Zeïn ate*! Sehrrr scheen, Madame! Du kaufst!« Sie schnüffelten in unserem Zimmer herum und stibitzten, was wir am Tag zuvor gekauft hatten. Am nächsten Tag wurde uns dann derselbe Gegenstand wieder angeboten.

»Meine Vater, er macht schöne Sachen. Er sagt, du kommst trinken den *'tai* in seinem Zelt.«

Ach, die Zelte der *mâllemin*, mitten in ihrem Dornenhag! Die gewundene Gasse voller Sonne und Verlockungen! Die »Rue de la Paix« von Boutilimit!

Gegen Ende des letzten Jahrhunderts und in den Anfängen der französischen Kolonialisierung tritt eine große Gestalt auf, die des Cheikh Sidia, ein Ouled Biri, geistliches Oberhaupt des Trab-el-Beidane.

Er war der Sohn jener »Litham-Berber«, die vor 870 Jahren mit Boubakar aus dem Maghreb kamen.

Es waren Gottesmänner, aber auch Krieger, und ihr Reich erstreckte sich über eine Vielzahl weißer und schwarzer Völker von Spanien bis Timbuktu, ehe die Söhne von Hassan, Oudei und Delim, die die arabischen Krieger anführten, sie ihrerseits besiegt hatten.

Inschallah! Sie unterwarfen sich, legten die Waffen nieder, widmeten sich den heiligen Büchern – mit Ausnahme gewisser Völker wie der Ma-el-Aïnin, die beides behielten – und setzten den neuen Herren, analphabetischen Räubern, die religiöse und intellektuelle Macht der Marabuts entgegen.

Nun begann ein Kampf, der zugleich eine Symbiose war. Zu den Härten einer menschenfeindlichen Natur kamen die Grausamkeiten des Kriegs und der Räubereien. Jeder Marabut- oder Zenagaclan musste Abgaben an einen Kriegerclan bezahlen, wenn er vor anderen Kriegern geschützt sein, an den Brunnen trinken, die Weidegebiete durchqueren, Hirse und Gummi im Süden anbauen und Datteln im Norden ernten wollte.

Die Marabuts waren reich, das heißt, sie besaßen große Herden und Sklaven, die einzigen Werte, die in der Wüste geschätzt werden. Sie wurden bestohlen, aber da sie der Mund Gottes waren und der Geist sich immer rächt, erflehte man sich auch vor einem Kampf die Segnungen des Heiligsten unter ihnen. Letztere entgingen den Räubereien, aber die kleinen Marabuts, die Landpriester, bescheidene Gebete murmelnde Hirten, Hersteller primitiver Amulette aus Muscheln und Raubkatzenfell, waren die Opfer der Kriegervölker.

Und eines Tages erkannte Cheikh Sidia, der die Zuflucht der Armen und der Schrecken der Mächtigen war und auch die in Adrar gefangene Expedition Blanchet befreit hatte, dass Pulver mit Pulver beantwortet werden musste und dass nur die Franzosen stark genug waren, um den Überfällen der Krieger ein Ende zu setzen.

Zufällig waren die Franzosen, die ihre Handelsniederlassungen im Senegal und im Sudan vor den gleichen Kriegern beschützen mussten, an jenem Punkt angelangt, wo die europäischen Nationen nichts Eiligeres zu tun hatten, als andere Völker mit ihrer Zivilisation zu beglücken, die sie nicht brauchen, weil sie ihre eigene haben.

Cheikh Sidia rief also den französischen Militärkommandanten Xavier Coppolani, versprach ihm seine moralische Unterstützung in Mauretanien, versicherte sich der seinen für seine wirkungsvollen religiösen Rundreisen im Senegal und Sudan und bereitete mit ihm 1902 die friedliche Besetzung von Trarza vor.

Boutilimit wurde ein politisches Zentrum. In dem großen Zelt von Cheikh Sidia wurden die Unterwerfungen, die Bündnisse und die diplomatischen Heiraten ausgehandelt, mit denen man vorteilhafte Versöhnungen besiegelte.

Im Norden hatten feindliche Marabuts, Ouled Bousba, R'Gueïbat und Ma-el-Aïnin, einen heiligen Krieg ausgerufen, der über dreißig Jahre währte, und die französische Pazifizierung folgte ihrem ruhmreichen Geschick, das immer härter wurde, je weiter unsere Kolonnen nach Norden vorrückten.

Am 12. Mai 1905 wurde Coppolani, der seinen geliebten Mauren zu sehr vertraute, in Tidjikja von einem fanatischen *Ouled-en-nour* ermordet. Seinen verehrten Namen führt jeder weißbärtige Marabut, jeder alte Sklave in den Regionen des Südens noch heute im Munde.

1924 starb sein Freund Cheikh Sidia. Sein Grab in der Nähe von Boutilimit ist ein großer Wallfahrtsort.

Zum Zeitpunkt unserer Durchreise arbeiteten dort, wo einst Coppolani geherrscht hatte, die Söhne von Cheikh Sidia, Abdallahi, das geistliche Oberhaupt, und Ismail, der Kadi. Zusammen mit einem Bezirkskommandanten, der sich in dreiundzwanzig Jahren West-

Sahara einige Erfahrung erworben hatte, führten sie das Werk ihres Vaters fort.

Die Beidane gaben dem Kolonialbeamten den Spitznamen »Der Listige«, vermutlich weil er alle ihre Intrigen durchschaute. Die beiden Marabuts waren im Umkreis ihres Vaters aufgewachsen, einem Freund der Franzosen, und Coppolanis, des Beschützers der Berber. Bei diesen drei Männern war die Politik der französisch-maurischen Freundschaft in guten Händen.

Nicht lange nach unserer Ankunft lud uns Abdallahi-ould-Cheikh-Sidia in sein Zelt ein, das man von der Terrasse des Postens aus auf dem Kamm der Nachbardüne sehen konnte.

Wieder einmal durchquerten wir das Tal aus grauem Lehm und die Tilimit-Weiden mit dem langen Gras, das diesem Land seinen Namen gegeben hat.

Der Aufstieg war mühsam in dem weichen Sand, dem goldenen Sockel, auf dem sich im Schatten blühender Akazien ein paar Zelte festkrallten. Ganz oben, mitten im Himmel, zeichnete sich Abdallahis Lager ab, mit seinem großen Zelt nach marokkanischer Mode, dem einzigen dieser Art, das wir in Mauretanien zu sehen bekamen.

Zur Rechten sitzend, wie das Protokoll es verlangte, erwartete Abdallahi uns inmitten eines respektvollen Hofstaats.

Unter dem Baldachin aus bunten Seidenstoffen thronend, mit denen das maurische Zelt ausgekleidet war, hatte er etwas Hoheitsvolles, ganz anders als Sidi und sein Sohn. Sie waren nicht vom gleichen Typ, und die Majestät, die Abdallahi ausstrahlte, war die eines edlen Geistes und eines guten Herzens.

Kein *grigri* hing an seinem weißen Baumwollgewand; er trug seine Religion im Herzen. Nur ein schwarzer Rosenkranz war um seinen nackten Arm geschlungen. Sein Gesicht zwischen den geschorenen Haaren und dem kurzen Berberbart war breit, lächelnd und ruhig. Keine Spur von Guineatuch, das es verfinstere, ebenso wenig wie seine schönen Hände, die er sacht über seine Knie gelegt hatte.

Das war der Sohn des Mannes, den Monseigneur Jalabert, der Bischof von Dakar, als Heiligen betrachtet hatte.

Mit väterlicher Fürsorge ließ Abdallahi uns neben sich sitzen, auf den Teppichen des Nordens aus dicker roter Wolle, auf den Kissen und Fellen, die über die Matten gebreitet waren.

Ould Aïda, Erbe der Emire von Adrar, näherte sich, um für uns zu dolmetschen. Bis er selbst Emir werden würde, füllte er den bescheidenen Posten eines Handelsexpedienten aus. Er war in Saint-Louis zur Schule gegangen und hatte dort ein steifes Schulfranzösisch gelernt. Er sagte niemals »ja«, sondern »gewiss«, was vornehmer klingen sollte.

»Abdallahi begrüßt euch vollkommen ... Dies hier ist sein Lieblingsdichter Boumediane. Dieser andere Mann ist sein Bruder, der Kadi Ismail, und alle diese jungen Leute sind seine besten Schüler, seine ›Telamid‹. Es sind die Söhne von Stammesführern, Marabuts oder Kriegern, die zu verschiedenen Völkern unseres Landes gehören. Manche von ihnen sind sogar schwarz, wie Sie sehen können, denn es gibt am anderen Ufer des Senegal edle muslimische Völker, und Abdallahis Einfluss reicht bis nach Guinea hinein. Er besitzt die reichste Bibliothek von ganz Mauretanien, und für einen Vater ist es eine große Ehre, seinen Sohn als Schüler zu ihm schicken zu dürfen.«

Abdallahi musterte uns während dieser Rede mit einem belustigten Ausdruck.

»Der *mechbour* der französischen Frauen! Frankreich ist sehr stark, wenn es jetzt sogar seine Frauen durch den Busch schicken kann, der einst so unruhige Zeiten gekannt hat ... Und man höre und staune, nun schreiben die französischen Frauen wie die Marabuts und reisen wie die Krieger! *La ilaha ill'Allah!*«

Nachtschwarze Sklaven stellten große Kupferplatten mit Datteln, Keksen und Zigaretten vor uns hin; sie gossen die Kamelmilch in Kristallgläser, und die silbernen Teekannen verströmten bald den frischen Duft des Pfefferminztees.

Wie angenehm war es, hier im Zelt zu sitzen, im gedämpften Licht, das durch die rankengemusterten Perkalbahnen sickerte, die auf Pflöcken um die Matten befestigt waren. Die Tributpflichtigen, *haratine* und Sklaven, verschmolzen zu einer dunklen, schweigenden Masse. Hier war nichts Lärmendes, kein kindischer Stolz, keine vergessenen Verbrechen, falschen Versprechen; nur Würde, Sauberkeit, friedvolle Höflichkeit.

Ihrem Oberhaupt, dem Marabut Mekka, der vor sehr, sehr langer Zeit gelebt hatte, verdankten sie das Wunder, das in die Überlieferungen der Ouled Biri Eingang gefunden hatte.

Der Marabut besaß das Wissen der heiligen Bücher. Er war ein Gerechter und Gelehrter, aber da er auch ein Hirte war, machte er sich, als er seine schönste Kuh verlor, mit einem schwarzen Gefangenen auf den Weg, um sie zu suchen.

Sie gingen mehrere Tage lang, folgten den Spuren, die sie zu einem Lager von Kriegern aus dem Volk der Euleb führten.

Nach den Begrüßungen, dem Tee und einigen belanglosen Palavern stand der Marabut auf: »Habt ihr nicht meine Kuh gesehen, mit Allahs Erlaubnis?«

Nein, sie hatten nichts gesehen. Außerdem kannten sie die Zeichen der Tiere jeden Clans, und wenn sie das Tier erkannt hätten, dann hätten sie es seinem Besitzer zurückgebracht.

Marabu Mekka, der sich seine eigenen Gedanken über das Schicksal der Kuh machte, murmelte »*Bismillah*«, um die bösen Geister fern zu halten, und sagte zu seinem Sklaven: »Souilem, mein Sohn, du, der du sie so aufopfernd versorgt hast, rufe sie bei ihrem Namen, und Moulanah gewähre uns seinen Segen!«

Souilem rief, das Gesicht in alle Himmelsrichtungen gewandt, aber die Kuh befand sich nicht in so großer Ferne.

Aus allen Mündern, die sie gegessen hatten, aus allen Bäuchen, die sie verdaut hatten, erhob sich ein lautes Muhen. Die Sandalen, die aus ihrer Haut geschnitten worden waren, muhten, wie früher die Kuh auf der Weide gemuht hatte, um die ganze Herde zu Souilem zu führen. Die Satteldecken, von der *mâllema* gerade erst fertig genäht, muhten, ebenso die neuen Riemen, die geflochtenen Lederschnüre, die Taschenriemen, die Wasserschläuche und die Hörner, die die Frau des Anführers behalten hatte, um Armbänder daraus zu fertigen. Es muhten die kleinen Kinder, die das blanke Fett ausgesaugt hatten, und es muhte der ausgemergelte alte Hund, der die Knochen abgenagt hatte.

Die Euleb warfen sich, um Verzeihung flehend, auf die Knie und gelobten, den Tribut von einem Schaf pro Zelt zu entrichten, den noch heute ihre Nachkommen bezahlen.

»Und diese Wundergabe«, erklärte Abdallahi weiter, »ging auf die Söhne von Marabu Mekka über, bis hinunter zu meinem Vater Cheikh Sidia, weil sie gerecht waren und das Wort des Propheten achteten ... In Mauretanien sind viele Marabuts. Es gibt Gottesmänner, die in strenger Enthaltsamkeit leben, die keinen Tee kennen, diesen Alkohol der Mauren, kein Pulver, keinen Tabak und keine Frauen, die all ihren Besitz den Armen geben. Diese werdet ihr nicht sehen, sie verbergen sich wie Eremiten, ganz in ihre Meditationen versunken. Aber wenn Moulanah euch gestattet, bis in den Norden zu reisen, um zu zeigen, dass die französischen Frauen stark und kühn sind wie ihre Brüder, werdet ihr große Gelehrte sehen, die Chorfa, Söhne des Propheten, die Tadjakant, Söhne von Salomon, und die Kunta, die unter den ersten mit Frankreich verbündeten Völkern waren, denn die großen islamischen Universitäten Mauretaniens sind in Chinguetti, im Adrar, Tichilt und Tagant.

Dann erbot sich Abdallahi, uns die Bibliothek seines Vaters zu zeigen, und alle gingen zu einem bescheidenen Haus aus *banco*, das nicht erkennen ließ, welche Schätze seine Mauern beherbergten.

Abdallahis Vertrauensmann nahm den schweren Schlüssel, der um seinen Hals hing, herunter und öffnete die Tür, die über drei halb verfallenen Stufen lag. Läden knallten gegen die Wand, und die untergehende Sonne warf einen purpurnen Strahl in die beiden kahlen, recht baufälligen Zimmer, in denen die lederbezogenen Holztruhen standen, genagelt, mit Eisen beschlagen, die alle Weisheit des Islams in sich bargen.

Hunderte seltener Bücher, in prächtige Einbände gehüllt, ruhten hier: maurische, marokkanische, tunesische und ägyptische Koranausgaben, philosophische Werke, Gedichtbände und juristische Bücher. Vier Generationen von Ouled Biri hatten daran gearbeitet, die Schätze zusammenzutragen, und die Schüler, die Abdallahis Urgroßvater unermüdlich in die ganze muslimische Welt hinausschickte, hatten aus Ägypten den kostbaren Koran aus dem 13. Jahrhundert mitgebracht, auf den Abdallahi so stolz war.

Ich stellte mir vor, wie diese Bibliothek auf den unsicheren Pisten der Wüste umherirrte. Ich sah die heilige Karawane vor mir, wie sie an den Brunnen anhielt, bei den Hirten, vom Durst der Menschen und der Tiere gelenkt. Die großen Mehara, die mit den kostbaren Truhen beladen waren, bewegten sich langsam vorwärts, ihre stolzen Köpfe hoch erhoben, ohne Gefahr, ausgeraubt zu werden, denn Cheikh Sidias Besitz war heilig in aller Augen, von einem Ende der Wüste zum anderen.

Eines Tages hielten die Kamele hier auf der Düne an. Sklaven luden die Koffer ab und brachten sie in das Haus, das der Kommandeur von Trarza hatte bauen lassen, um die kostbare Fracht vor der Sonne und den Stürmen zu schützen.

Die Schüler griffen für uns in die klaffenden Truhen, knüpften die Leder- und Seidenbänder auf, zeigten uns goldgeprägte Lettern, mystische Miniaturen. Ihre Gesichter strahlten vor Stolz: All das gehörte ihrem geliebten Meister, und für diese Bücher hatten sie ihre Familien, ihre Berge im Norden, andere Wüsten oder die Flussufer verlassen, wo das Leben so angenehm ist.

Die Sonne beendete jetzt ihren Lauf. Durch das offene Fenster hörte man Kinderstimmen, die im Zelt der Frauen eine Koransure psalmodierten.

Es war die Stunde des Gebets, und wir verließen die Bibliothek. Die Schüler ließen die unreinen *seraouil* unter ihren Gewändern herausgleiten und umringten Abdallahi; mit ihm zusammen warfen sie sich nieder, dann knieten sie, den Körper ein wenig nach rechts geneigt. Der reinigende Sand rieselte über die Gesichter und ausgestreckten Hände.

Mekka war hier, vor ihnen. Die Kraft ihrer Liebe löschte den Raum aus, und sie brauchten keine kindliche Darstellung des Gottes, der in ihren Herzen wohnte.

Wir nahmen wieder den Weg der Düne, die als kupferne Matte bis in das Tal abfiel, wo die Dämmerung grüngraue Schatten wie stehendes Wasser angehäuft hatte.

Gegenüber von uns, vor einem purpurnen Hintergrund, hob sich der Posten von Boutilimit mit seinen zinnenbewehrten Terrassen ab.

Und auf der Flanke dieser Düne, die vom Duft der Akazien erfüllt war, von Gebetsgemurmel und Taubengurren, vor den kleinen Schülerzelten, die nichts als eine Strohmatte und eine Bücherkiste enthielten, träumte ich davon, nicht mehr weiterzuziehen – zum ersten Mal, seit uns das Boot an die Küste Afrikas geworfen hatte –, sondern hier zu bleiben und in Frieden zu leben, ohne Begierden, ohne Hast.

Ich wandte mich noch einmal um: Auf der Düne oben stand Abdallahi, einen kleinen schwarzen Gefangenen an seiner Seite, der sich an seine Toga klammerte, und schenkte uns eine Abschiedsgeste, langsam wie eine Segnung unter dem reinen Himmel, an dem die Sterne aufgingen.

Wie jeden Samstag nach der Siesta herrschte im Hof des Postens ein lebhafter Betrieb. Der Gerichtshof der zweiten Instanz sollte gleich tagen, und alle Würdenträger des Landes waren in der weißen und blauen Menge zu finden.

Die Anführer der Clans, die hergekommen waren, um Streitigkeiten wegen Steuern, Gummi, Brunnen zu schlichten, diskutierten heftig und wortreich und unterstrichen ihre Spitzfindigkeiten mit großen, dramatischen Gesten.

Abdou Galilar, der Geschäftsträger von Abdallahi-ould-Cheikh-Sidia, der eine geheimnisvolle Vergangenheit hatte, grenzenlos eitel war und es fertig brachte, Teppiche in den Cafés von Montmartre anzubieten, holte einen Stapel Frauenbriefe aus seinem bestickten Bubu.

»Meine liebe Freundin, die Marquise ... Meine gute Freundin, die Frau des Generals ...«

Naive Verehrerinnen, die er während der Kolonialausstellung um den Finger gewickelt hatte, indem er ihnen weismachte, dass er – der ehemalige *boy-panka*, der sein Glück den übertrieben sentimentalen Gunstbezeigungen einiger Verrückter von Saint-Louis verdankte – der größte Marabut von Mauretanien sei.

»Ich, der ich gebildet bin ... Ich, der ich ein echter Europäer bin durch meine Kenntnis der Zivilisation ...«

An dem Tag war Abdou Galilar bedrückt und vertraute uns mit kummervoller Miene an: »Meine Mutter wird an Unterernährung sterben!«

Dieses traurige Ende war einigermaßen überraschend für uns in Anbetracht von Abdous Reichtum.

»Ja, das ist etwas sehr Seltsames. In unserem Land gibt es Teufel, die von einem Menschen Besitz ergreifen, die ihm einflüstern, dass er nichts mehr essen soll, dass die Nahrung schmutzig und vergiftet ist. Sie quälen diesen Menschen Tag und Nacht, bis er daran stirbt. Und dasselbe geschieht mit meiner Mutter, die sich in einer sehr traurigen Lage befindet.«

Vielleicht war es ein Rat desselben Teufels, dass Abdou sich dem illegalen Handel mit Waffen und Sklaven verschrieb, der ihn ein paar Monate später vor dieses Tribunal bringen sollte, nicht mehr als Schaulustigen, sondern als Angeklagten.

Etwas abseits, inmitten seiner Schüler, unterhielt sich Abdallahi, der seinen Bruder, den Richter Ismail, begleitet hatte, mit dem Direktor der *medersa*.

Diesmal konnte er uns durch seinen Dolmetscher anvertrauen, was ihm das Gesetz der Gastfreundschaft nicht auszusprechen gestattet hatte, solange wir uns in seinem Zelt aufgehalten hatten: dass Mauretanien zugleich die ärmste und mit den drückendsten Steuern belegte Kolonie sei; dass der Gummi- und Dattelhandel von der Steuer kaputtgemacht werde, obwohl die Franzosen einst versprochen hatten, die Traditionen des Korans zu achten, wonach diese Steuer ein Viertel des Kapitals nicht übersteigen dürfe. Das maurische Kapital aber sind die Herden. Im Trarza zum Beispiel bezahlt der Besitzer für ein Schaf, das sechs bis zehn Franc wert ist, 0,60 Franc, ein Zehntel seines Werts. Um den Schein zu wahren, beziffert das »Grüne Buch Mauretaniens« den Wert des Trarza-Schafs mit fünfundzwanzig Franc. Bei Kühen und Kamelen ist es dasselbe.

Die Befehle kommen von oben und von weit her. Die örtlichen Beamten können nichts dafür; sie müssen sich mit der undankbaren Rolle des Steuereinnehmers abfinden und endlose Erhebungsrundreisen bei den Viehzüchtern machen, die zögern, ihre Tiere zu einem niedrigen Preis zu verkaufen, um sich das für die Bezahlung der Steuern nötige Geld zu beschaffen.

Abdallahi forderte auch Schulen, Ärzte, Hilfeleistungen angesichts des wachsenden Elends der Nomaden.

»Der Doktor ist seit vierzehn Tagen auf Besuchsrunde. Wenn er in Nouakchott oder in Mederdra ist, vier oder fünf Tagesreisen mit dem Kamel von hier, haben die Leute von Boutilimit keine andere Versorgung als den einheimischen Krankenpfleger, der nicht mehr als Spritzen geben kann, und nicht alle sind syphilitisch. Und wenn unser Arzt hier ist, an seinem Wohnsitz, dann müssen es die Kranken in Mederdra und Nouakchott büßen!«

Die größten gesundheitlichen Probleme in Französisch-Westafrika stellen die Geschlechtskrankheiten dar, dann die Ophthalmie, die Tuberkulose und die Pocken. Die Mauren haben Vertrauen zu den französischen Ärzten, und nachdem sie sich von eindeutigen Heilerfolgen überzeugen konnten, wehren sie sich nicht mehr dagegen, sich Spritzen geben oder sich impfen zu lassen. So kann man in den Krankenstationen und bei ärztlichen Besuchsrunden das Elend bekämpfen, oft unter großem Einsatz seitens der Mediziner, die schlecht ausgerüstet sind und nur wenig Unterstützung bekommen. Manche tun alles, was sie können, unter großer Selbstverleugnung und mit viel Improvisationstalent, wie jener Major von Boutilimit, der pausenlos im Trarza herumreiste, von einer Opferbereitschaft beflügelt, die ein besseres Schicksal verdient hätte.

Es gibt nur ein halbes Dutzend Franzosen, plus ein paar einheimische Krankenpfleger, für ganz Mauretanien. Und von dem Ärztekorps muss man noch die Unfähigen und Gleichgültigen abrechnen.

Während unseres Nomadenjahrs hatte ein Militärposten zwei Ärzte zugeteilt bekommen. Der Erste verlor den Verstand, als er einen Senegalschützen operierte. Sein Nachfolger, der es nicht duldete, dass man ihn nachts weckte, trompetete überall herum, dass ihm der Dolmetscher an seinem vorigen Amtssitz fingierte Epidemien in den besonders wildreichen Gebieten des Distrikts gemeldet hätte.

Viele Postenkommandeure, Militärs oder Zivilbeamte, die keinerlei professionelle Hilfe zur Verfügung haben, bemühen sich, dieses Defizit zu kompensieren, indem sie Handbücher studieren, eine kleine Krankenstation auf die Beine stellen, ärztliche Hilfskräfte organisieren, so wie sie es bei den Bauleuten und Friedensrichtern getan haben.

Und Abdallahi fügt mit seiner ernsten Stimme und nicht ohne Bitterkeit hinzu: »Ich habe zu viel Achtung vor Frankreich, um glauben zu können, dass eine so große Nation sich damit zufrieden geben kann, ein Land zu erobern und dort Steuern zu erheben, ohne die Bevölkerung, die ihre ganze Hoffnung in sie gesetzt hat, von ihrer Zivilisation profitieren zu lassen.«

Was sollten wir dazu sagen? Ich wusste wohl, dass die Polizeipräsenz in diesem schwierigen Land gesichert sein musste, dass Brunnen gegraben worden waren – aber die Gefolgsleute werden mit fünf Franc pro Tag abgespeist, einschließlich Kamel; die Brunnengräber verdienen 7,50 Franc, und allein im Trarza haben die Nomaden 1932 eine Million an Steuern bezahlt.

Ich wusste auch, dass sich in manchen großen Städten im Süden ein undurchschaubarer Haufen schwarzer und weißer Verwaltungsstellen gebildet hat, von Zivilbeamten und Militärs, die gleichermaßen kostspielig sind, deren Dienste sich oft überschneiden und in den Händen von Beamten aller Farbschattierungen liegen.

Ein Aufflattern der Gewänder, das Getrappel nackter Füße in Richtung Residenz kündigten den Beginn der Anhörung an.

In einem kleinen dunklen Raum, an einem langen Tisch, saßen der Administrator von Trarza, der Kadi Ismail, der Schatzmeister, der Lehrer und zwei maurische Assistenten.

Der Dolmetscher hielt sich in ihrer Nähe; er war groß und dünn, hatte einen Ausdruck falscher Ehrerbietigkeit aufgesetzt und besaß die aristokratische Haltung und Eleganz der Linien, die einen Tukulor von gutem Schlag auszeichnen. Er trug eine weite Toga aus weißem Baumwollstoff, moiriert, satiniert und bis zur Taille mit feinen Stickereien nach sudanesischer Art verziert. Sein schwarzer Turban, der als Schärpe über die Schulter geworfen war, betonte noch den unergründlichen, spöttischen Stolz seines kleinen Kopfes mit der Hakennase, den geschwungenen Lippen, den feinen, klar gezeichneten Zügen, dem sorgfältig rasierten Schädel.

Die neugierige Menge der Beidane drängte sich in den beiden Türen, und die Kühnsten unter ihnen schmuggelten sich nach und nach in die Ecken des überhitzten, stickigen Raumes vor, der sich bald mit unerträglichen Gerüchen füllte.

Welch erlesenes Vergnügen für die Söhne Abrahams, diese minutiösen Plädoyers, das Schauspiel der Schikanen und Demütigungen von Rivalen oder auch Kameraden, die gestern noch vor Hochmut strotzten und heute bis in den Staub hinunter gedemütigt wurden! *La ilaha ill'Allah*! Die Dienst habenden Senegalschützen teilten Rippenstöße aus, um Platz für die Zeugen und Angeklagten zu schaffen, die ergeben vor den Richtern standen, von vornherein resigniert. Nichts geschieht als der Wille Moulanahs, und es ist sinnlos, um etwas zu bitten, nicht einmal Ihn, den Einzigen, den Allwissenden.

Das Tribunal regelte als Erstes ein paar Angelegenheiten von untergeordneter Bedeutung.

Der eine protestierte mit heftigen Faustschlägen auf die Brust, dass er nur ein armer Mann sei, dass Gott sein Elend kenne und dass die Steuererhebung ihm viel mehr Schafe angerechnet habe, als er besitze.

Der andere, ein Zeltoberhaupt, beklagte sich über seinen Gefangenen, der in einer mondlosen Nacht in ein anderes Lager geflohen war, weit weg dort unten! Er zeigte nach Nordosten, was der Norden der Beidane ist, seine Hand theatralisch unter dem fettigen Stoff seines Ärmels ausgestreckt, als müssten der Administrator, der Kadi Ismail, die Beisitzer und der Dolmetscher sogleich von ihren Plätzen aufspringen und dem Flüchtigen hinterherjagen. Die Sklaven des Dolmetschers befanden sich auf den Hirsefeldern der Region um Bakel (Senegal) in Sicherheit. Er hatte also gut reden, als er herablassend antwortete, dass die Sklaven vor dem französischen Gesetz frei waren und hingehen konnten, wo immer sie wollten, und dass der Kläger gut daran täte, nicht so viel von seinen Gefangenen im Bannkreis der französischen Justiz zu sprechen, wenn er nicht das Gefängnis schmecken wolle.

Dann erschienen ein paar umherziehende Diebe, einige Schmuggler, unverzichtbare Zwangsrekrutierte beim Transport der Ziegel und der Bewässerung der Gärten. Was sollte das auch werden, wenn alle Bürger plötzlich anständig und tugendhaft würden? Aber, Gott sei gelobt, es bestand kaum Gefahr, dass es an dieser Zunft jemals mangeln würde!

Es war auch das Gejammer der Frau eines Marabut zu hören, die in ihre Schleier gehüllt war wie ein antikes Klageweib.

Ihr Ehemann hatte sie am letzten Ramadan verlassen – vor über einem Jahr! Er war gegangen, ohne auch nur die unwiderrufliche Scheidungsformel auszusprechen: »Du bist dreimal verstoßen!«, wonach die Frau, die fortan für ihren Exmann tabu ist, das Recht hat, wieder zu heiraten. Und was sollte jetzt aus ihr, der Unglücklichen mit ihren drei Kindern, werden, wenn ihr Schwiegervater sie nicht unterstützte? Wenn ihr eigener Vater sie verstieß: »Du bist nach Allahs Willen immer noch verheiratet. Geh zu deinem Mann zurück!«

Leider offenbarten die durchsichtigen Hüllen ihres *malahfa* gewisse Umstände, die zu erwähnen ihr unklug erschienen war, und der Kadi fragte sie gleichmütig, seit wann sie schwanger sei. Als Antwort drang nur ein beschämtes Glucksen unter den Schleiern hervor, die sie jetzt fester um sich raffte, und die Klägerin zog sich kleinlaut zurück, ohne noch etwas zu verlangen.

Obwohl der Koran ihnen vier Frauen gestattet, haben die Mauren eine Monogamie angenommen, die im Prinzip nichts anderes ist als eine sukzessive Polygamie, wenn man die Häufigkeit und Leichtigkeit der Scheidungen in Betracht zieht.

Die Klägerin, die jetzt vortrat, schämte sich nicht. Sie kam auf klappernden Holzsandalen herein, und ihr kleines bläulich-braunes Gesicht hatte einen harten, fordernden Ausdruck. Sie war keine jammernde, heuchlerische Marabut-Ehefrau! Sie war eine Kriegerin und gab das ohne Umschweife zu erkennen. Sie war Witwe und bereits einmal hergekommen, um sich über den Anführer ihres Clans zu beklagen, der sie, Zeina, die Tochter des Abdallah, und die anderen aus ihrem Zelt misshandelte. Jetzt war sie mit ihrer Geduld am Ende, und wenn der Kommandant (Moulanahs Segen sei mit ihm!) diesen Anführer nicht absetzte, würde sie ihn höchstpersönlich umbringen, mit ihrer eigenen, geschmeidigen, mit Silberringen beladenen Hand, die nicht zittern würde!

Die Kriegerfrauen sind so. Sie murmeln nicht so viele *La ilaha ill'Allah*, aber sie sind die Töchter jener Frauen, die sich einst während der Schlacht bei ihren Männern hielten und ihre Gewehre nachluden. Heute begleiten sie ohne Angst die Nomaden in den französischen Gebieten, und man weiß, dass der Feind nicht mehr weit ist, wenn die normalerweise am Ende des Zuges verstreuten *bassour*, die Sättel der Frauen – die immer als Erste Bescheid wissen –, sich unter ihren schwankenden Perkaldächern versammeln und eilig zum Kamelreitertrupp aufschließen.

Die Hitze war niederdrückend in dem finsteren kleinen Raum hinter der Menschenmauer der Schaulustigen, die sich in den beiden Türen drängten.

Der Dolmetscher löste mit einem Händeklatschen und ein paar Flüchen einen Wirbel flatternder Gewandfalten und eines riesigen Mückenschwarms auf. Die Mauren drängten eilig auf die Terrasse hinaus, während die Mücken aufgescheucht umhersurrten und sich auf unseren schwitzenden Gesichtern niederließen.

Jetzt sah man erst, dass draußen noch grelles Tageslicht herrschte, und ein wenig frische Luft wehte vom fernen Meer über die Dünen herein.

Dieses Licht und der Windhauch drangen wie ein Ruf zu uns – ein Ruf, den zu hören wir keine Zeit hatten, denn eine Gerichtssitzung ist ein Ereignis, reich an Einblicken in das Alltagsleben eines Volks in seinen schlimmsten Auswüchsen. Die Atempause währte nur einen Augenblick, gerade lange genug, um eine Lunge voll frischer Luft zu schöpfen, ein Glas Wasser zu trinken, und schon kehrten alle Beidane, schweigend und hartnäckig, in ihren Schattenwinkel zurück, denn jetzt war der Höhepunkt der Sitzung erreicht.

Es sollte ein Verbrechen abgeurteilt werden, ein wahres, eines von der Art, wie sie das Publikum aller Gerichte der ganzen Welt erschauern lassen.

Ahmed-ould-Boudia hatte Mohammed Bilal getötet, dann hatte er ihn in einen Brunnen geworfen, aus dem die Senegalschützen Bakari Kamera und Moussa Koulibaly ihn lange Zeit später herausgefischt hatten, zusammen mit dem Spieß aus Hartholz, einem Ochsenstock, mit dem der Mörder ihn vermutlich umgebracht hatte.

Ein schönes Verbrechen, wahrhaftig, das vielleicht für immer unaufgedeckt geblieben wäre, wenn nicht der Bruder des Opfers, nachdem er von Ahmed-ould-Boudia hundert Schafe, dann noch weitere vierzehn als Blutzoll erhalten hatte, beim Tribunal Klage eingereicht hätte, um auch noch den Rest der Herde zu bekommen.

Im Grunde genommen war sie für alle Beteiligten sehr bequem, die französische Justiz. Selbst für den Angeklagten.

Vorher hätte der Letztere oder seine Familie, sobald der Emir seine Untersuchung eingeleitet, den Schuldigen verhaftet und den Kadi ernannt hatte, der ihn verurteilen sollte, eine Buße von vierhundert Guineen bezahlen müssen, und dann hätten beide Parteien dem Kadi noch Sühnegeschenke machen müssen.

Man erzählte mir zu diesem Thema eine hübsche Geschichte, die nach Art einer Fabel den Titel tragen könnte: »Der Kadi, der Ochse und der Butterschlauch.«

Ein Kläger also glaubte sich sein gutes Recht zu sichern, indem er seinem Kadi einen Butterschlauch schenkte, der ihm dafür sein Wohlwollen zusagte. Der Gegner, der sich schuldig wusste, sagte sich mit einiger Logik, dass seine Unschuld viel mehr wert sei als die des wahren Unschuldigen; er gab also einen Ochsen ... und wurde freigesprochen. Der Mann, der den Butterschlauch geschenkt hatte, beklagte sich bitter.

»Das ist nicht meine Schuld«, sagte der Kadi und wusch sich die Hände wie Pontius Pilatus, »sondern die des Ochsen, der mit seinen Hörnern den Butterschlauch aufgeschlitzt hat.«

Nach dem Urteil des ersten Kadis konnte man Berufung einlegen, aber diesmal kam der Fall vor ein Tribunal mit sieben Richtern, was die Kosten erheblich steigerte.

Angenommen, unser Mann würde verurteilt werden. Seine Buße würde zwischen zehn Guineen (ungefähr fünf- bis sechshundert

Franc) für eine Ohrfeige und dreihundert Guineen für eine schwere Verletzung variieren. Mord unterlag dem Gesetz der Vergeltung.

Das war also eine ganz andere Geschichte. Es wurden Beidane und Sklaven auf ihren Mehara und Maultieren in alle Himmelsrichtungen durch ganz Trarza geschickt. Es wurde zum Emir gesandt, zu den Kadis, zum Lager von Cheikh Sidia und dem der Familie. Das bedeutete viele Tage und Nächte des Marschierens, Wartens und Verhandelns. Die Clanältesten entschieden in langen Beratungen in ihren Zelten, ob es angemessen sei, den Verbrecher freizukaufen oder hinzurichten.

In letzterem Fall begaben sich alle zum Lager des Emirs, mit einem Sklaven, der dem Verurteilten die Kehle durchschneiden musste. Die Familie hatte nach dem ganzen Ärger, den Bußen und Geschenken auch noch den Henker zu stellen.

Wohingegen die Franzosen, die die Kosten abgeschafft hatten, ihre Großmut so weit trieben, selbst die Hinrichtung zu übernehmen, eine Luxushinrichtung mit Gewehrschüssen anstatt eines schlechten Messers.

Diese Aussicht reichte allerdings nicht aus, um Ahmed-ould-Boudia zu trösten, der mit gesenktem Kopf zwischen zwei Senegalschützen vor den Richtern stand.

»Warum hast du getötet?«

Die Antwort kam langsam, unverständlich, mit einer hilflosen, resignierten Handbewegung.

»Es war der Wille Allahs!«

»Mohammed Bilal war ein langjähriger Freund von dir, sogar entfernt mit dir verwandt. Was ist zwischen dir und ihm vorgefallen, dass du ihn in den Brunnen geworfen hast?«

»Ich habe es nicht absichtlich getan ... Er ist von selbst in den Brunnen gefallen.«

»Warum hast du dann eine *dia* von hundertvierzehn Schafen an seinen Bruder Lobbat bezahlt?«

»Das, das ist eine andere Sache. Ich habe keine *dia* bezahlt! Lobbat hat mich geschlagen, um meine Schafe zu bekommen; ich habe nachgegeben, weil ich seine Schwägerin Moulkountia heiraten wollte.«

»Sieh mal an ... Die Frau von Mohammed Bilal?«

»Das war nicht ich, sondern sie, die mich seit sechs Jahren heiraten wollte. Ich, ich wollte ihre Schwester, aber Moulkountia hat mich daran gehindert, sie zu heiraten. Sie hat gesagt, dass sie mich mehr liebt als ihren Mann, und sie hat von mir verlangt, dass ich ihn töten soll. Das ist nicht meine Schuld. Ich habe nicht getötet. Es war Mohammeds Schicksal, dass er in den Brunnen gefallen ist.«

Wenn man sein runzliges Gesicht sah, in dem zwei verschlagene Augen glänzten, den struppigen Bart, die krummen Glieder und die schmutzigen Lumpen, konnte man sich nur schwer vorstellen, dass Ahmed-ould-Boudia der Gegenstand einer solchen Leidenschaft sein sollte, aber ein Mann hat noch andere Reize als die der Schönheit, zum Beispiel fette Schafherden und gute Milchkamele, ein Zelt, so groß wie das des Kadi. Alles Dinge, die Mohammed, der geopferte Ehemann, nicht besessen hatte.

»Wo ist diese Moulkountia?«

»Herr Kommandant«, antwortete der Dolmetscher, »sie ist zu ihren Leuten geflohen, in den Tagant.«

»Und ihre Schwester?«

»Die ist mit ihr verschwunden.«

»Und Lobbat?«

»Der wurde nicht aufgefunden. Wahrscheinlich ist er mit seiner Familie und seinen Herden in den Adrar gezogen.«

»Ach, zum Teufel damit! ... Man möge die anderen Zeugen hereinholen ...«

Diese beschränkten sich auf die beiden Senegalschützen, die die Leiche herausgefischt hatten. Sie kamen herein, jeder mit kindlichem Stolz in einer Hand den Ochsenstock haltend, das einzige Beweisstück. Nachdem sie mit ihrer freien Hand den militärischen Gruß absolviert hatten, machten sie sich daran, das Ereignis zu schildern, alle beide auf einmal, mit zahllosen Einzelheiten, die einen wahr, die anderen erfunden, um das Ganze ein bisschen auszuschmücken. Es lag keinerlei Bosheit darin, denn sie hatten nicht die Absicht, Ahmed-ould-Boudia ins Verderben zu stürzen. Ihre einzige, völlig legitime Sorge war, die Bedeutung ihrer Zeugenschaft ins rechte Licht zu rücken und dieser Anhörung, in der sie sich als wertvolle Kollaborateure der französischen Justiz wiederfanden, möglichst viel Gewicht zu geben.

Schließlich war alles, was sie gesehen hatten, eine Leiche mit einem Loch im Kopf und einen Ochsenstock, der in dieses Loch hineinpasste.

Ahmed-ould-Boudia sah also noch keinen Grund zu verzweifeln, da die Wege Moulanahs unerforschlich sind und Sidi mit allen Zeugen in der Wüste verschwunden war, die keine Türen hat ... Sidi, dieser Hundesohn, »diese Lump«, der das Drama hinter einem Busch versteckt mit angesehen und für den Preis von drei Ziegen alles Lobbat weitererzählt hatte! Aber der Schatten kommt zu dem, der geduldig ist, und mit Gottes Hilfe würde Ahmed ihn schon einholen, denn er würde freigesprochen werden, mangels Zeugen, und an diesem Tag würde Sidis Leben unter seinem Dolch nicht mehr viel wert sein!

Die Untersuchung sollte sich über viele Wochen hinziehen, in einem Umkreis von tausend Kilometern – dreißig Tagesreisen mit dem Kamel und ebenso viel, um die Neuigkeiten nach Boutilimit zu bringen.

Die Zeugen wurden in alle vier Himmelsrichtungen zerstreut gefunden. Ahmed schüttete seinen Anteil an frischem Wasser auf die Tomaten des Herrn Administrator, schleppte die Backsteine für die Bauarbeiten im Posten und leerte die Abortkübel.

Dann setzte eines Morgens eine Gewehrsalve den Gebeten ein Ende, die er auf dem Weg zur Hinrichtung murmelte, ebenso wie seiner Liebe zu den schönen Witwen und seinen Racheplänen gegenüber dem Verräter, der nicht davor zurückgeschreckt war, einen Mann für drei alte Ziegen ans Messer zu liefern.

Natürlich wäre es mir lieber gewesen, einen besser geordneten Bericht zu präsentieren, nach einem logischen, klug aufgebauten Plan. Dann hätte der Leser, Kapitel für Kapitel, zusammengefasst und künstlich auf ein klar definiertes Wüstenareal beschränkt, in einem Dekor, das seiner Seele und seinen Bräuchen gemäß ist, die Geschichte jeder der Kasten finden können, seien es Adlige, Geistliche, Diener. Aber eine Abenteuerreise eignet sich wenig für ein solches Spiel des Geistes. Um das zu bewerkstelligen, hätte ich den wahren Rhythmus des Lebens in der Sahara verraten müssen, immer in Bewegung, unvorhersehbar, der Willkür der Jahreszeiten, der Trockenheit und dem Regen unterworfen.

Das religiöse Oberhaupt, der Emir und der Gefangene haben die gleichen Bedürfnisse: Der gleiche Hunger, der gleiche Durst treibt sie zu den Weiden und Brunnen. Sie trinken aus demselben Wasserschlauch; sie schneiden ihre Mahlzeit aus demselben Schaf heraus. Wie soll man sie getrennt behandeln, ohne das biblische Gesicht des Trab-el-Beidane zu verstümmeln? Gott ist überall, so wie der Marabut; die Furcht ist überall, so wie der Krieger; Leiden ist überall, so wie der Gefangene.

Jede Menschengruppe, der wir zufällig an einem Brunnen oder im Umkreis eines Postens begegneten, war aus den gleichen Elementen unterschiedlicher Völker zusammengesetzt, so wie die maurische Gesellschaft selbst, so wie jene Muscheln und Algen, von der Flut auf den Sandstrand geworfen, die Tiefen des Meeres im Kleinen widerspiegeln.

Deshalb traf ich eines Tages an der Seite von Abdallahi und Ismail, den Männern Gottes und des Rechts, im Hof des Postens von Boutilimit Ahmed-ould-Deïd, den Emir von Trarza, und dieser war ein Mann des Verbrechens.

Hinter seiner grimmigen Stirn, von ergrauenden Locken eingerahmt, hatten sich Rebellion und Mord zusammengebraut. Sein schmaler Mund hatte erbarmungslos Zerstörungen befohlen. Seine starren, glänzenden Augen, Raubtieraugen, die unter dem Gestrüpp der Augenbrauen hervorspähten, die das verwüstete Gesicht mit einem grausamen Feuer erhellten, hatten gesehen, wie die beiden Onkel von Ould Deïd und Sidi erdolcht worden waren; sie hatten den Leutnant Reboul fallen sehen, sie hatten eine brüllende Flamme in die Nacht hinausstürzen sehen: zwei Mauren, *goumiers* einer französischen Patrouille, die in ihrem Zelt überrascht, in die Matte eingerollt worden waren, auf der sie schliefen, und bei lebendigem Leib verbrannt waren. Seine sehnigen Hände hatten getötet. Sein großer, hagerer, muskulöser Körper hatte die Verfolgungsjagden und Fluchten angeführt und Männer und Kamele erbarmungslos geschunden.

Seit er dreizehn war, hatte er darum gekämpft, das Emirat an sich zu reißen. Er hatte gegen die Franzosen und die Mauren gekämpft, geraubt, gestohlen, gemordet, im Trarza, Adrar und Tagant Intrigen geknüpft und seine Verbündeten verraten.

Die Mauren achteten ihn; er war stark, weil er sich durchgesetzt hatte.

1909 ertönte eine Gewehrsalve auf der Düne im Osten von Boutilimit. Es waren Ould Deïd und seine Gefolgsleute; erschöpft und geschlagen, verfeuerten sie vor dem Zelt von Cheikh Sidia ihre Patronen. Sie waren endlich dem Rat des großen Marabut gefolgt und hatten um Verzeihung gebeten. Die Hälfte der Bande durchquerte das Tal, stieg zum französischen Posten hinauf, und Ould Deïd, die Wut im Herzen, warf dem Gouverneur Gaden wortlos seine nutzlosen, zu einem Bündel zusammengeschnürten Waffen vor die Füße.

Gaden kannte die Mauren. Angst zu zeigen ist eine Schwäche, und sie verachten jede Schwäche. Er vertraute also Ould Deïd, gab ihm Gewehre und Kugeln zurück und befahl ihm, die Krieger herzubringen, die bei Cheikh Sidia geblieben waren. Einige von ihnen weigerten sich, zum Posten zu gehen und sich zu unterwerfen: Ould-Deïd tötete zwei mit eigener Hand. Die anderen folgten ihm.

Es gab keinen Platz für ihn im Trarza, wo Brahim Saloum auf seinen ermordeten Vater gefolgt war. Er zog also weiter als Krieger umher, aber von nun an im Dienst der Sieger, denn dort lagen seine neuen Interessen. 1911 kämpfte er im Hodh mit Oberst Patey. Zwei Jahre später eskortierte er an der Spitze seiner Gefolgsleute Oberst Mouret nach Smarna. Er schlug viele *rezzou* zurück und verausgabte seine Kampfkraft gegen seine Erbfeinde, die Völker des Nordens, die Ouled Delim und R'Gueïbat. 1932 verfolgte er nach dem Hinterhalt von Mountounsi mit dreihundert Gewehren den *rezzou* von Mohammed-el-Mamoun, einem Verwandten des Blauen Sultans.

Und endlich wurde Ould Deïd Emir! 1930 ließ sich der kranke Bahim Saloum durch die diplomatischen Bemühungen des Bezirkskommandanten von Trarza erweichen und gewährte ebenfalls die Verzeihung. Seine Söhne waren zu jung, um seine Nachfolge anzutreten. Um neue Kämpfe zu vermeiden, verheiratete er seine Tochter mit Ould Deïd, bevor er starb. Die Clans akzeptierten den Schwiegersohn als Anführer; die Söhne wurden nach Timbuktu geschickt; Sidi verzichtete in Marokko auf sein Erstgeburtsrecht, und die Regierung von Saint-Louis ratifizierte die Wahl der Clans.

Man kann von einer maurischen Geschichte nicht erwarten, dass sie der Moral folgt.

Heute lebt Ould Deïd als braver Bürger in seinem Lager, das er bald an dem einen, bald an dem anderen Brunnen zwischen Boutilimit, Nouakchott und Mederdra aufschlägt. Seine einzige Sorge besteht darin, die Abgaben seiner Untertanen einzutreiben und möglichst viele Vorteile von der französischen Verwaltung herauszuschlagen.

Am Rand einer Terrasse sitzend, inmitten eines Hofstaats von Kriegern und befreiten Dienern, wartete er auf eine Audienz. Er war ganz in Weiß gekleidet, den Hals mit Amuletten behängt, und ließ langsam einen Rosenkranz durch seine Finger gleiten. Es war sehr erbaulich. Das Kreuz der Ehrenlegion glänzte an seiner Brust. Ob seine Reue aufrichtig war oder nicht, er hatte der französischen Truppe gute Dienste geleistet, aber es war ein unbehagliches Gefühl, ihn das Kreuz seiner Opfer tragen zu sehen.

Ould Deïd war nicht ohne einen gewissen Adel. Er war ein Räuber, aber ein Räuber alten Typs und großen Formats. Die Verbrechen, die er begangen hatte, zeichnete eine derartige Perfektion des Schreckens aus, dass man ihm insgeheim Bewunderung zollen musste, wie einem Helden der Ilias, und wir gewöhnten uns allmählich an diese mauretanische Atmosphäre, die mit der Größe antiker Sagen befrachtet war.

4 Glanz und Herrlichkeit der Emirate

»Uotsch! ... Iurrrteh! ... Iurrrrtttt ... Tschaah! Tschaaaah!«

Unsere drei Kamele stolperten die Düne von Boutilimit hinunter und wirbelten eine große Staubwolke aus rosafarbenem Sand auf, dann, wieder sicherer geworden, reckten sie den Hals nach Westen und durchquerten die Senke aus grauem, hart gebackenem Lehm. Sie wichen von selbst den Dornenhecken und Seilen aus, die sich fern der Zelte unter dem Sand hinziehen wie die Ankertaue eines Schiffes im Wasser.

Mein Kamel war das schönste, ein großes, blassblondes *azouzel* mit mächtigen, harmonischen Formen. Vier Zähne: im besten Alter. Sein Fuß war sicher, sein Instinkt subtil, seine langen Schritte ohne Schwäche. Es erhob sich lautlos und kniete ebenso nieder, es nahm ungerührt die Gewehrsalven und Tamtams zur Kenntnis, blieb still stehen, solange man es wollte, und gehorchte besser, wenn man ihm mit tiefer Stimme Befehle erteilte.

Genau das, was man bei den Überfällen, den Verfolgungsjagden und den Hinterhalten braucht ... Es war das persönliche Reittier von Ould Deïd.

Er selbst, der noch in Boutilimit zu tun hatte, würde heute Abend mit seiner Trupp Krieger, *haratine* und Dienern am Brunnen von Iboulkham, wo seine Tributpflichtigen lagerten, zu uns stoßen.

Seit einer Woche wetteiferte Ould Deïd mit dem Bezirkskommandanten von Trarza in diplomatischen Bemühungen um die Salinen von Dahar, ein altes Lehnsgut seiner Krone, das von den Franzosen seit längerem konfisziert war.

Ould Deïd hatte Marion Sénones und mich zuerst mit finsterster Miene angeblickt; dann brachte ihn die Zuvorkommenheit, mit der uns der Kommandant behandelte, ins Grübeln ... Die Franzosen sind so merkwürdig! Es wäre immerhin denkbar, dass die Frauen ihrer Rasse eine gewisse Bedeutung haben ... Und die Wertschätzung solcher Personen wäre vielleicht nicht zu verachten ... Sollten sie etwa nur die Gastfreundschaft von Sidi, seinem abgedankten Bruder, und Abdallahi-ould-Cheikh-Sidia, seinem Rivalen, kennen lernen?

Eines schönen Morgens verzogen sich seine grausamen Lippen zu einem dünnen Lächeln. Der Dolmetscher ließ uns wissen, dass wir, auch wenn wir im Trarza gut aufgenommen worden waren, noch nicht erlebt hätten, was wahre Gastfreundschaft ist, und der Emir würde sich glücklich schätzen, wenn wir die Güte hätten, ihn zu seinem Lager zu begleiten, das sich zufällig ganz in der Nähe von Boutilimit befand – nur fünf Tagesreisen mit dem Kamel entfernt. Auf diese Weise könnten die *Nçrania* sehen, wie viel mächtiger, reicher und großzügiger als seine Rivalen Ould Deïd doch war.

Für uns war das ein großer Glücksfall. Der Administrator gab seine Zustimmung und befahl uns dem Schutz des Emirs an, als wären wir seine eigenen Töchter. Abdallahi bot Reittiere an, aber der Emir runzelte gekränkt die Stirn. Hatte er nicht ebenso schöne Kamele wie die Ouled Biri?

Es wäre alles bestens gewesen, wenn das Geschwür, das meine arme Marion seit Souelguia plagte, der Behandlung des Arztes nachgegeben hätte. Aber leider hielt es sich hartnäckig bis zum Schluss, und da es absolut unvereinbar mit einem Sattel war, musste ich allein aufbrechen.

Ich trottete also am Ende jenes Tages melancholisch zwischen meinen beiden Begleitern, Ahmeddou dem Pockennarbigen und M'Hammed-o-Touif, dahin.

Ja, Ahmeddou war immer noch da, mit seinem Narbengesicht, seiner Faulheit, seiner Unterwürfigkeit, seinen sterbenslangweiligen Geschichten und seiner Selbstüberschätzung. Obwohl wir ihn hundertmal fortgeschickt hatten, hatte er Tag für Tag im Hof des Postens auf seine Chance gewartet, gebettelt, versprochen, dass er abreisen würde, Mitleid erweckt, um dann doch zu bleiben. Aber es war klar, dass diese Reise in den Westen zugleich seine endgültige Rückkehr nach Nouakchott bedeuten würde. Ich war also voller Hoffnung ... Und er übrigens auch!

Die Eigenschaften, die mich bewogen hatten, M'Hammed auszuwählen, hätten mich eher dazu bringen müssen, ihn abzulehnen, wenn ich mehr Klugheit und Erfahrung besessen hätte. Er war ein junger Ouled Daman, ein Verwandter des Emirs. Ein Krieger von rein arabischem Typ, der je nach seinen wechselnden Launen, der Beleuchtung und den Umständen wie ein Sandwüstenpirat oder ein Bilderbuchchristus aussieht, kann auf den ersten Blick sehr nützlich in einer Saharalandschaft sein, und M'Hammed besaß unbestreitbare fotogene Vorzüge. Seine Anmut, seine Liebenswürdigkeit, seine Durchtriebenheit, um es milde auszudrücken, hatten ihn zum Lieblingskind des Postens gemacht, wo man ihm nicht viel anderes abverlangen musste. All das, zusammen mit einer ziemlich eitlen Koketterie, hatte ihm *haouli* aus indigoblauem Guineatuch, ins Tiefviolette spielend, leuchtend wie Seide, eingebracht und sauberere Tuniken als die der anderen Mauren. Seine Schüsse aus allernächster Nähe, nach langen Stunden des Auf-der-Lauer-Liegens hatten ihm den Ruf eines hervorragenden Jägers eingetragen. Er sprach recht gut Französisch, da er als Kameltreiber an der Kolonialausstellung teilgenommen hatte. Diese Rolle mag in den Augen eines Europäers bescheiden erscheinen, aber nicht in denen eines Nomaden. Und sie war es auch nicht für ein paar junge Verrückte, die dem Exotismuswahn verfallen waren und in M'Hammed und seinen drei Gefährten entthronte Prinzen sahen, die all ihre Gunstbeweise verdient hatten.

»Frauen von Europäer, sie machen zu viele Geschichten.«

Und nachdem eine schöne Flugzeugpilotin sich ihm zu Ehren umbringen wollte, kehrte M'Hammed mit einem Spargroschen zurück, in der Gewissheit, dass seine Rasse die überlegene war, und mit dem Wunsch, so schnell wie möglich eine fette, friedfertige Frau zu heiraten, die ihre ehelichen Pflichten erfüllen würde, ohne das geringste Vergnügen zu bekunden, wie es sich für eine wohl erzogene Beidani gehört, und die schließlich die Scheidung akzeptieren würde, wenn es ihrem Ehemann gefiel, ohne mehr zu verlangen als die Anzahl von Kamelen, die ihr nach dem Brauch zustanden.

Die Pariser Erfolge dieses Don Juans der Wüste hatten uns ein wenig beunruhigt, aber unsere Landsleute versicherten uns, dass Französinnen im Trab-el-Beidane in der Hinsicht nichts zu befürchten hatten. Eine Christin ist ein unreines Wesen in den Augen der Saharamuslime, die strikter sind als ihre Religionsbrüder im Norden oder zumindest darauf bedacht, keinen Skandal auszulösen. In Paris hatte M'Hammed keine Vorwürfe von seinem Clan zu fürchten; in der Sahara bleibt nichts verborgen, und es ist besser, »zehn Sünden vor Gott zu begehen als eine vor den Menschen«. Außerdem musste man auch das Gefängnis fürchten, was nach dem Koran die zweite Weisheit der Mauren ist! Wie dem auch sei, nicht einem der Männer, die uns begleiteten, hatten wir auch nur die geringste schamlose Geste, das geringste unanständige Wort vorzuwerfen.

M'Hammed sang recht gut, tauchte in den Gassen des Dorfs auf, immer lächelnd, die Hand auf dem Herzen, genau in dem Augenblick, wo er uns einen kleinen Dienst erweisen konnte – um Datteln teilschen, Einkäufe zum Posten bringen, eine Sandale reparieren –, und hatte viel mehr Gläser Tee in unserer Gesellschaft getrunken als die drei anderen Kandidaten. Zu all diesen Verdiensten kam noch der Vorteil einer beschränkten Konkurrenz hinzu.

Ein dritter Spitzbube stellte sich am nächsten Tag bei mir ein: Bendir, Sohn und Bruder einer Prostituierten, der nicht gleichzeitig mit mir hatte abreisen können, mangels eines Reittiers oder aus einem anderen Grund, den nur er selbst kannte.

Es war fast dunkel, als der Emir und seine Leute uns in Iboulkham einholten.

Es war ein kleines Tal mit unvermuteten Wasserlöchern zwischen den Dornensträuchern. Der Gestank eines verwesten Esels, der sich in einem dieser Löcher verfangen hatte, zeugte von möglichen Gefahren.

Der Ort war denkbar ungeeignet für die Gefühlsausbrüche, die diese Begegnung begleiteten und bei der über dreißig Kamele aufgeschreckt hin und her liefen, wie es, wenn Brunnen in der Nähe sind, die Gewohnheit ihrer Gattung ist.

Endlich trennte sich die Truppe. Ungefähr zehn Krieger und *haratine* blieben bei mir. Da es inzwischen vollständig dunkel war, ritt der Emir mit den anderen voraus, um uns die Route bis zum Lager der Tributpflichtigen zu zeigen. Von Zeit zu Zeit schrien sie »Iooh!«, oder sie ließen ein Buschfeuer auf einem Hügel anzünden, und wir folgten, von Ruf zu Ruf, von Feuer zu Feuer, halblaut singend wie alle Nomaden der Welt, wenn die Erde unter dem Sternenhimmel einschläft.

Aus alter Gewohnheit, die noch aus der Zeit des Misstrauens und der *razzi* stammt, hielten die kleinen Leute sich von den Brunnen fern, an denen Reisende vorüberkamen, von denen man als geringstes Übel fürchten musste, dass sie die drei Tage Gastfreundschaft verlangten, die Milch, das *méchoui* und die frischen Reittiere, die der Vasall seinem Lehnsherrn schuldete.

Ein Bote hatte die Tributpflichtigen von Ould Deïd von unserem Besuch benachrichtigt, und bevor wir auch nur angekommen waren, erfüllte das Tamtam mit dumpfem Grollen die Tiefen der Nacht. Die *méchoui*-Feuer loderten. Auf dem sorgfältig von Disteln freigefegten Sand waren zwei Zelte errichtet, eines für den Herrn und eines für seinen Gast.

Mir wurde nicht dieselbe Ehre zuteil wie einem berühmten Journalisten, der ins Lager des Emirs gekommen war (er hielt sich zu dem Zeitpunkt in der Nähe einer Piste auf) und damit renommierte, dass der Emir persönlich sein Kamel niederknien ließ. Eine überraschende Geste, denn der Emir ist zu stolz, um solche niedrigen Dienste zu verrichten, die im Allgemeinen den jungen Männern und Dienern zufallen, und diese wiederum sind zu höflich, um zu bemerken, dass ihr Gast nicht allein mit seinem Reittier zurechtkommt. Außerdem war dieses Kamel das Automobil des Dichters von Boutilimit.

Höchst würdevoll zogen wir uns, der Emir und ich, in unsere jeweiligen Zelte zurück. Außer meinen beiden Begleitern teilte ein gutes halbes Dutzend Krieger das meine. Es wäre sehr unfreundlich von mir gewesen, dagegen zu protestieren, denn sie erfüllten eine Höflichkeitspflicht. Der Anführer dieser Delegation schien Selmou zu sein, ein alter Freund von Ould Deïd und sein Gefährte aus heroischen Zeiten.

Wieder liefen die mauretanischen Willkommensrituale ab. Das Tamtam trieb vor der Öffnung meines Zelts eine Menge herumbrüllender Schatten zusammen, finsterer als die Nacht, denen die flackernden Lichtreflexe der Flammen und meines Windlichts plötzlich ein diabolisches Aussehen verliehen. Die Herden kehrten zurück und die Lämmer, die den ganzen Tag an den Zeltpflöcken angebunden gewesen waren, stürzten sich jammernd zu den Mutterschafen, die sie suchten. Die Sklaven brachten Kalebassen mit Milch, den Tee und das *méchoui*. Die Frauen, die das Zelt des Emirs nicht betreten durften, drängten sich bald in meinem und suchten die Nähe der Krieger, die hier ansprechbar für sie waren.

Und nachdem die kleinen Kinder sich die weichen, zuckergetränkten Blätter, die am Boden der Teekanne zurückbleiben, geteilt hatten, nachdem jeder Schafsknochen nacheinander von den Kriegern, den Frauen, den Kindern, den Sklaven und den Hunden abgenagt worden war, gab Ahmeddou, der jetzt den protokollarischen Teil des Besuchs wieder in die Hand nahm, mir zu verstehen, dass der Emir wegen der Frauen nicht zu mir kommen könne, aber dass es ein Gebot der Höflichkeit sei, ihn in seinem Zelt zu begrüßen, nachdem er mir so große Wohltaten erwies.

Ould Deïd, der mitten unter seinen Leuten hockte, schien mich tatsächlich zu erwarten. Ein weißes Schafsfell war ihm gegenüber für mich ausgebreitet worden. Ein *hartani* stellte sofort das Teetablett zwischen uns, und die Ehre, den Zucker zu brechen, sorgfältig die kleinen Gläser zu füllen und sie mit Anstand zu verteilen, fiel Ahmeddou zu. Er war ein Gast, weder zu alt noch zu jung. Mit dieser Aufgabe betraut man zwar keine angesehene Persönlichkeit, aber sie wird auch nicht einem unerfahrenen Jungen ohne jeden Einfluss übertragen. Was M'Hammed anging, den jungen Verwandten des Emirs, so konnte er in seiner Gegenwart weder trinken noch essen, und er hielt sich bescheiden hinter mir, seinen *haouli* über dem Mund.

Mit Ahmeddous Vermittlung wurde ein Gespräch in Gang gebracht. Zunächst war es sehr hilfreich, dass die Begrüßungen so viel Raum einnahmen. Danach musste man weniger konventionelle Themen finden.

Ist die *Nçrania* nicht müde? Nein, Gott sei gelobt, sie ist nicht müde ... Sie fragt, ob Ould Deïd nicht müde ist.

»Nein, wirklich, mir geht es vollkommen gut. *Al Hamdullilah!* ...«

Ist sie zufrieden mit ihrem Kamel? ... Fehlt es ihr an nichts? ...

»Ould Deïd ist sehr glücklich, dass du in sein Lager gekommen bist, und er hofft, dass du lange bleibst ...«

Ahmeddou stürzte sich in eine geradezu lyrische Beschreibung des Lagers, dieser »großen Hauptstadt«, die Sidis Zelte überstrahlte wie der Mond die Sterne.

Der Emir war bald wieder in sein düsteres Grübeln versunken, aus dem er nie lange herausfand. Nachdem die leeren Gläser ein viertes Mal auf das Kupfertablett geknallt worden waren, zog ich mich mit den gebührenden Abschiedsgrüßen in mein Zelt zurück.

Wenn es den Gesprächen im Zelt des Emirs an Ungezwungenheit gefehlt hatte, so konnte man das von meinem wahrhaftig nicht sagen.

Neben jedem Krieger wiegte sich ein Häufchen indigoblauer Schleier, aus denen Geplapper, lieblich wie Vogelzwitschern, schamhaftes Glucksen und scheues Gelächter aufstieg. Manchmal wurde eine Falte mit einer koketten, gezierten Geste zurechtgezupft, das blaue Tuch enger um die braunen Gesichter gerafft, und die Augen nahmen einen zärtlichen Ausdruck an, die weißen Schneidezähne, die nach den bizarren Gesetzen maurischer Schönheitsbegriffe aus dem Mund herausgebogen waren, schimmerten. Ein paar nackte Babys weinten vor Kälte.

Zufällig ernteten die Ehemänner gerade Gummi im Süden des Trarza, was ihren Frauen alle Freiheit gab, mit den edlen Reisenden zu feiern, deren Aufmerksamkeiten schmeichelhaft und deren Reichtümer beneidenswert waren. Sie hatten Zuckersplitter bekommen, Tee, ein paar Prisen Tabak. Jetzt galt es mit zudringlicheren Schmeicheleien »Mesk« zu ergattern – die schweren, durchdringenden Parfüms, die man bei den Händlern des Postens findet und die sich ganz köstlich mit der ranzigen Butter vermischen, mit der die Frauen sich einmal im Monat die Haare einfetten, wenn die Zöpfe neu geflochten werden.

Die hübscheste der Frauen tuschelte mit Selmou. Sie war das erste Opfer. Ohne sie aus den Augen zu lassen, wühlte Selmou in seiner Patronentasche und holte einen winzigen Flakon hervor. Mit seiner großen Tunika, die er auf seinem Arm ausgebreitet hielt, verhüllte er seine Gefährtin, und es trat Stille ein. Nur eine zarte Hand, über dem kleinen Fläschchen zusammengekrampft, bewegte sich schwach unter dem hellen Stoff. Dann erhob sich das Paar und verschwand langsam in Richtung der blühenden Büsche, die die Nacht mit balsamischen Düften erfüllten.

Eines ums andere schlüpften die restlichen Paare verstohlen aus dem Zelt hinaus. Die letzten Lichter des Feuers erhellten im Vorübergehen ihren schmachtenden Rückzug. Die nackten kleinen Kinder legten sich in der heißen Asche des verlassenen Feuers schlafen.

Und ich nützte diesen Augenblick der Einsamkeit, um die Falten meiner Tunika und meines *siroual* zu untersuchen, wo sich die Flöhe versteckten.

Manche Februartage in Mauretanien sind lau und frühlingshaft wie ein Juni auf der Ile de France. Dieser erste Tag der Reise zum Lager des Emirs überraschte uns mit einer neu ergrünten Weide, übersät mit runden Bäumchen wie wilde Apfelbäume, unter einem blauen Himmel, der mit weißen Wattewölkchen betupft war. Die Luft war leicht. Schmetterlinge umschwirrten die duftenden Blütenquasten der Akazien. Ein alter Sklave, der mit einer Eselin und ihrem Jungen vom Brunnen heraufkam, hielt an, um unsere Karawane vorbeizulassen, und begrüßte uns mit einer Segnung wie ein Bauer in Frankreich.

Sogar der Emir lächelte, als er sah, wie ich mein schönes blondes *azouzel* anspornte und mit den jungen Kriegern um die Wette galoppierte. Man musste einfach spielen, dahinjagen, in brüderlicher Eintracht, fröhlich und frei.

Es war ein Morgen voll überströmender Freude und Reinheit.

Die Nachzügler, die im Trab die Karawane einholten, wurden mit gutmütigem Spott empfangen. M'Hammed, den ich seit dem Vorabend nicht mehr gesehen hatte, kam als Letzter. Sein Kamel hatte sich verirrt, und er hatte so lange nach ihm suchen müssen, indem er seine Spur aus denen der anderen Reittiere herauszulesen versucht hatte, dass er jetzt »zu müde« war.

Es ist schon erstaunlich, wie leicht die Kamele sich verirren, wenn die Frauen schön und die Männer abwesend sind!

Bendir war immer noch nicht wieder aufgetaucht.

»Männer aus Boutilimit immer Blödsinn machen. Kennen nix Dienst. Nicht gut für Reisen«, verkündete Ahmeddou verächtlich.

Die Sonne wurde jetzt immer heißer, und das Weideland verlor sich und machte allmählich wieder dem Busch Platz. Die steilen Hänge der großen Dünen waren von den Stürmen der Regenzeit zerklüftet. Vor drei Monaten waren hier reißende Flüsse heruntergestürzt, hatten den weichen Sand aufgewühlt, gewundene Schluchten gegraben, in denen die Kamele bockten. Zu Fuß führten wir behutsam die verängstigten Tiere.

Der Emir war mit seinen Männern zu einem Lager gereist, wo er Abgaben einzutreiben hatte.

Plötzlich sprang eine Gazelle aus einem Gestrüpp, und Ahmeddou jagte hinterher, weil er es für eine gute Gelegenheit hielt zu beweisen, dass ein Euleb genauso viel von der Jagd versteht wie ein Ouled Daman.

Eine Trappe gab M'Hammed aber die Chance, seinen Ruf zu festigen.

Und so war ich allein und blieb es und irrte in ziemlicher Ratlosigkeit von rechts nach links, bis der Emir, der es satt hatte, auf uns zu warten, Besorgnis hinsichtlich meiner kostbaren Person verspürte. Es könnte ja immerhin nachteilig für das Salinengeschäft sein, wenn ich mir am Ende noch den Hals bräche ... Wer weiß, wie die französische Verwaltung reagieren würde? Er schickte also Selmou, seinen besten Freund, und Mokhtar, seinen Lieblings-*hartani*, auf die Suche nach mir.

Ihre Rufe brachten die Jäger zurück. Der eine hatte seiner Trappe den Flügel gebrochen. Die Kugel des anderen hatte die Schulter der Gazelle getroffen. Beide Tiere waren über alle Berge, aber die Ehre war gerettet.

Im Übrigen war das unwichtig, denn jetzt galt es, dem Zorn von Ould Deïd zu entkommen, der mit erhobenem Stock und funkelnden Augen Ahmeddou und M'Hammed und ihre ganze Sippe bis hinauf zu den fernsten Vorfahren verfluchte.

Ich meinerseits erklärte energisch, dass ich, wenn ich nicht ständig einen der drei Begleiter, die ich fürs Nichtstun bezahlte, an meiner Seite haben könnte, mir sehr schnell andere suchen würde.

»Du hast Recht. Der Emir auch, er hat auch Recht«, antwortete Ahmeddou ernst und überging geflissentlich seinen eigenen Fehler. »Das ist nicht nett. M'Hammed, er lässt dich ganz allein und rennt alte Trappe nach. Und Bendir, der ganz genauso, der nichts wert. Akh!«

M'Hammed, der gewiefter war, bat mich liebenswürdig im Verzeihung.

Zur Stunde des Tees, beim Mittagslager, erschien endlich Bendir.

Nach einer dritten Gardinenpredigt sah ich mich von lächelnden Gesichtern und großer Diensteifrigkeit umgeben.

Der Ausflug zum Lager des Emirs, vielleicht noch bis zu den Salinen von Dahar ausgedehnt, das war schon etwas, aber Ahmeddou, M'Hammed und Bendir wussten, dass danach die große Reise in den Sudan kommen würde, viele Tage Sold, beträchtliche Geschenke, mit denen die *Nçrania* so verdienstvolle Führer überschütten würden, der Ruhm und Profit, der aus den Festen zu schlagen war, mit denen wir im Lauf der Reise empfangen werden würden. Das alles war schon einige Anstrengung wert, ja sogar einen liebenswerten Eifer, zumindest in den Anfängen. Später, wenn wir weit weg vom Emir und den französischen Posten wären, würden sie alle Freiheit haben, zu tun und zu lassen, was sie wollten. Jeder wünschte sich im Grunde seines Herzens, den anderen auszustechen, der alleinige Führer zu sein und das Glück mit einem bevorzugten Verwandten zu teilen. Und so verloren sie sich in Träumen von künftiger Pracht und Größe, machten sich unerfüllbare Hoffnungen. Sie sahen sich in ihre Lager zurückkehren, in Bubus gehüllt, die von oben bis unten bestickt waren, dicke Fünf-Franc-Bündel in ihren *haouli* eingeknotet und Kamele vor sich hertreibend, die mit sudanesischer Baumwolle, Kalebassen, Zuckerblöcken und Glaswaren beladen waren. Sie träumten auch von der Macht und Großzügigkeit der *Nçrania*. Sollte irgendeine widrige Realität diese Träume zunichte machen, würden sie andere ersinnen, und auf jeden Fall würde es ihnen immer gelingen, den Erfolg ihres Unternehmens, so bescheiden er auch sein mochte, in ihren Berichten gebührend auszuschmücken. Genauso wie sie das Lager von Sidi oder das des Emirs verklärten und aus ein paar löchrigen Zelten eine prächtige Hauptstadt machten. Denn die Sahara, auch die westliche, ist immer noch der Orient.

Die Reise ging friedlich weiter. Wir trabten schnell, in kurzen Etappen.

Der Emir zog bald in den Süden, bald in den Westen oder Nordwesten, von einem Lager zum anderen, wie ein Landjunker, der seine Pächter besucht. Es kostete lange Halte und geschickte Verhandlungen, um herauszufinden, wie viele Kameljunge, Kälber, Lämmer, Zicklein, Eselskinder und kleine Gefangene seit dem letzten Besuch geboren worden waren. Was war aus den erschöpften Kamelen geworden, die die Zenaga wieder aufpäppeln sollten? Wie stand es mit der Gummiernte? Wie viele Tiere waren von den Konvois requiriert worden? Wie viele Männer für die Abgaben?

Nein, es war nicht einfach, das alles herauszufinden!

Der Anführer des Lagers griff aus Gewohnheit zu allen möglichen Ausflüchten; dann gab er schließlich alles zu, um die Sache hinter sich zu bringen und all die hungrigen Männer wieder loszuwerden, die seine Schafe und seine Hirse verspeisten.

Die Zeit entflieht, ohne dass der Dichter sich wundert.
Mm... emmmmmmh! ... mmm ... mmmmmmh!
Ohne Unterlass, unermüdlich,
lassen die Tage und Nächte die Natur altern.

Wie in fernen Zeiten, als ein umherziehender Dichter dieses Lied verfasst hatte, das M'Hammed so liebte, vergingen die Tage langsam, alle gleich, leer und ohne Langeweile – lauwarmer Sand zwischen zerstreuten Fingern.

Marschieren und Rasten, die harten Mulden der Täler und die weichen Kämme der Dünen, die fünf täglichen Gebete, das Dröhnen der Tamtams, das Stampfen der Hirsemörser, die Willkommenswünsche und Abschiedssegnungen folgten mit einer Monotonie aufeinander, die packend wie ein Rhythmus war, die den wahren Zauber und die Beständigkeit dieses Nomadendaseins ausmachten.

Man ergab sich gelassen in die Monotonie, die Kette von Traditionen, Bräuchen, Gewohnheiten, die die Jahrhunderte und Wüsten überdauert hatten, so wie der Ewige sie Abraham diktiert hatte, und die uns den Begriff des Unwandelbaren wieder nahe brachten. Jede schöne Sklavin war eine Agar, deren Sohn befreit sein würde, wie der *hartani* Mokhtar, der von einem Stammesführer und einer Dienerin gezeugt worden war. Der Busch war voll nachdenklicher Davids, die die Schafe ihrer Väter weideten. Jede Mahlzeit war ein rituelles Opfer. Die reinen und unreinen Tiere waren dieselben, die Moses verboten oder erlaubt hatte. Auch die Gastfreundschaft war dieselbe, die Einfachheit, die List, der Betrug, der ewige Exodus und der unerschütterliche Glauben.

Und abends, an den Brunnen, waren oft Krieger zu sehen, um eine junge Rebekka mit anmutigen Gesten versammelt, die ihnen und ihren Kamelen zu trinken gab.

Ich sah Zenagalager, Marabuts, Sklaven und »Tiab« – Krieger, die sich, nachdem sie die Waffen niedergelegt hatten, mit den Marabuts verbündeten und dafür von allen verachtet wurden. Meine Begleiter hatten nur Verachtung für sie übrig, trotz ihres Reichtums und ihrer Unabhängigkeit.

Im Mittagslager fanden wir Sauermilch, mit Wasser vermischt. Das Abendlager, in dem die Herden gerade zurückgekehrt waren, bot uns zu wiederholten Malen frisch gemolkene Milch, und der Zeltgefangene weckte mich auf, um mir die letzte Kalebasse spät nachts zu bringen.

Vor jeder Mahlzeit sah ich Mokhtar kommen, den Ober-*hartani*, der alle Schlüssel seines Herrn um den Hals hängen hatte. Wie ein stilvoller Butler, der die Tageskarte brachte, kam er, um sich nach den Wünschen der *Nçrania* zu erkundigen. Das war sehr liebenswürdig von ihm, aber ich frage mich, was er unter seinem riesigen Mohrenturban à la »Ballet russe« für ein Gesicht gemacht hätte, wenn es mir in den Sinn gekommen wäre, etwas anderes als Tee, *méchoui*, Hirse oder Milch zu verlangen!

Viermal am Tag tauschten der Emir und ich protokollarische Besuche aus, die mit der Zeit herzlicher wurden. Er amüsierte sich über meine Begeisterung für das Nomadenleben, meine Kameraderie mit den Frauen, meine Spiele mit ihren Babys. Er lachte stumm, die Hand vor den Mund haltend, wenn ich ein paar Worte Hassanija stammelte oder wenn seine Gefährten sich über meinen *siroual* aus weißem Perkal lustig machten. Ein bizarrer Brauch, den man nur im Trarza findet, hat aus diesem Kleidungsstück das Zeichen der Königswürde gemacht. Es ist die Emirkrone, wenn ich es einmal so ausdrücken darf. Der gewöhnliche Sterbliche begnügt sich mit einem verblichenen Guineatuch aus einem alten *haouli*. Nur der Emir hat das Recht, eine weiße Hose zu tragen, und wenn ein Krieger in seiner Umgebung dieses Emblem usurpieren würde, dann wäre sein Leben in großer Gefahr.

Am sechsten Morgen weckte mich der kleine weiße Hahn, der neben mir auf einem Sattel hockend im Lager von Tigbarren geschlafen hatte, mit einem ungewohnten Kikeriki. Vor dem Zelt waren die Kamele bereits aufgezäumt. Um das Windlicht kauernd füllten die Männer die Teekanne.

Am Vorabend war Ould Deïd vorausgereist, um zu meinen Ehren einen Empfang anzuordnen, der überaus prächtig sein sollte. Die Hälfte seiner Leute sollte mir Gesellschaft leisten. Mokhtar sollte darüber wachen, dass alle meine Wünsche an diesem letzten Tag erfüllt wurden. Und damit war der Trupp in vollem Galopp davongejagt, eine Staubwolke aufwirbelnd, so dass die Turteltauben in die Luft stoben, ihren Anführer in einen Wirbel von flatternden Tuniken und geknoteten Schärpen hüllend.

Gleich nach dem Morgengebet brachen wir auf und schlotterten in dem beißenden Wind, der durch unsere dünnen Kleider drang. Wir würden im Lager ankommen, bevor die Sonne hoch am Himmel stand. Sobald wir die Düne, die Tigbarren vor dem Nordwestwind schützte, erklommen hatten, drang ein dumpfes Dröhnen an mein Ohr.

»Hörst du? Der Emir lässt sein großes Kriegstamtam für das Fest schlagen!«

Von Düne zu Düne steigerte sich das gewaltige, schwere Grollen der Trommel. Als wir nahe genug waren, dass ich die Gesänge heraushören konnte, mit denen die Sklaven in den fiebrigen Rhythmus einfielen, krachte eine Gewehrsalve auf der anderen Seite der Düne. Zwei Reiter stürmten den Hang herab und galoppierten auf uns zu.

Hier hatte ich sie vor mir, die Berber, die Sarazenen, die »Mauren« der Ritterromane, von denen ich in meiner Kindheit geträumt hatte! Ich sah ihre schwarzen Augen in den Schlitzen der Helme funkeln, die ihre blauen Turbane bildeten. Ihre hochgeschürzten Tuniken, die sie auf dem Rücken verknotet hatten, gaben ihre braunen, muskulösen Oberkörper frei. Sie schwenkten die Gewehre wie Lanzen. Tierhäute fielen von ihren Sätteln über die Flanken ihrer Reittiere. Die feurigen kleinen Pferde bäumten sich in einem Sandwirbel unter dem Druck der grausamen, scharfen Gebisse, die ihren Mund zerfetzten, unter den Sporen der großen Kupfersteigbügel, die ihre Bäuche bearbeiteten. Ihre Schweife, die mit Henna gefärbt waren, sahen aus, als seien sie rot vom Blut einer Schlacht.

Als sie uns eingeholt hatten, umkreisten uns die beiden Krieger mit ihren Reiterspielen, mimten die Verfolgungsjagd, den Angriff, die Entführung und den Siegesrausch. Gewehrschüsse übertönten ihre wilden Schreie, das Wiehern der Pferde und das Röhren unserer Reittiere. Dann stoben sie im Galopp davon, und unsere verschreckten Kamele stürzten ihnen nach, in einem Zug, bis auf die

Hügelkuppe, wo das große Tamtam vor einem braunen Zelt ertönte, das meines sein würde.

Das Fest inmitten der jubelnden Menge war eine Mischung aus noblen Kriegerparaden, obszönen Pantomimen der halb nackten, halb in groteske Lumpen gekleideten Sklaven und Reiterspielen der Pferde, die zwischen die Tänzer sprengten und diese mit blutigem Schaum bespritzten. Die Luft war erfüllt von Detonationen, Schreien, Gelächter und Staub. Stöcke und Gewehre wirbelten herum, von sicheren Händen geworfen.

Es war ein schönes Tamtam, aber es wäre eine sehr eintönige Angelegenheit, alle Tamtams von Mauretanien zu schildern.

Ich gesellte mich zum Emir, der zwischen seinen Griots und seinen beiden jüngsten Söhnen das ganze Spektakel ernst überwachte. Wenn sie an uns vorüberkamen, deuteten die Gefangenen mit Fausthieben auf ihre schamhaften Körperteile und taten so, als wollten sie die Hand gegen uns erheben. Oder sie brüllten Drohungen heraus und richteten ihre Eselsstöcke, die sie zwischen den Schenkeln hielten, gegen mich. So seltsam das auch erscheinen mag, mit diesen Aufmerksamkeiten sollten der Herr und seine Besucherin geehrt werden.

Das ist also das berühmte Lager des Emirs von Trarza!, dachte ich, als ich in mein leeres Zelt trat, und ich beneidete diese Menschen, die daraus die Wohnstätte der Glückseligen machten, den Inbegriff des Luxus und aller Köstlichkeiten, um ihre Einbildungskraft. Aber da ich mir diesmal nichts erhofft hatte, war ich auch nicht enttäuscht, was meinem Geist die Freiheit ließ, die Gastfreundschaft der Beidane zu genießen und die naive Großzügigkeit, mit der sie ihre armseligen Besitztümer als kostbaren Schatz darboten.

Von den fünfzig Zelten, die zwischen den Akazien und Büschen verstreut lagen, war meines das schönste, trotz der Löcher, durch die die Sonne ihre Pfeile hereinschoss, so dass ich gezwungen gewesen wäre, meinen Tropenhelm aufzubehalten, wenn ich die Gewohnheit gehabt hätte, einen zu tragen. Die Herrlichkeiten der »Hauptstadt« bestanden draußen aus einem Kot-Teppich, der die Größe der Herden bezeugte, die hier jede Nacht schliefen, und in meinem Zelt aus einer fürstlichen Unterlage aus einem zusammengefalteten *faro* und einer marokkanischen Decke.

Plötzlich plumpste eine unförmige, dicke Made neben mich. Es war Toutou, die Tochter von Ould Deïd, ein armes Geschöpf von zehn Jahren, mit Milch gemästet und vom eigenen Fett erdrückt, so dass sie kaum, wie es bei den Arabern üblich ist, ihre fetten kleinen Beine unter ihrem Speckwanst zu überkreuzen vermochte.

Der Schmied hatte auf beiden Seiten ihres Kopfs große Kreise ausrasiert, wo die Haut nackt und weiß zwischen den mit Butter eingefetteten Haarbüscheln hervorschimmerte. Klimpernder Glasschmuck zierte ihren krausen Schopf. Man kann nicht behaupten, dass es besonders vorteilhaft war, aber diese Frisur zeigte ihre Kaste, ihren Clan und ihren Stand als heiratsfähiges junges Mädchen an.

Toutou blieb da, formlos, blicklos, sprachlos, einen Zahnstocher aus »Adress«-Holz in ihrem halb offenen Mund, der Begehrlichkeit der Männer ausgeliefert und dem Neid der Frauen, die das Zelt füllten.

Sid Ahmed, Griot des Emirs und Emir der Griots, besang die Genealogie und den Ruhm seines Beschützers:

Die Männer, die von Kindesbeinen an
Große Loblieder gewöhnt sind,
Ould Deïd und Selmou geheißen ...

Der Ruhm von Ould Deïd, das war der Ruhm seiner Waffen, die zehn Jahre lang gegen seine Familie, seine Feinde aus dem Norden und die Franzosen gerichtet waren …

Und dann sein eigener Ruhm, der von Sid Ahmed, der keinen Rivalen fürchtete, nicht einmal den anderen Sid Ahmed, Griot aus dem Adrar, dem er mit seinen Wolfszähnen die Kehle zerfleischen würde, wenn Moulanah, der Allgerechte, es richten würde, dass er ihm eines Tages von Angesicht zu Angesicht gegenüberstünde.

Sid Ahmed brüllte auf bei diesem erregenden Gedanken, unter hasserfüllten Grimassen und Schluchzern, dem Kriegsgesang, mit dem die Griots einst zwischen den Bewaffneten marschierten und sie zu den Schlachten anfeuerten.

Meine Kamele, die Nacht und die Wüste
Kennen mich gut;
Der Sand, die Lanze, das Papier und die Feder
Sind mir gleichermaßen vertraut!

Ich verabscheute diesen Mann mit der grausamen Maske und den wilden Schreien von Herzen, aber allem Anschein nach waren seine Gesänge für die Beidane der Gipfel des Musikgenusses.

Dann begrüßte Sid Ahmed mit verdoppelter aggressiver Glut den Eintritt zweier fetter Frauen, zweier Schönen, deren *malahfas* aus neuem Guineatuch den dunklen Glanz von Kohlepapier hatten.

Die Jüngere, Lalia, die ein nacktes kleines Mädchen, mit Milch, Rotz und Farbe verschmiert, auf der Hüfte trug, war die Tochter des ehemaligen Emir Brahim Saloum und die Gattin von Ould Deïd. Ihr Ehemann war also zugleich ihr Cousin und der Mörder ihres Großvaters.

Die andere war die Witwe des Vaters von Lalia, aber nicht deren Mutter. Um jede Komplikation zu vermeiden, lebten ihre beiden Söhne, die legitimen Thronerben, im Exil im Sudan.

Die beiden Frauen hockten sich neben mich und erdrückten mich mit Liebkosungen, Lächeln und Komplimenten.

Die kleine Bouërika, die mein zu helles Gesicht erschreckte, fing an zu brüllen. Ihre Mutter, den Mund schamhaft verschleiert, holte unter ihrem *malahfa* einen riesigen Busen hervor, der sich wie eine finstere Meduse auf ihren Knien ausbreitete. Bouërika stürzte sich gierig darauf.

Ould Deïd und Lalia waren ein ungewöhnliches Beispiel ehelicher Treue, geradezu die Glorifizierung diplomatischer Heiraten.

Unter dem besorgten Blick des Kommandanten von Trarza, der zu Recht in diesem Bündnis das Ende interner Kämpfe in seinem Bezirk sah, hatte Ould Deïd um sie angehalten, und Brahim Saloum hatte sie ihm gewährt, die Waffen in den Fäusten. Die Waffen waren ihre eigenen Gewehre, aber die Fäuste waren die ihrer *haratine*, die sich hinter ihnen hielten und nur eine winzige Bewegung zu machen brauchten, um den rebellischen Widersacher aus nächster Nähe zu erschießen. Vorsicht ist zwar immer geboten, aber trotzdem ist es unschicklich für hochgestellte Persönlichkeiten, Besorgnis zu zeigen. Die beiden Krieger saßen sich also friedlich gegenüber, die Augen gesenkt, einen Karabinerlauf wie zufällig über der Schulter. Der Administrator, der dazwischen stand, zitterte um den Ausgang der Verhandlungen.

Das Abkommen wurde geschlossen, die Mitgift festgesetzt und die Nachfolge des alten Brahim gesichert.

Sobald die Ehe vollzogen war, machten sich alle auf, mit dem Administrator an der Spitze, um der Regierung in Saint-Louis anzukündigen, dass im Trarza von nun an »Frieden, und nichts als Frieden« herrschen würde. Das Ganze wuchs sich zu einer grandiosen Karawane von Stammesführern, Würdenträgern, Senegalschützen und Dienern aus, die auf feurigen Mehara saßen.

Alles ging gut: Jeder dankte seinem Gott, und Saint-Louis bereitete einen prachtvollen Empfang vor.

Am zweiten Tag, als der Zug zwischen den Hirsefeldern, die an den Senegal grenzen, Halt machte, einen Tag vor den Festivitäten von Saint-Louis, die am nächsten Abend beginnen sollten, sagte Ould Deïd dem Kommandanten, dass er sein Sohn sei, sein demütiger Zenaga, dass er seinen Wohltäter Gott befehle und in sein Lager zurückkehre. Er wollte »sein Zelt« wieder sehen und schwor einen heiligen Eid, dass er noch vor Saint-Louis wieder zu der Karawane stoßen würde. Und von der Erinnerung an seine Hochzeitsnacht beflügelt, legte er den ganzen Weg in vollem Galopp zurück und wechselte unterwegs sein Reittier aus, um mit der schönen Lalia ein paar Augenblicke zu verbringen, die gar nichts Diplomatisches mehr hatten.

Am nächsten Morgen holte er vor Saint-Louis den unglücklichen Administrator ein, der nicht nur den Zorn Brahim Saloums zu beschwichtigen hatte, sondern auch vor der undankbaren Aufgabe zitterte, dem Gouverneur Ould Deïds Fernbleiben zu erklären.

Mein Tag im Lager des Emirs verging wie alle anderen, die in den großen Zelten offiziellen Empfängen gewidmet sind. Es wurden zeremonielle Besuche und Segnungen ausgetauscht. Außerdem fanden Tänze statt und ein Schießwettbewerb, in dem der Emir als Sieger hervorging und mein Revolver und meine Patronen die Zeche bezahlen mussten.

Lalia gab mir eine *tassufra*, die ich dringend brauchte, und Ould Deïd einen geräumigen und komfortablen Sattel, mit Schafsfell gepolstert, holzverstärkt, mit einem ganz neuen Quastenseil und einem Sattelgurt aus Giraffenleder, der mit einer ziselierten Kupferschnalle versehen war.

Um meine Neugier zu befriedigen, ließen zwei Verwandte des Emirs die große Kriegstrommel ertönen, die aus Höflichkeit vor meinem Zelt an einem gegabelten Pflock aufgehängt wurde. Mit einem Holzhammer, der mit weißem Leder überzogen war, schlugen sie die beiden düsteren Töne an, die den Ruf zu den Waffen in einem Umkreis von fünfzig Kilometern verbreiten können.

Es wurden Ströme von Tee getrunken. Ein paar Ziegen und Schafe bezahlten meinen Besuch mit ihrem Leben.

Ich erfuhr ein neues Rezept der maurischen Küche: Besorgen Sie sich einen Sklaven, der über starke Nerven verfügt, und ein zähes Schaf. Der Sklave schneidet dem Schaf die Kehle durch und häutet es rituell mit einem kleinen schartigen Messer, das ihm auch genügen würde, um seinen Schnurrbart zu stutzen, einem Kind den Kopf zu rasieren oder einen Ochsen oder ein Kamel abzustechen. Dann schneidet er ein Stück Dickdarm von doppelter Handlänge ab, breitet es auf seinen Knien aus und drückt mit einer raschen Bewegung den Inhalt heraus, so gut er kann. Dieses Darmstück, mit Fleischbrocken und Fett gefüllt, an beiden Enden mit dünnen Lederstreifen zugebunden, wird in den Topf mit kochendem Wasser getaucht, in dem die Hirse gart. Dann noch eine Hand voll ranziger Butter zugeben und das Ganze mit dem magnesiumhaltigen Salz aus den Salinen von Dahar würzen.

Des Weiteren bereitet der Sklave das Meghloub zu, ein Stück Dünndarm, das mit Fett gestopft und im Feuer gegrillt wird.

Das Ganze wird in eine Kalebasse gefüllt, die dazu dient, die Kohlen zu transportieren, die Milch zu melken und das Gesicht, die Hände und die Füße durchziehender Europäer zu waschen. Aber dass er nur ja nicht vergisst, die Kalebasse vorher mit einer Falte seiner Tunika auszuputzen!

Wenn der Geruch dieses Gerichts Sie nicht abstößt, murmeln Sie »*Bismilluh!*«, um die bösen Geister zu vertreiben, und essen, bis Sie auf einen vergessenen Kotbrocken stoßen. Das passierte mir beim dritten Bissen und gab mir die Chance, das Herz der beiden kleinen Jungen des Emirs zu erobern, indem ich diese Köstlichkeit, die für mich reserviert war, mit ihnen teilte.

Für die beiden Kinder war mein Besuch ein großer Tag: der ihres ersten Bubus. Dieser war nichts anderes als ein zusammengelegter weißer Perkalstreifen, mit einem Schlitz für den Kopf und in Kniehöhe an den Ecken zugeschnürt. Seine Schönheit machten die Fabrikmarken aus, die in Blau vorn auf die Brust gedruckt waren. Der erst sieben Jahre alte Baba hatte den britischen Löwen ergattert und sein jüngerer Bruder Ahmed Saloum einen sehr dekorativen Fisch, umgeben von japanischen Schriftzeichen.

Erster Bubu, unvergesslicher Bubu, Lieblingsbubu, denn die kleinen Mauren, und seien sie königlicher Abkunft, gehen nackt, in aller Einfachheit, bis zum Tag ihrer Beschneidung, und dieses Unglück ereilt sie erst in ihrem zehnten Jahr. Baba und Ahmed waren sehr stolz auf ihre Bubus, wenn auch etwas verlegen, und trugen sie meist bis zum Bauch aufgekrempelt.

Sie waren sehr hübsch. Ihre Unbefangenheit und Arglosigkeit, verbunden mit einem frühreifen Ernst, verliehen ihnen einen unwiderstehlichen Charme. Das harte Gesicht ihres Vaters wurde weich vor Zärtlichkeit, wenn er sie betrachtete. Alle Mauren lieben kleine Kinder.

Baba und Ahmed Saloum bekundeten große Zuneigung und Vertrauen gegenüber der Fremden, die sie mit ihrem leeren Revolver spielen ließ, mit ihrem Füllhalter, ihren großen, weißen Papierblättern und vielen anderen wunderbaren Gegenständen, die sie noch nie gesehen hatten.

Mit dem Erfolg, dass Ahmed Saloum, als er hörte, wie sein Vater einem Mann befahl, am nächsten Morgen mit mir aufzubrechen, verkündete, dass er mich selbst zum Posten von Mederdra begleiten wolle. Ich hätte ihn nur zu gern mitgenommen, aber ich muss zugeben, dass der alte *hartani* Meïmoun mir bessere Dienste leistete als ein kleiner Page von fünf Jahren.

Als die ersten Schatten des Abends kamen, war ich völlig erschlagen, angewidert von fremden Gerichten, vom Ungeziefer aufgefressen. Mein Kopf schmerzte von der lautstarken Musik, die Beine waren völlig verkrampft, nachdem ich sie so lange untergeschlagen hatte. Eine Atempause zur Stunde des Gebets nützend, ging ich ins Lager hinaus, in der Hoffnung, ein wenig Stille und Kühle zu finden.

Es war die Stunde, in der in Frankreich das Abendläuten über die stillen Felder klingt, wo der Rauch von den bescheidenen Dächern aufsteigt und die Spatzen in den großen Bäumen zanken.

Die Stunde, wo der Fremde an seine Heimat denkt …

In der großen Stille, die sich über die Dünen senkte, schwang sich die Stimme des Marabuts auf und ließ ihren gebieterischen Ruf erschallen: *Allahu Akhbar! Allahu Akhbar*! … Ein Schwarzer zerbrach die Äste für das Feuer des *méchoui*. Kochtöpfe brodelten vor den Zelten. Eine Frau stieß in regelmäßigen Abständen einen langen Schrei aus, den Namen ihrer Tochter. Und alle diese Geräusche vertieften noch die Stille, ohne ihren Frieden, ihre Sammlung zu stören. Es war so viel Raum da! Und mitten in dem grenzenlosen Raum das zerbrechliche, flüchtige Lager, so wenig nur, dessen Asche bald der Wind verwehen würde, bis alle Spuren ausgelöscht wären.

Vor einem Zelt machten Madame Emir, ihre Schwägerin und Toulou mir ein Zeichen, mich zu ihnen in den Sand zu setzen.

Hier zumindest gab es keine Zeremonien mehr. Fern vom Emir konnten sie ihrer Neugierde freien Lauf lassen. Während ihre schmutzigen kleinen Hände meine Kleider, meine Arme, meine Haare betasteten, stellten sie mir wortreiche Fragen, die Bendir übersetzte, der sich hinter mich gehockt hatte.

»Lalia fragt, ob die französischen Frauen niemals Kajal auf ihre Augen und Henna auf ihre Hände tun?«

»Warum machst du dir keine schöne Frisur mit Butter und Perlen? ... Warum bist du gekommen? ... Sie fragt, ob es dir hier im Trab-el-Beidane gefällt? Ist es wahr, dass die Frauen in Frankreich Geld geben, um sich zu verheiraten? ... Wo ist dein Mann?«

Es war unerhört, dass eine Frau in meinem Alter noch nicht fünf oder sechs Ehemänner erworben hatte. Der bloße Gedanke war ungehörig. Als sie meinen ledigen Stand erfuhren, waren sie wie vor den Kopf geschlagen, dann brachen sie in schallendes Gelächter aus und schlugen ihre Schleier über den Mund.

»Sie sagen, dass du vielleicht zu klein bist (was heißen sollte: zu mager). Du hast doch Toutou gesehen, sie ist groß! Das, bei Allah, ist komplett schöne Frau, akh! Wer sie heiraten will, der muss über fünfzig Kamele geben und viele Geschenke für alle Männer im Lager!«

Aus Höflichkeit machte ich dem jungen Mädchen ein Kompliment: »*Zeïn, zeïn ate!*«

Da ließ Lalia ohne Umschweife die Schleier ihrer Tochter fallen und entblößte die Fettwülste ihres Oberkörpers, zeigte stolz die Schultern und Hüften, wo die überdehnte Haut von dünnen rosa Rissen durchzogen war.

Besser als jede Beschreibung geben die Zahlen eine Vorstellung von Toutous Schönheit: Sie war so groß wie ein Kind von elf bis zwölf Jahren und wog gut achtzig Kilo. Ein Mann, wahrscheinlich ein reicher Stammesführer, konnte stolz auf die Heirat mit ihr sein, denn die Korpulenz einer Frau bezeugt den Reichtum ihres Mannes.

Ich musste mir alles genau ansehen, betasten, in Bewunderungsrufe ausbrechen. Toutou, das gemästete Wüstenkalb, der weiblichen Koketterie und männlichen Eitelkeit geopfert, blieb unbewegt, ließ alles mit sich geschehen. Sie wusste, mit welchen Qualen kleine Mädchen das Privileg bezahlen müssen, ein Luxusgeschöpf zu sein.

Und ich sollte es auch bald erfahren.

Der runde Mond sagte mir, dass bald Mitternacht war. In meinem Zelt schnarchten meine drei Begleiter und einige Freiwillige friedlich vor sich hin. Die Gewehre dienten als Schlummerrolle und die Patronentaschen als Kopfkissen. Ein halbes Dutzend *seraouil* hingen an den beiden gekreuzten Stangen, die das Zelt abstützten. Ich lauschte auf das monotone Wiederkäuen einer Kuh, die an dem schweren Stoff lehnte, der unseren Unterschlupf bildete. Ein paar Lämmer schliefen zu meinen Füßen. Alles war friedlich und wie immer.

Ich sinnierte schläfrig über die Wechselfälle des Lebens nach und über meine unbestreitbar originelle Lage, wie ich da unter einem Baldachin aus schmutzigen Hosen zwischen diesen fast unbekannten Männern und den Tieren lag, als mich plötzlich ein wildes Schmerzensgebrüll aus meinen Träumen riss.

Eine schimpfende Männerstimme wechselte mit einer Kinderstimme ab, die unverständliche Worte stammelte, von Schluchzern unterbrochen. Die Schreie wurden immer lauter, erstickter, flehentlicher. In den Worten des Mannes kehrte unablässig der Ausdruck *Charbi!* wieder (»Du trinkst!«).

Kurz entschlossen schlüpfte ich nach draußen, leise, um die Schläfer nicht zu wecken, die mich vielleicht daran gehindert hätten, dieses Geheimnis zu ergründen.

Nicht weit entfernt flackerte auf der Schwelle eines Zeltes ein schwaches Licht. Von dort kamen die Schreie. Vorsichtig schlich ich an den Tieren vorbei, die im Dunkeln versteckt waren, an den erloschenen Feuern, den verhedderten Seilen und allen Hindernissen, die ein Zeltlager einer nächtlichen Streunerin in den Weg legt, bis ich einen Busch erreichte, in dessen Geäst verborgen ich sehen konnte, ohne gesehen zu werden.

Und was ich sah, erfüllte mich mit Entsetzen.

Von einer alten Dienerin festgehalten, schlug die arme Toutou auf ihrem zerwühlten *faro* wild um sich.

Was in aller Welt machte dieser kniende Mann zu ihren Füßen? Ich robbte seitlich zum Zelt hin und sah, dass er die Zehen der armen Kleinen zwischen zwei Kamelstöcken quetschte. Das musste eine grausame Folter sein! Jedes Mal, wenn das Opfer den Mund öffnete, um zu protestieren, ergriff der Mann, seine *tebbus* loslassend, eine große Kalebasse und zwang die arme Toutou zu trinken. Sie sabberte, weinte, presste die Zähne zusammen; ihr Henker schlug wieder auf sie ein, zermalmte ihr die Zehen und die Hände.

Und plötzlich, als er sich zu seiner Komplizin umwandte, erkannte ich Meïmoun!

Was, Meïmoun? Der Vertrauensmann, der Onkel der Kinder von Ould Deïd? Ach, wenn Lalia ihre Tochter sehen könnte, auf die sie so stolz ist und die von diesem brutalen Kerl gefoltert wird!

Was sollte ich tun? Ould Deïd alarmieren? Wie sollte ich im Dunkeln den Weg zu seinem Zelt finden? ... Um Hilfe rufen? Die Elenden würden fliehen, bevor die Leute wach wurden! Besser, ich zeigte mich und machte dieser Folter sofort ein Ende.

Aber als Meïmoun mich im vollen Licht auftauchen sah, war er überhaupt nicht betroffen, sondern schenkte mir das strahlende Lächeln eines Mannes, den man in Erfüllung seiner Pflichten antrifft. Toutou, die einen Augenblick befreit war, zupfte ihr Kleid zurecht und murmelte: »*Alik essalam!* Der Friede Allahs sei mit dir!«

Die alte *hartani* vertraute mir mit verzweifelter Miene an, dass Toutou wirklich nicht brav sei, Meïmoun habe schon viele Mädchen für ihre Hochzeit gemästet, keine habe ihm aber so viele Scherereien gemacht wie Toutou. Dennoch nehme ihre Schönheit zu, und ein so erfreuliches Ergebnis, das zeige, wie günstig Moulanah ihr gesinnt sei, hätte sie dazu bringen sollen, ihre Milch zu trinken.

»Toutou, meine Freude, mein Auge, trink, um schön zu sein, schön wie der Mond ... Trink, o mein Täubchen!«

Von meiner Gegenwart eingeschüchtert, leerte das »Täubchen« recht und schlecht die Kalebasse, die zwei bis drei Liter Milch enthielt. Es kostete nur fünf oder sechs Stockschläge, ein paar Komplimente und viele Gebete. Dann streckte das arme Kind sich ächzend auf der Matte aus und schlief ein, während die Dienerin fortging, um ihre besten Kühe für die nächste Ration zu melken.

Meïmoun gab mir mit den ausgestreckten Fingern seiner rechten Hand zu verstehen, dass Toutou vom Abend bis zum frühen Morgen fünf Kalebassen trinken musste, die Milchproduktion von einem halben Dutzend Kühen. Sie machte ein solches Theater, dass ihre Eltern sie nicht in ihrem Zelt behalten konnten, und er, Meïmoun, hatte die ganzen Scherereien davon.

Er musste sie auch frisieren, sie »überall« rasieren, sie vom Ungeziefer befreien, ihr die Schleier und ihren Schmuck überstreifen. Meïmoun war auch derjenige gewesen, der dem *mâllem* geholfen hatte, ihre neuen Eckzähne zu ziehen, damit die Schneidezähne schön auseinander stehen konnten, damals, als sie noch ein glückliches kleines Mädchen war, nackt und dünn wie eine junge Gazelle. Und wiederum er, Meïmoun, hatte das Messer geschliffen, mit dem der Arzt des Lagers Toutou zwölf Tage nach ihrer Geburt beschnitten hatte. Und bald würde Meïmoun das Hochzeitszelt aus weißem Tuch errichten, in dem Toutou Nacht für Nacht von der Griotte ihrem Ehemann zugeführt wurde – eine kleine, heimliche und indifferente Gattin, die ein Jahr lang vor Tagesanbruch in das väterliche Zelt zurückgekehrt sein musste.

Ja, Meïmoun liebte Toutou wie seine eigene Tochter, aber es waren einfach zu viele Sorgen für einen Mann seines Alters, und er war überaus froh, dass er morgen mit der Fremden abreisen konnte, fern von Lalias Ansprüchen und Toutous Launen!

Es war keine Rede mehr davon, um Hilfe zu rufen! Ich kehrte in mein Zelt zurück. Und prompt brachte ein Sklave mir »Schafsmilch«, vor der mir graute. Als ich endlich einschlief, dachte ich immer noch an all die kleinen Mädchen in den reichen Zeltlagern, die gemästet werden wie Toutou, die leiden, um schön zu sein, und manchmal daran sterben.

In Mauretanien schläft man nie lange. Nach einer so turbulenten Nacht hätte Moulanah mir das schmetternde Morgenständchen ersparen können, mit dem Sid Ahmed, der Griot, mich im Morgengrauen weckte.

Meine Zeltgefährten waren schon aufgestanden. Ein Diener zündete das Feuer an. M'Hammed goss aus einer ziemlich schmutzigen Kalebasse vorsichtig eine schaumige Milch in meinen Feldbecher, während er auf die Oberfläche pustete, um die Haare und Strohhalme zu entfernen, die darin herumschwammen. Das hatte den doppelten Vorteil, seinen Diensteifer mir gegenüber zu zeigen und den fettigen Rand der Kalebasse vor der Berührung mit den unreinen Lippen einer Christin zu bewahren. Auf diese Weise konnten er und seine Freunde den Rest der Milch trinken, ohne eine Sünde zu begehen.

Hinter einem Sklaven, der mit dem Tee und den Zuckerblöcken beladen war, tauchte der Emir auf, flankiert von Selmou und Mokhtar. Ich wickelte mich aus meinem *faro* heraus und setzte mich darauf, so würdevoll wie möglich, um meine Besucher zu empfangen.

Ould Deïd bedauerte es sehr, dass dieser Tag, der doch so schön hätte sein können, unglücklicherweise der Tag meiner Abreise war.

Auch er, genauso wie sein Bruder, hätte mich gern für immer in seinem Lager behalten, das von nun an das meine war.

Da ich aber abzureisen wünschte, bat er Moulanah, meine Reise zu segnen. Das schöne blonde *azouzel* gehörte mir, solange ich es wünschte; Meïmoun hatte den Befehl, mir zu gehorchen wie seinem eigenen Herrn und in den Lagern alles zu verlangen, was ich brauchte. Mokhtar legte zwei Zuckerblöcke und einen kleinen Sack Tee für unterwegs neben mich.

Ould Deïd nahm jetzt, die Lider halb geschlossen, einen Ausdruck an wie jemand, der am entscheidenden Punkt des Gesprächs angekommen ist.

Nun also: Er hatte sein Möglichstes getan, um mich gut aufzunehmen. Er hoffte, dass ich zufrieden war und dass ich beim Bezirkskommandanten ein gutes Wort für ihn einlegte.

Mit gerunzelten Brauen ließ er nachlässig Sand zwischen den Fingern seiner angespannten Hand durchrieseln. Eine schöne, aristokratische Hand, lang und sehnig; die Hand eines Anführers, für den die Feinde nicht mehr zählten als dieser rinnende Sand.

Ja, die *Nçrania* würde nach ihrem Herzen sprechen und nach Gottes Willen, aber sie möge wissen, dass Ould Deïd weder Kamele noch Schafe noch Geld brauchte, sondern nur wünsche, dass sie Gutes über ihn in den französischen Zeitungen berichte.

So mächtig ist die Presse, selbst in der Sahara!

Dann sagte er mir noch das Folgende, das sicher nicht vertraulich war und wichtig sein musste, da er mich nach Boutilimit mitgenommen und acht Tage gewartet hatte, ehe er es mir in aller Ruhe kundtat:

»Der Franzose ist stärker als wir, aber wir sind stärker als der R'Gueïbat und der Spanier. Dennoch verbietet der Franzose uns, nach Rio de Oro zu gehen und den Tribut zu fordern, den die R'Gueïbat den Trarza schulden. Warum, wo doch die R'Gueïbat genauso schlecht zu den Franzosen sind wie zu uns? Nur die Trarza unter meinem Befehl können die R'Gueïbat mühelos besiegen ... Ich kenne die Route nach Smarna gut ...«

Ould Deïds Stimme war schwer von Erinnerungen. Er hatte den Sand von Trarza mit dem Abdruck seiner Faust markiert und Smarna mit einem Kamelfladen; sein Zeigefinger zeichnete von einem Ende zum anderen die lange Piste nach, der er mit Oberst Mouret gefolgt war.

»Was macht es schon, dass der Rio den Spaniern gehört, wenn wir dorthin zögen? Die Beidane sind überall zu Hause, wo es Sand und Brunnen gibt. Verstehst du: Wir nehmen die Kamele, die die R'Gueïbat uns schulden, und wir teilen sie mit den Franzosen, die außerdem noch die Steuern für unseren Anteil bekommen. Schließlich ist es in ihrem Interesse, dass wir reich werden!«

Mit seinen geöffneten Händen, die Handflächen nach oben gekehrt, bezeugte er seinen guten Willen und die Vorteilhaftigkeit seines Plans.

»Ja, nur die Angst vor den französischen Gerichten, die unsere Beute konfiszieren würden, hindert uns daran, aufzubrechen ... Einmal schöpfte ich Hoffnung. Es war nach der Affäre von Moutounsi. Ich bin mit vierhundert Kriegern aufgebrochen, und ich habe den Ort gezeigt, wo sich das Lager des *rezzou* von Mohammed-el-Mamoun befand. Der Gouverneur hat mir verboten weiterzumachen. Der *rezzou* hat die Herden von Brakna geplündert, und wir sind mit leeren Händen in den Trarza zurückgekehrt, ohne gegen diese Hunde kämpfen zu können! ... Was wir brauchen, sind Waffen, Patronen und die Freiheit! Dann werden die Franzosen Ruhe im Norden haben ... Vor langer Zeit haben die R'Gueïbat sich in Saint-Louis unterworfen, und nachdem sie Waffen und Geschenke bekommen haben, sind sie wieder abtrünnig geworden und in die Seguiet-el-Hamra zurückgekehrt. Und selbst jetzt noch, glaubst du denn, dass alle Waffen der Leute im Norden spanisch sind? Ihre Abgesandten kaufen heimlich Waffen bis in den Senegal hinein. Akh! Und für uns, nichts! …«

Nachdem er gesagt hatte, was er mich wissen lassen wollte, blieb Ould Deïd schweigend sitzen und träumte von den schönen Kamelen der R'Gueïbat, die in aller Seelenruhe im Rio de Oro weideten.

Ein Tabakblatt zerkrümelte unter seinem rechten Zeigefinger in seiner linken Handfläche. Er stopfte seine eiserne Pfeife, zündete sie an meiner Zigarette an und nahm einen langen Zug, ehe er die Pfeife an Meïmoun weiterreichte, der sie Mokhtar gab, der sie wiederum seinem Herrn zurückgab.

La ilaha ill'Allah! Gottes Wille war schwer zu akzeptieren, wenn er sich durch den der Franzosen kundgab.

Der Emir stand auf, schüttelte den Sand von den Falten seiner Tunika und ging hinaus, um mich meinen Vorbereitungen zu überlassen.

Die diplomatische Rolle, die mir zugewiesen worden war, erschien mir schmeichelhaft, aber die Stunde war zu weit vorangeschritten, als dass ich die Zeit gehabt hätte, mir darin zu gefallen und herauszufinden, wie viel Wahrheit in den Worten meines Gastgebers enthalten sein mochte.

Ich rechnete ohne Erbarmen mit dem traurigen Ahmeddou ab. Ich sprang in den Sattel, drehte mein ungeduldiges Mehari um und rief dem Emir und seiner Familie, die mich Gott befahlen, noch einmal meine Dankbarkeit zu.

Einige Monate später musste Ould Deïd erleben, dass die Franzosen wirksamere Mittel als die Seinen hatten, um im Norden einen Frieden herzustellen, der ganz und gar nicht von derselben Art war wie der der Mauren.

5 Die Salinen von Dahar

Wir marschierten nach Mederdra.

Der Wunsch, die Salinen von Dahar zu sehen, trug also den Sieg davon. Aber zuvor musste ich wissen, wie es Marion ging, und sie über mein neues Projekt informieren. Ich hatte daher beschlossen, diesen Umweg zu machen, um mit ihr in Mederdra zu telefonieren. In Mauretanien verlieren die Entfernungen wie die Zeit ihre Bedeutung, und es erscheint einem ganz selbstverständlich, achtzig Kilometer Umweg in Kauf zu nehmen, um die nächste Telefonstation zu erreichen.

Ich stellte mir vor, wie beunruhigt Marion war, denn nach den Vorhersagen des Kommandanten hätte ich bereits in Boutilimit zurück sein müssen. Und so spornte ich mein Kamel an und zwang meine Eskorte, die weniger gute Reittiere hatte, mir zu folgen.

Vor allem Meïmoun war in einer elenden Lage. Der Emir hatte ihm ein erschöpftes Kamel aufgezwungen, mit der freundlichen Empfehlung, es im Busch auszuwechseln. Als ob das so einfach gewesen wäre! Anfangs trottete er hinter uns her. Jedes Mal, wenn ich mich umdrehte, entschwand seine Silhouette noch weiter in der Ferne, der Kopf, glatt wie eine polierte Akazienholzkugel, die langen mageren Beine, die erbarmungslos die Flanken seines apathischen Reittiers peitschten. Den ganzen Tag erhaschte ich nur flüchtige Blicke auf ihn, einmal auf einem ausgemergelten Jungkamel, dann wieder auf einer alten Schindmähre, die er von der Weide gestohlen hatte. Manchmal klammerte der Hirte sich an seinen Besitz und nahm Moulanah zum Zeugen, dass dieses Tier bereits requiriert oder von einem Salzkonvoi gemietet oder ihm von

Odette du Puigaudeau und ihre Freundin Marion Sénones an Bord der »Belle Hirondelle« im Hafen von Douarnenez, am 28. November 1933. Mit der »Schönen Schwalbe«, einem Langustenkutter, fahren die beiden Frauen bis nach Mauretanien.

Die Autorin auf der »Belle Hirondelle«. Unterwegs helfen Odette du Puigaudeau und ihre Freundin beim Netzeflicken und Langustenfang. Zu jener Zeit bietet die westafrikanische Küste den bretonischen Fischern gute Fanggründe.

Odette du Puigaudeau und Marion Sénones auf dem Rücken ihrer Kamele, 1934.

Die Autorin mit Angehörigen der Ahmed ben Dahman, eines dem Emir von Trarza verwandten Nomadenvolks.

Odette du Puigaudeau auf ihrem Reitkamel.

Wo immer die Karawane rastet, wird ein Feuer entfacht und stark gezuckerter Tee zubereitet. Es ist damals üblich, dass jedem vier Gläser Tee gereicht werden.

Ahmed Ould Deïd, der Emir von Trarza, und seine Familie. Odette du Puigaudeau zieht mit der Karawane des Emirs durch die Wüste und wird in seinem Lager fürstlich empfangen.

Maurin mit einem Musikinstrument, das aus einer langen, perforierten Kalebasse gefertigt ist. Odette du Puigaudeau und Marion Sénones werden von den Nomaden oft mit Musik, Gesang und Tanz begrüßt.

Eine Nomadin steigt in den *bassour*, den maurischen Frauensattel.

Die berühmten Griottes Menina (Mitte), Aya und ihre Mutter, die in Aleg ein viel beachtetes Konzert geben. Ihren Bewunderern in anderen Gegenden bringen sie ihre Lieder über das Telefon des Postens zu Gehör.

Odette du Puigaudeaus Karawane; in der Mitte ihre Begleiter M'Hammed und Mokhtar Saloum. Umgebung von Aleg, März 1934

In vielen Nomadenlagern werden Odette du Puigaudeau und ihre Freundin durch große Festlichkeiten geehrt, bei denen Kriegerparaden, Reiterspiele und erotische Tänze einander abwechseln.

Der Tanz der Sklaven. Stöcke wirbeln durch die Luft, die erfüllt ist von Schreien, Gelächter und Staub.

einem gefürchteten Stammesführer anvertraut worden sei und dass diese Geschichte ihn ins Gefängnis bringen würde. Doch der *hartani* eines Emirs lässt sich nicht so leicht ins Bockshorn jagen, und Meïmoun setzte seinen Weg fort, mit einem widerstrebenden Passagier hinten im Sattel.

Die Kamele, die man nicht mehr will, überlässt man einfach der Gnade Gottes, und sie finden im Allgemeinen zu ihren Lagern zurück, sofern sie nicht unterwegs von anderen Reisenden ausgeliehen werden. Das kann sie sehr weit fort führen.

Eines Tages – im folgenden Mond oder Jahr –, wenn der Besitzer das Bedürfnis hat, außerhalb des Gebiets seines Clans zu reisen, Geschichten zu hören und zu erzählen, anderes Essen zu schmecken und andere Frauen anzusehen als die in seinem Zelt, entschließt er sich, das verlorene Kamel zu suchen. Er reist in kleinen Tagesetappen, auf der Jagd nach Neuigkeiten und frisch gebrühtem Tee, wobei er keine Begegnung, keinen Umweg auslässt. Er hat keine Eile, keine Sorge. Die Zeit zählt nicht, denn irgendwann, und sei es am anderen Ende des Landes, wird er immer auf die Spuren des Tieres stoßen, das seine Brandmarke am Hals trägt.

Ein Nomade speichert in seinem Gedächtnis die Abdrücke von hundert Kamelen, hundert Menschenfüßen.

Auf diese Weise verbreiten sich die Nachrichten, vermischt sich das Blut der einzelnen Völker und wird das soziale Leben im Trab-el-Beidane aufrechterhalten.

Gegen Mittag erreichte ich den Brunnen von Inierk, und da ich nicht wissen konnte, ob die Ehemänner all dieser Frauen, die sich neugierig um mich drängten, im Lager waren, ließ ich die Knie meines Reittiers fesseln, das vor meinem Zelt wartete. So hoffte ich jede faule Ausrede, dass man ein verirrtes Kamel habe suchen müssen, von vornherein zu unterbinden.

Ich beendete gerade meine Mahlzeit aus gekochter Hirse, mit Sauermilch übergossen, als ein alter Marabut grüßend in das Zelt trat. Er setzte sich mir gegenüber und betrachtete mich lange.

»Ich danke Moulanah, der dich in mein Lager geführt hat. Wie hätte ich hoffen können, dich zu sehen, da du, nach Norden reisend, schon Boutilimit erreicht hattest ... Wo ist deine Schwester?«

Mohamden-ould-Soufi kannte, ohne dass er sich von diesem abgelegenen Brunnen fortbewegt hatte, unsere ganze Reiseroute von Port-Étienne an, die Namen unserer aufeinander folgenden Weggefährten, die der Nomaden, bei denen wir übernachtet hatten. Er hatte sich gewünscht, uns ebenfalls zu empfangen, und machte sich Gedanken, weil Marion nicht dabei war!

Ein anderer Alter hockte sich neben uns.

»Der hier ist aus seinem Lager gekommen, weil er von deiner Ankunft gehört hat.«

Mein Gastgeber holte aus einer alten Tasche ein Bündel Papiere, die mit einem Lederriemen zusammengebunden waren, dann knüpfte er das Bündel sorgfältig auf und überreichte mir zwei Briefe. Auf dem einen, klein und gelb, an den Rändern ausgefranst, stand das Folgende, in einer ruhigen, energischen Schrift verfasst:

»Mohamden-ould-Soufi, Mitglied der *djemâ* des Stammes Ouled Daïman, erhält die Erlaubnis, sich nach Mederdra in Saint-Louis zu begeben.

6. Januar 1904.

Der delegierte Generalsekretär, im Auftrag des Generalgouverneurs der maurischen Länder, Coppolani.

Während ich las, nickte Mohamden mit seinem schönen Patriarchenkopf, wie um die großen Zeiten seiner Jugend zu bestätigen. Nach dreißig Jahren war auf diesem Stück karierten Papiers, aus irgendeinem Notizbuch gerissen, noch die Schrift des Friedenshelden lebendig, in dieser banalen Weisung, die Mohamden zusammen mit den Briefen von Cheikh Sidia und den Abschriften wundertätiger Gebete getreulich aufbewahrt hatte.

Das andere, größere Blatt war ganz neu. Darin las ich mit Bestürzung, dass »Mohamden-ould-Soufi, Anführer des Clans Idag-Bahani, vom Stamm der Ouled Daïman«, hundert Franc für sich und hundertfünfzig Franc für seinen Clan einbezahlt hatte, als »freiwilligen Beitrag zur finanziellen Sanierung durch Tilgung der kurzfristigen Schuld.«

Was in aller Welt ging den alten Hirten die »finanzielle Sanierung etc.« an?

»Warum hast du das bezahlt?«

»Ich wollte dem Beauftragten für besondere Aufgaben einen Gefallen tun.«

Der Beauftragte für besondere Aufgaben ist die gefürchtete Persönlichkeit, die in den einzelnen Posten die Aufgabe hat, die Steuer zu erheben.

Je weiter wir nach Süden kamen, desto bewaldeter wurde der Busch. Die blühenden Gummibäume ließen an ihrer Rinde dicke gelbe Tränen heruntertropfen, die von Sklaven mit Hilfe einer kleinen Sichel an einem langen Stock geerntet wurden. Sie arbeiteten fünf Stunden für ihre Herren, zwei für sich selbst.

Der Gummi, einst eine wichtige Handelsware, die an Bord der europäischen Schiffe, an den Umschlagplätzen am Fluss, gegen Glaswaren und Baumwollstoffe (dem berühmten Guineatuch) getauscht wurde, ist heute vom Dextrin verdrängt. Der Süden Mauretaniens produziert noch dreitausend Tonnen im Jahr, zu einem Spottpreis, der 1927 von sechs Franc auf 1,25 Franc und 1934 sogar auf einen Franc gefallen ist. Die Gummibäume, die altershalber absterben oder durch die schlechte Behandlung von Mensch und Tier zu Grunde gehen, werden nicht ersetzt, denn die Bäume gehören Gott, der allein die Macht hat, wachsen zu lassen, was ihm gut dünkt. Eine Palme oder einen Gummibaum zu pflanzen ist eine vermessene, gottlose Tat. Dieser Aberglaube wird umso bereitwilliger respektiert, als er der Faulheit und Gleichgültigkeit der Einheimischen entgegenkommt.

Die Savanne und die Büsche, alles war schon vertrocknet, aber diese toten Blätter waren einmal grün gewesen, und man konnte sich leicht ihre flüchtige üppige Frische nach den Septemberregen vorstellen.

Ein milder Abglanz war davon noch übrig. Zwischen den entlaubten Büschen hatten die durchziehenden Herden Hohlwege hinterlassen. Hier und da ließen hohe Hecken an winterliche Weißdornbüsche denken. Und staunend sah man durch eine Lücke in der Hecke statt einer weißen Strohhütte ein einsames Zelt, schwarz wie ein Rabenflügel, über die Stoppeln hingebreitet. Der jakobinische Kuckuck wiederholte endlos seine beiden traurigen Töne. Raue Schreie ausstoßend, beschrieben Geier und Milane große Kreise über den Wäldern, in denen die Turteltauben klagten.

Gegen Abend folgten wir der französischen Piste, die Mederdra mit Nouakchott verbindet. Die Tributpflichtigen, die die Wagenspuren mit hartem Stroh auffüllten, damit die Lastwagen durchfahren konnten, grüßten und zeigten M'Hammed das nächste Lager – das von Boudafia. Es lag abseits, gut versteckt hinter den Gummibäumen.

Wir konnten genauso gut hier übernachten, da wir Mederdra heute Abend ohnehin nicht mehr erreichen würden.

Es war ein Lager von Marabuts, und meine drei Gefährten zeigten eine große Verehrung für den alten Mokhtar, der uns empfing.

Die Frauen und ihre Sklavinnen versüßten mir die Ruhe mit einem Tamtam, das ganz anders war als das der Kriegerlager.

Eine Vorsängerin psalmodierte Strophen, die sie auf einer Trommel rhythmisch begleitete; zwei Frauenchöre wechselten in den Responsorien ab. Die Stimme der Vorsängerin war tief und schön; die der Choristinnen besaßen eine unsagbar wilde Traurigkeit. Ihre Gesänge waren fromme Hymnen, die Geschichte der Propheten, lange Berichte über das Fortwandern. Um den knienden Chor tanzten andächtig andere Frauen, schwarze Schleier vor dem Hintergrund der blauen Nacht entfaltend, langsam, stumm wie große Fledermäuse. Wenn sie im Strahl der Lampe vorübertanzten, tauchte ein flehentlich zum Himmel erhobener Arm aus dem Dunkel auf, ein gekrümmter Rücken, ein sorgengebeugter Nacken.

Ich sollte auf der ganzen Reise nie wieder ein Tamtam dieses Stils sehen, und nichts führte mir jemals den Fatalismus, die vollkommene Resignation dieses im Gebet verharrenden, im Wüstensand hingeworfenen Volkes vor Augen wie jene frommen Musikerinnen, die aus dem Schatten und der Vergangenheit aufgetaucht waren.

Auf einer kleinen weißen Straße, die sich zwischen dem Buschwerk und den mit hohen, wie zur Ernte reifen Gräsern bedeckten Prärien hinschlängelte, erreichte ich am nächsten Tag Mederdra.

Um elf Uhr betrat ich den Hof des Postens.

Vier oder fünf gelbe Lehmhäuser, über die der Schatten von Jerusalemdornen einen duftigen Spitzenschleier warf. Blühende Rabatten. Tennis. Kleines Fort. Taubenschwarm. Dorf aus Zelten und Hütten. Weiter unten ein riesiges, graues Tal, das sich nach Südosten in Richtung Kachim zog, die »Nasenspitze« der letzten Dünen.

Der Kommandant des Postens war abwesend. Der Beauftragte für besondere Aufgaben nahm mich in Empfang.

Trotz vorausgehender Erfahrungen hatte ich mich immer noch nicht an die koloniale Gastfreundschaft gewöhnt. Hier sollte bald eine dauerhafte Freundschaft daraus werden.

Der Beauftragte für besondere Aufgaben schien ein wenig verwundert über den Beidani, der sich als Französin entpuppte, und fragte mich, woher ich käme.

»Vom Lager des Emirs.«

Als er mir Erfrischungen und einen Platz zum Ausruhen anbot, antwortete ich förmlich, dass ich ihn nicht stören wollte ... Ich würde nicht lange bleiben, nur bis ich mit Boutilimit telefoniert hatte, danach würde ich zu den Salinen weiterreisen.

Mein Gastgeber lachte und versicherte mir, dass man im nordafrikanischen Hinterland nicht einfach achtzig Kilometer Umweg wegen eines Telefongesprächs mache, so wie in Paris einen Umweg von fünf Minuten, um schnell in ein Postamt zu gehen, und dann zog er mich zu seinem Haus hinüber. Ich schätze, mein Anblick überzeugte ihn auch, dass ich eine Dusche und eine große Wäsche dringend nötig hatte. Eine Stunde später, als ich mich über Marions Schicksal beruhigt hatte, saß ich vor einem stärkenden Frühstück, sauber gewaschen, meinen Durst ausgiebig gelöscht, von einer Bluse und einem *siroual* umschlottert, die mir mein Gastgeber geliehen hatte.

Erst jetzt spürte ich meine Müdigkeit, und nach dem Gewaltmarsch brauchten auch die Kamele eine Ruhepause. Ich brach also erst am übernächsten Morgen auf, nachdem ich die Gastfreundschaft des Kommandanten und seiner Frau genossen und mich bei den Händlern des Dorfs mit Tee, Zucker und Tabak verproviantiert hatte, und nahm mit meiner kleinen Eskorte die Straße nach Dahar.

Gleichzeitig mit mir, aber in die entgegengesetzte Richtung, reiste eine andere Karawane ab, die eines polnischen Veterinärs, der von Brunnen zu Brunnen zog, um die Herden gegen die Maul- und Klauenseuche zu impfen. Die Mauren praktizieren übrigens seit langem selbst eine Art empirische Impfung mittels eines Einschnitts in die Mäuler ihrer Kälber.

Hier beobachtete ich, nicht ohne Betroffenheit, wie die Karawane eines Europäers aussehen muss, der etwas auf sich hält. Eine Begleiterschar schnallte Kisten und Koffer auf den Packkamelen fest. Ein schwarzer Boy verstaute das Feldbett, die Decken, den Klapptisch und den Klappstuhl, die Kanister, den tragbaren Ofen und den Konservenvorrat. Der Europäer prüfte seine Präzisionswaffen.

Das Ganze war sehr eindrucksvoll, gewiss, aber ich stellte mir vor, wie viele Befehle es tagtäglich kosten würde, all diese Dinge nutzbringend zu verwenden, und ich zitterte bei dem Gedanken an die Komplikationen, die mit so viel Komfort einhergingen.

Wie einfach war doch im Grunde genommen eine Reise in der Sahara! War es also nur ein schöner Spaziergang?

Ich war jetzt in der Lage, problemlos ein Kamel zu reiten und mich dem Wiegen seines großen, geschmeidigen, tänzerischen Schritts zu überlassen. Mein schönes *azouzel* reagierte auf das leiseste Murmeln, den sachtesten Druck meines Fußes gegen die heiße Wolle seiner Schulter. Ich hatte erfahren, wie schön es sein kann, dieses innige Einverständnis mit dem Tier, das einen trägt, aber ich wusste noch nicht, was es heißt, Rücksicht auf sein Reittier zu nehmen, seine Kräfte zu schonen, eine Weide zu suchen, sich während der unvermeidlichen Ruhepausen in Geduld zu üben.

Bei jeder Etappe fand ich Unterschlupf in einem Zelt, nahm an der Mahlzeit der Nomaden teil, und wenn unsere gefesselten Tiere sich mit kleinen Schritten entfernten, um ihre Nahrung von den dornigen Zweigen zu pflücken, und hier und da ein Büschel trockenes Stroh, dann wusste ich, dass ich mir keine Sorgen um ihr Schicksal machen musste.

Meine Führer, noch ganz am Anfang ihrer Hoffnungen und im ersten Eifer, überschütteten mich mit Aufmerksamkeiten, filterten sorgfältig das Wasser der *gerbas* durch die Stofffalte einer Tunika und säuberten das Fleisch von seiner Schmutzkruste aus Sand und Asche, ehe sie mir die besten Stücke anboten. Meine *tassufra* hatte weniger Geheimnisse für M'Hammed als für mich. Mein Revolver schlummerte irgendwo ganz unten, in ein Stück Perkal eingewickelt. Die Mauren hatten sich sehr darüber amüsiert. Die Europäer hatten darüber geschmunzelt und gesagt, im Notfall tauge er höchstens dazu, mich selbst umzubringen, um meine Tugend zu verteidigen. Da ich jedoch der Meinung bin, dass eine lebende Sklavin besser ist als eine freie, aber tote Frau, hatte ich mich ohne Bedauern davon getrennt.

Ja, dieses Leben war schön unter dem unveränderlich blauen Himmel. Ich führte es schon fünf Wochen, und mir war, als hätte ich immer so gelebt, und ich wünschte mir nichts anderes mehr.

Jeden Abend ließ ich mich von der Bewunderung der naiven Marabuts, den Lobreden Meïmouns, den Schmeicheleien der beiden Krieger einlullen und gefiel mir darin, dass ich die Königin dieser kleinen Welt war.

Und ich konnte mir nicht vorstellen, dass dieses wunderbare Leben jemals ein Ende nehmen würde, denn ich wusste noch nichts von der Erschöpfung, dem Hunger, dem Durst, dem Sandwind und den Stürmen, der Unzuverlässigkeit der Mauren, der Krankheit, die man von Etappe zu Etappe unter einer immer heißer werdenden Sonne mitschleppt, der großen Einsamkeit des Nordens, wo die Nomaden die ausgetrockneten Brunnen fliehen und in den kahlen Weiten der Wüste umherirren, und von den Prüfungen, die diese Zukunft, die ich mir in so schönen Farben ausmalte, für meine Freundin und mich bereithalten würde.

Am Abend des zweiten Tages erschien zwischen den Dünen, die den Horizont im Westen versperrten, ein Einschnitt, der sich nach und nach zu einem riesigen Talkreis verbreiterte. Die hohen Dünen von

Charim, von der untergehenden Sonne angestrahlt, umgaben mit einem Flammengürtel einen seltsamen, leuchtenden und reglosen See. An dem weißen Sandstrand, der ihn säumte, vegetierten dunkelgrüne Salicorne dahin, vom Wind verkrümmt, wie die in den bretonischen Salzsümpfen. An den Hängen der Dünen sah ich wieder die mageren Wolfsmilchgewächse und Titarek wie in Agneitir.

Wir kamen jetzt in die Gegend von Dahar, und diese Sebkha mit ihrer majestätischen Traurigkeit war die Saline von Touidermi. Hinter Charim und dann jenseits einer langen, platten, schmalen Ebene, des Aftout, und der Steilküste der Dünen von Sbar lag der Ozean, ein Dutzend Kilometer von Touidermi entfernt. Ein eisiger Wind brachte den Seegeruch und das Rauschen der Brandung bis zu den alten, verlassenen Ufern.

Beim Näherkommen entpuppte sich der erstarrte See als Chaos von grauem, hart gebackenem Schlamm, der von den Gruben durchzogen war, in denen das Salz gewonnen wurde. Am Rand der Sebkha warteten Salzsäcke und Salzbarren auf das Vorüberkommen einer Karawane.

Die Sklaven des Kadis von Mederdra, die die Saline von Touidermi ausbeuteten, kamen, nachdem sie ihr Tagwerk beendet hatten, zu uns gelaufen und feierten uns, so gut sie konnten, in ihren bescheidenen Zelten.

Ich verließ sie in aller Frühe am nächsten Morgen, um zu der großen Sebkha von N'Térert zu gelangen, der bedeutendsten an der ganzen Küste. Auch sie war von einer majestätischen Kulisse umgeben, einer Dünenlandschaft von einfachen, edlen Linien, und zwar der von Térouma, aber N'Térert, das noch größer ist als Touidermi, nimmt eine Fläche von achtzehn Hektar ein.

Als ich ankam, war die Hauptsaline in vollem Betrieb. In jedem Loch schöpften Schwarze, einen Lumpen um die Hüften, mit Kalebassen, hohlen Schaufeln und alten Konservendosen die schlammige Salzlake heraus, die ihnen bis zu den Knien ging. Die Spritzer, die nach und nach von Wind und Sonne getrocknet wurden, bedeckten ihren Körper wie eine glänzende Kruste.

Eine Eselsherde trottete zwischen den Salicornen dahin. Jedes der Tiere trug zwei zehn bis fünfzehn Zentimeter dicke Salzplatten, die zusammen ungefähr hundert Kilo wogen. Andere, ähnliche Platten, weiß und hart wie Marmor, ruhten zwischen den Schürfstellen; und die Platten, die Gruben, die aufklafften wie leere Gräber, die erbarmungswürdigen Menschen, die wie Totengräber schufteten, verstärkten noch die düstere Größe des trostlosen Ortes.

In N'Térert wie in Touidermi liegt das Salz unter einer Hülle aus lehmhaltigem Schlamm, mit Sand vermischt, in Form von kompakten, regelmäßigen Platten, die von den Sklaven mit Axthieben zertrümmert werden. Es sind vier Schichten, durch ein paar Zentimeter Schlamm getrennt. Wenn die erste Schicht entfernt wird, füllt das salzgesättigte Wasser des Untergrunds die Grube, und man muss es ausschöpfen, ehe man die tiefen Schichten in Angriff nimmt. Die zweite ist von weniger guter Qualität. Die beste ist die vierte mit ihren fünfundzwanzig Zentimetern Dicke.

Das auswitternde Salz und die Salzvorkommen, die sich außerhalb des ausgebeuteten Hauptteils der Saline befinden, nicht eingerechnet, schätzt man, dass N'Térert 189 000 Tonnen Salz in Form von Barren enthält.

Die großen Regenfälle der Regenzeit lösen das Salz der Rückstände und des Schlamms auf, das durch Verdunstung kristallisiert.

N'Térert, Touidermi und ein paar andere, unbedeutende Sebkhas im Süden sind die »Salinen von Dahar«. Die »Salinen von Aftout«, in Meeresnähe, produzieren Salz in Form von Körnern, so grob wie unser Salz, in unbegrenzten Mengen. In der Regenzeit dringen die Schwemmwasser des Senegalflusses in die toten Flussarme und

Längstäler dieser Ebene, des Aftout, die kaum höher liegt als das Meer. Die tiefen, salzgesättigten Senken – die Sebkhas – werden überflutet. In der Trockenzeit kristallisiert das Salz an ihrer Oberfläche und bildet sich immer wieder neu, in dem Maß, wie es abgeschöpft wird, von Januar bis zu den ersten Regenfällen. Die wichtigste dieser Salinen, Tin-Djemaran, könnte, wenn sie ordentlich ausgebeutet würde, 157 000 Tonnen Salz pro Jahr auf sechzig Hektar produzieren. Die Mauren fördern aus den Salinen von Dahar und Aftout nur vier- bis fünftausend Tonnen pro Jahr.

Das Salz wird zu fünf bis sieben Franc pro hundert Kilo von den einheimischen Händlern verkauft, deren Karawanen und Schiffe es in den Senegal und in den Sudan transportieren.

Vor der französischen Besetzung war der Salzhandel, wie auch der Gummihandel, frei. Jeder Bewohner konnte sich in dem schwarzen Dorf Keur Massène am Rand des Senegal eindecken. Die Mauren tauschten hier ihr Salz gegen Hirse, Baumwollstoffe und Gewürze. Der Emir von Trarza hatte dort einen Vertreter, der dem Käufer ein Zehntel des verkauften oder eingetauschten Salzes abverlangte. Die Karawanenführer, die in den Sudan zogen, wo das Salz teurer verkauft wird, bezahlten, wenn sie die Saline verließen, einen halben Franc pro Eselsladung, einen Franc pro Ochsenladung und anderthalb Franc pro Kamelladung, das heißt ungefähr pro hundert, zweihundert oder dreihundert Kilo.

Die französische Salzsteuer (»n'koubel«) in Höhe von zwei Franc pro hundert Kilo gewonnenen Salzes hat den Markt von Keur Massène und die Schwarzen von Dara und Tigmaten, die hauptsächlich vom Handel lebten, alsbald ruiniert. Die Bewohner des östlichen Trarza, die auch Salzhandel betrieben, resignierten. Wenn man zu dieser Salzsteuer noch die Steuer (»zekkat«) von sechs Franc pro Kamel und pro Jahr hinzurechnet, plus die jährliche Steuer von sechzig Franc pro Kamel, das zum Transport von Waren jeglicher Art verwendet wird, sowie diverse Handelsrechte, wenn man in Betracht zieht, dass ein Packkamel eine derart harte Arbeit nicht länger als sechs Monate pro Jahr verrichten kann, dann versteht man nur zu gut, dass die Mehrzahl der ehemaligen Händler es vorzog, in ihren Zelten zu schlafen, anstatt lange Tagesmärsche auf sich zu nehmen, um Salz an den Umschlagplätzen am Fluss zu verkaufen. Und es ist auch nicht verwunderlich, dass die Schmuggelei eine gewisse Ausdehnung erfahren hat.

Die Verwaltung senkte die Salzsteuerrate, aber da sie von den einheimischen Eintreibern, die für die Salinen abgestellt waren, übers Ohr gehauen wurde, hielt sie es für besser, die Rechte im Tausch gegen eine Abgabe an den Emir abzutreten, und den Bewohnern kann es nur recht sein, dass sie ihren alten Herrn wiederhaben, der, so habgierig er auch sein mag, klug genug war, die Henne nicht zu töten, die die goldenen Eier legt.

Mit literarischer Feder wäre es gar nicht schwer, die trostlosen Sebkhas und die nackten Sklaven, die halb im Schlamm und in der Salzlake stecken, in eine Hölle oder zumindest ein Fegefeuer zu verwandeln. Ihre Salzkrusten könnten ohne weiteres als eine scheußliche Lepra durchgehen. Man müsste nur verschweigen, dass die Lepra sich abends im Süßwasser des Brunnens von Benaman auflöst, von wo die armen Sklaven mit glänzender Haut in ihre Lager zurückkehren, mit einem Turban und Gewändern aus neuem Guineatuch angetan.

Die Sebkhas sind auch keine Paradiese, sondern einfach eine Arbeitsstätte, wo Menschen im Schweiße ihres Angesichts ihr Brot verdienen, wie es das Los aller ist. Sie verdienen übrigens recht gut, wenn ich M'Hammed glauben darf, der mir mit ehrfürchtiger Miene versicherte, »die Salzgefangenen, die sind zu reich!«

Es ist ihr Vorrecht, an die Händler zu verkaufen; dann teilen sie mit ihren Herren, was ihnen eine gewisse Gewinnspanne lässt, da die Herren weit fort sind und zu vornehm, um selbst im Schlamm der Salinen herumzustapfen. Der Herr in N'Térert, das war Ould Deïd, und die Tiab waren seine Tributpflichtigen; in Touidermi war es der Kadi von Mederdra.

In vier Stunden entnehmen zwei Männer der oberen Schicht, im Allgemeinen die einzige, die ausgebeutet wird, vier Blöcke von fünfzig Kilo. Sie verkaufen sie zu sechs Franc für beide Blöcke, was nicht viel ist, aber man muss fairerweise dazusagen, dass ein Schaf im Trarza auch nur sechs Franc kostet. So kommt es, dass die Sklaven der Salinen, wie die der Gummiplantagen und der Palmenpflanzungen, ihre eigenen Herden haben und ihre Frauen mit Schmuck behängt sind. Ich habe Frauen mit Silberreifen um die Fesseln gesehen, die sie so schwer waren, dass sie sie kaum schleppen konnten. Sie trugen Bernsteinperlen in die Haare eingeflochten und an der Stirn hängend, manche so groß wie Äpfel, die ihr elterliches Erbe waren, eine Art Sparbüchse, insofern sie diese nie verkaufen, sondern gegen größere eintauschen, wann immer sie die Mittel dazu haben.

»Wenn du eine Dienerin triffst, die mit Schmuck behängt ist«, sagt ein maurisches Sprichwort, »dann verdankt sie diesen nur Gott und sich selbst.«

Es gibt viele Möglichkeiten, seinen Schmuck nur sich selbst zu verdanken ... Wenn die Dienerin, die ihrem Herrn einen Abend lang gefallen hat, ihren Umfang zugleich mit ihrem Schmuck anwachsen sieht, empfindet sie weder Scham noch Kummer darüber. Im Gegenteil, ihr Sohn wird freigelassen werden. Wenn sie Zwillinge bekommt, wird sie selbst eine *hartani*, die im Lager des Herrn lebt, hoch geehrt und von jeder schweren Arbeit befreit.

Die Schwarzen von N'Térert waren in hohem Maße repräsentativ für die Kaste der Sklaven, so wie ich sie viele Male in ihren Gemeinschaften im Chemama und im Adrar gesehen habe. Unter denen, die zu mir hergelaufen kamen, von der Neugierde aus ihren Löchern getrieben, sah ich Reiche und Arme, Schwarze und Mischlinge. Die einen rühmten sich damit, dass ihre Familien seit Generationen denselben Kriegern gehörten; andere, die ganz jung gekauft wurden, hatten mehreren Herren gedient. Einige stammten aus Kriegsentschädigungen oder Tauschgeschäften; andere, deren Schicksal sich in der Nähe eines französischen Postens entschieden hatte, waren nicht verkauft, sondern für neunzig Jahre verliehen worden.

Es waren *haratine* darunter, die aus verschiedenen Gründen freigelassen worden waren: Geburt, Rückkauf, besondere Dienste, Freundschaft ihres Herrn. Einer von ihnen, der misshandelt wurde, griff auf einen alten Brauch zurück: Er überraschte den neuen Besitzer, den er sich gesucht hatte, im Schlaf und schnitt ihm leicht ins Ohr. Auf diese Weise machte er sich selbst zum »Blutpreis«, den sein alter Herr, der für das Verbrechen seines Gefangenen verantwortlich war, dem Opfer bezahlen musste.

Diese Leute hatten einen Anführer, ebenfalls ein Sklave, der sehr auf sein Äußeres bedacht und voller Dünkel war. Er leitete die Arbeit, verhandelte mit den Karawanen und rechnete mit dem Emir und dem Kadi ab. Er war ein riesiger, gutmütiger Klotz, der eine kurze Indigo-Tunika und einen jener prächtigen Turbane trug, die das Geheimnis der Gefangenen sind. In seinem Gürtel glänzte ein Messer, und er trennte sich nie von seinem großen Knotenstock, dem Zeichen seiner Würde.

Es war offensichtlich, dass all diese Sklaven recht glücklich waren, vom sanften Frieden der einfachen Leute erfüllt, die im Einklang mit der Natur leben, ohne Wünsche, ohne Hass und sinnlose Komplikationen, und deren tägliche Arbeit ihre einzige Sorge ist.

So nannten M'Hammed und Bendir sie *lhamm*, wenn sie ihren Vornamen nicht wussten, und das ohne jede Bosheit oder Verachtung, einfach nur, weil es so üblich war. Die anderen regten sich nicht darüber auf, sie scherzten alle miteinander und begleiteten ihr Gelächter mit herzhaftem Schulterklopfen.

Natürlich war keine Rede davon, an dem Tag zu arbeiten, an dem ein so schmeichelhafter Besuch einen Vorwand zu Spielen und Tänzen lieferte. Die ganze Bande, der Anführer allen voran, begleitete mich bis zu einer Düne, auf der schwarze Frauen mit wehenden Schleiern sich vor dem blassen Himmel und dem leuchtenden Sand abzeichneten. Dort errichteten sie das provisorische Zelt für mich, um mir die Mühe zu ersparen, bis zu ihrem Lager zu gehen. Drei junge Mädchen, die mich am Vorabend in Touidermi gefeiert hatten, stiegen den Hang hinauf und ließen dabei ihr Tamtam erklingen.

»*T'barek Allah*! Die Fremde ist zu uns gekommen!«

Es war in N'Térert, wo Bendir mit einem Schlag jede Chance verlor, »die große Reise« mitzumachen.

Ich wollte am Nachmittag zum Meeresufer aufbrechen. Ich hatte ein unwiderstehliches Bedürfnis, wieder einmal Wasser zu sehen. Gleich nach dem Tee kündigte Bendir mir an, dass er in ein benachbartes Lager zu gehen beabsichtigte, wo ihm die Marabuts Kamele leihen würden. Er würde nicht lange fort sein. Ich sah ihn also ohne Besorgnis mit dem kleinen Sidi davontrotten, einem jungen Krieger, dem Meïmoun unterwegs eine ziemlich gute Kamelstute gestohlen hatte, die er zu ihrem neuen Besitzer nach Rosso führte. Der Junge hatte sich nach vergeblichen Protesten damit abgefunden, hinter dem Sattel des guten Mannes ebenfalls eine kleine Tour zu den Salinen zu machen. Bendir und Sidi ließen uns nur mein *azouzel* da, das sie nicht anzurühren gewagt hatten, und eine alte Mähre, die mehr oder weniger außer Gefecht gesetzt war.

Die Sonne sank allmählich vom Zenit nach Westen herunter und machte jede Hoffnung auf eine Abreise zunichte, da Bendir nicht auftauchte und wir nicht zu dritt auf einem Tier aufbrechen konnten.

Nach der Siesta belagerten die Sklaven und ihre Frauen mein Zelt und unterhielten mich mit pantomimischen Liedern, ein Erbe ferner sudanesischer Traditionen.

Eine junge Frau hat eine umgedrehte Kalebasse in den Sand gelegt. »Schau nur, das kleine Krokodil! Schau, schau, der Waran!«, singen die Choristen ohne Unterlass, während sie zu der Kalebasse gewandt in die Hände klatschen. Eine Tänzerin nähert sich vorsichtig, ein Messer in der Hand. Sie mimt die listenreiche Suche, das freudige Finden, die Angst ... Dann flieht sie. Der monotone Refrain überschlägt sich. »Schau, schau, der Waran!«, und der aufgewühlte Kreis scheint sie zur Jagd zurückzudrängen. Mit priesterlichen Gebärden tritt sie erneut vor. Das Messer, das sie in ihren bebenden Händen hält, funkelt vor ihrem Gesicht. Ihr ganzer gebeugter, mutloser Körper ist nur noch Furcht und Zittern. Sie springt, hin und her gerissen zwischen Angst und Mut ... Und endlich tötet sie das Kalebassenkrokodil unter triumphierendem Trillern und dem entfesselten Dröhnen der Trommeln.

Ein seltsamer Vogel kauert geduckt neben dem Tamtam: Es ist die Tänzerin, die unter dem dunkelblauen Schleier kauert, der sie ganz bedeckt. Auf ihrem Kopf hält sie einen kleinen Stock umklammert, der durch den an den Handgelenken verknoteten Stoff das barocke Profil des Marabus nachzeichnet, des schwarzen Storchs mit dem langen Schnabel und dem spitzen Schädel.

»Adanai, adanai, n'goup abakh! Schwarzer Vogel Marabu, iss deine Hirse!«

Der Vogel nähert sich, zögert, richtet den Kopf auf, neigt den Hals, beugt sich über die Trommel und pickt seine Hirse, ängstlich zunächst, dann schneller, mit kleinen, klingenden, rhythmischen Hieben auf die Schafshaut, die mit Schnüren und dicken Fesseln gespannt ist und auf der die Meistersängerin leise die große Stimme des Windes in den Wäldern des Südens grollen lässt. Die leichten Hände der Frau schlagen wie Flügel. Der Stoff, der die Tänzerin verhüllt, imitiert das Schillern von Federn.

»Adanai, adanai, iss deine Hirse!«

Aber jetzt verwandeln sich die Choristinnen, plötzlich drohend, in Bäuerinnen, die mit ihrem Trillern und Händeklatschen den diebischen Vogel von ihren Feldern verjagen.

Sie werden ihrerseits von den Männern gejagt, die sie, den Stock vor den Bauch haltend, mit erotischen Drohungen verfolgen. Von ihren Gesichtern sieht man nur die großen, runden Augen, die schwarz und weiß in den Schlitzen der riesigen *haouli* rollen. Die Sklavinnen kreisen sie mit ihrer wilden Runde ein; Geschrei und Gelächter schießt von allen Seiten auf. Bronzearme mit rasenden Händen tauchen aus dem Wirbel von Stoffen und Sand auf. Die Trommel hämmert dumpf in der rotgoldenen Abenddämmerung.

Die Männer sind geflohen. Der Kreis hat sich auf den Schrei einer durchdringenden Stimme wieder zur Sarabande geschlossen.

»Bouissa! Bouissa!«

Dem Ruf ihrer Gefährtinnen folgend, legt sich ein junges Mädchen in den Sand, wie eine Liegende, deren Schleier die Umrisse eines makellosen jungen Körpers erkennen lassen. Hannah, die Tänzerin, nähert sich langsam zu den Mollklängen der Chorsänger.

»Ich bin glücklich! Gott sei gelobt! Bouissa ist eingeschlafen!«

Die Tänzerin hat ihre stolze Brust aus dem *malahfa* befreit. Sie marschiert mit klimpernden Ketten. »Bouissa! Bouissa!« Ihre Schritte überkreuzen sich, immer schneller, und ihre entrollte Schärpe verlängert die geschmeidigen Bewegungen, den Tanz einer wilden Tanagra. »Bouissa ist eingeschlafen. Bouissa! Bouissa!«, der gemurmelte Ruf wird zärtlicher unter dem Himmel, der sich grün färbt. Die Trommel schlägt sanft im Schatten wie ein verliebtes Herz ... Hannah beugt sich über die Schlafende, umfasst sie mit vor Begierde bebenden Händen, legt sich einen Augenblick auf sie wie ein leichtes Symbol, gleitet trunken in den Sand zurück, dann springt sie mit einem Satz auf und tanzt ihren erotischen Triumph.

So steigen jeden Tag Gesänge einer urtümlichen Freude, einfach und anmutig, aus den Einsamkeiten des Buschs auf, zu Ehren der durchziehenden Reisenden:

»*T'barek Allah! Al Hamdullilah!* Die Nazarenerin ist zu uns gekommen und hat uns besucht!«

Vor dem Zelt kauert eine Frau in Lumpen, verblüht, die aber einst schön gewesen sein muss, gleichgültig gegenüber der Freude der anderen. Ein schöner Junge, auffallend hellhäutig, steht neben ihr. Auch er beteiligt sich nicht an den Spielen der anderen Kinder.

Ich frage konsterniert. Man erklärt mir: Das ist eine Frau aus einer vornehmen Kaste, eine Ma-el-Ainin von Trarza, die mit einem Europäer »Kleines bekommen hat«. Ihr Clan hat sie verstoßen, sie ist zu den Sklaven geflüchtet. Wegen eines nächtlichen Fehltritts ist sie nur noch eine Bettlerin und ihr Kind, das »Mischblut«, ein Paria.

Sie starrt mich von fern an, wild, gierig.

Als ich ein Geschenk für das Kind meiner Rasse auf ihr Knie lege, dankt sie mir nicht, und ich wende den Kopf ab vor dem Hass, der in den Tiefen ihrer dunklen Augen aufblitzt.

Die Nacht senkte sich allmählich über die Sebkhas, und Bendir war immer noch nicht zurückgekommen. Der Seewind lief in eisigen Wellen gegen uns an und fegte durch die hoch gewirbelten Klappen des Zeltes, das wie ein verlorener Vogel auf dieser Düne kauerte.

Da wir offensichtlich hier übernachten mussten, wollte ich M'Hammed und Meïmoun dazu bringen, unsere Unterkunft ein bisschen zu verbessern. Der Begriff der »Behaglichkeit« überstieg die Fantasie der Gefangenen, und Leute, die auf ihre Würde bedacht waren, wie meine beiden Begleiter, dachten nicht daran, vor den Dienern zu arbeiten. Also wurde mir versichert, dass es unmöglich sei, die Ränder des Zelts bis zum Boden hinunterzuziehen.

Auch wenn man nicht in der Wüste geboren ist, kann man den Mangel an Erfahrung mit ein wenig Urteilskraft und Energie wettmachen. Als meine Begleiter sahen, wie ich die Pflöcke und Seile versetzte, um eine Sandböschung als Windbrecher zu nutzen, stürzten sie unter schallendem Gelächter herbei. Die *Nçrania* bei der Arbeit zu sehen war so komisch, dass sie sich einen Spaß daraus machten, ihr zu helfen!

Und während ich mich in dem nun fast behaglichen Zelt, eingewickelt in ein altes Schafsfell, mit kochend heißem Tee aufwärmte, erging sich Meïmoun in einer von wilden Schreien unterbrochenen Lobrede, die das ganze Ausmaß seiner naiven Begeisterung zeigte.

»Ja, ja, ich weiß, was ich sage! Du bist klein, aber dein Herz ist groß, groß! Moulanah hat gewollt, dass du stark bist. Du kommst in den Busch ohne Europäer, ohne Familie, ohne Senegalschützen, ohne Bräutigam, akh! Du hast keinen Helm, du hast kein Gepäck, und du bist nicht müde! ... Und jetzt machst du das Zelt besser zurecht als wir! *Wallahi*!«

Das Eigenartige an Meïmoun war, dass er eine gutmütige Seele hinter einem ständig wütenden Gesicht verbarg. Es war unwiderstehlich komisch, diesen großsprecherischen alten Kerl mit wutentbrannten Augen, die langen, mageren Armen wild über der Lampe schwenkend, vor seinem riesigen, verzerrten Schatten zu sehen, der ihn am Zeltdach oben zu verhöhnen schien. Mit den Fäusten schlug er sich auf seinen kahlen Schädel.

»Ah! *Wallahi*, du bist groß! Du hast all das in deinem Kopf gedacht, und bald wirst du wieder die Straße in dein Land nehmen.

Meïmoun wird dich nicht mehr sehen, und du wirst den armen Meïmoun vergessen!«

»Wenn ich ihn darum bitten würde, wäre Ould Deïd vielleicht bereit, mir Meïmoun zu geben, damit ich ihn nach Frankreich mitnehmen kann?«

Sofort wechselte er das Thema. Die Handflächen zu mir erhoben, flehte er mich mit verdoppelter Eloquenz um Erbarmen an. Nein, nein, er wollte das Lager des Emirs wieder sehen, Toutou verheiraten, den Söhnen des Emir beibringen, sich auf einem *azouzel* zu halten ... Ja, sein Herz schlug wirklich dort unten ... Er wollte auch seine alte Mabrouka verstoßen, um eine junge Sklavin zu heiraten, auf die er in Touidermi ein Auge geworfen hatte. Er versicherte mir mit Heftigkeit, dass ein Bubu aus feiner weißer Baumwolle, in Mederdra gekauft, ihm genügen würde, um mich für immer in Erinnerung zu behalten, besonders wenn ich noch einen neuen *haouli* hinzufügte ... »Nein, nein, beim Propheten (sein Name sei gesegnet!), du darfst nichts zu Ould Deïd sagen, denn wenn er dir sein bestes Kamel gegeben hat, wie kann er dir dann einen armen alten *hartani* abschlagen?«

Meïmoun und sein Schatten hielten abrupt inne, den Hals vorgereckt, die Arme über Kreuz: Bendir und Sidi waren gerade aufgetaucht. Ein dreifacher Hagel von Flüchen unterbrach ihre Erklärungen.

Es hatte sie einen ganzen Tag Feilschen gekostet, um mit zwei guten Kamelen zurückzukommen; sie hatten für das Wohl aller gearbeitet, und jetzt möge Gott ihre Schande und unsere Undankbarkeit sehen! Angewidert zogen sie sich in einen Schattenwinkel zurück, träumten dort von den schönen, fügsamen Sklavinnen, die sie das Verrinnen der Zeit vergessen lassen hatten ...

Dann erst wurde Frieden geschlossen. Ein paar Sklaven brachten eine Kalebasse voll Milch und zündeten ein großes Feuer an, dessen

Flammen die hochmütigen Profile der Kamele erhellten, die mit gefesselten Knien friedlich wiederkäuten, gleichgültig gegenüber ihrem Schicksal und den Freuden oder Streitereien der Menschen.

Obwohl wir N'Térert schon bei Tagesanbruch verlassen hatten, war es fast Nacht, als ich wankend vor Müdigkeit in das große Zelt von Mahamedzen-ould-Mohammed-Fall eintrat, des Kadis von Mederdra.

Das Zelt war sehr schön und barg einen gut zwanzig Meter langen und fünf Meter breiten Raum. Es war so dicht, so schwer und so groß, dass es von einem Dutzend hintereinander gespannter Eselspaare transportiert werden musste. Innen war es mit einem blendend weißen sudanesischen Baumwollgewebe ausgekleidet, das aus schmalen Bahnen zusammengesetzt war. Die Pflöcke waren mit Brandeisenzeichnungen geschmückt. Von dem Holzstück, in dem die oberen Enden der Zeltstangen zusammenliefen, hingen lange Fransen aus weißer, beigefarbener und schwarzer Wolle, mit bunter Baumwolle gemischt. Sehr feine, seidige Matten waren über den Sand gebreitet.

Es war der Mittelpunkt eines riesigen Lagers, denn außer seiner Familie, seinen Schülern und Dienern ernährte Mahamedzen, ein mächtiger, verehrter Marabut, eine Vielzahl von Armen, die in seinem Umkreis in notdürftigen Zelten aus blauen Lumpen Schutz suchten.

Das alles – die so einfache Schönheit dieses weißbraunen Zeltes, seine ungewöhnliche Sauberkeit – sah ich erst am nächsten Morgen. Wir hatten ungefähr fünfzig Kilometer zurückgelegt, wobei wir in der Mittagszeit, in der, wie die Mauren glauben, selbst die Sonne ihren Lauf anhält, kaum gerastet hatten, und waren bis in die Dunkelheit zwischen den reißenden Dornbüschen marschiert. Auf unserer Route hatte es kein Lager vor dem des Kadis gegeben.

Ich war vollkommen erschöpft. Meine Augen, bleischwer vor Müdigkeit, erfassten nur verschwommen das Gesicht eines schönen alten Mannes, der mir gegenübersaß und väterlich sagte: »Meine Gefangenen werden das Zelt der Fremden für dich aufstellen, und ich werde dich wie meine Tochter oder meine Schwester in meinem aufnehmen.«

Nachdenkliche und schweigsame junge Leute umgaben ihn. Seine Frau hatte sich mit ihren Dienerinnen ans Ende des Zeltes zurückgezogen, wo ein *bassour*, ein Frauensattel, wie eine große Krone aufragte. Am anderen Ende lehnten Lederkissen, die für mich bereitgelegt waren, an Bücherkisten.

Ich erinnere mich an eine kleine Wildkatze, die mit dem Ende von Mahamedzens Turban spielte, und an ein riesiges »Hausschaf«, wie sie in den reichen Zelten gehalten werden, das sich seinen Anteil am Tee, an der Milch und am *méchoui* holte.

Dann ließ ich mich in die Kissen gleiten und fiel in einen traumlosen Schlaf.

Wenn man beim Erwachen ein kohlschwarzes Wesen erblickt, das in der einen Hand ein riesiges Messer und in der anderen ein nacktes kleines Baby hält, ist es nur natürlich, dass man einen Augenblick an seinem Verstand zweifelt. Bestürzt rieb ich mir die Augen, aber diese Dschinnin wünschte mir sehr liebenswürdig einen guten Morgen und rief ihren Schwiegersohn.

Ein weiß gekleideter junger Mann präsentierte sich mit Anmut, gefolgt von einem Diener, der das Teetablett trug. Dieser älteste Sohn Mahamedzens, dem es bestimmt war, eines Tages das Amt seines Vaters im Tribunal von Mederdra zu übernehmen, hatte gerade seine Studien in Saint-Louis mit Auszeichnung abgeschlossen. Er sprach ein gewähltes Französisch, nannte mich »Madame« und sagte »Sie«. Er fragte mich lange und sehr intelligent über Frankreich aus, und er sagte mir, wie glücklich er sei, dass die Abwesenheit seines Vaters, der nach Mederdra gerufen worden war, ihm die Möglichkeit verschaffe, sich mit mir hier im Zelt zu unterhalten, trotz der Gegenwart seiner Stiefmutter. Denn sein Geist mochte französisiert sein, aber sein Herz und seine Erziehung blieben berberisch.

Die Anhänglichkeit an die Traditionen ist eine schöne Sache, aber dennoch war ich einigermaßen befremdet, als der junge Mann, der eine europäische Ausbildung erhalten hatte, mir ohne jede Scheu den Grund erklärte, warum seine Stiefmutter, die vor kurzem niedergekommen war, sich das Gesicht mit einer dicken Schicht Butter und Asche einschmieren musste.

»Dieser Brauch der maurischen Frauen hat den Zweck, die bösen Geister zu vertreiben, die in den ersten vierzig Lebenstagen auf die Neugeborenen lauern, und den Ehemann vor der Versuchung zu bewahren, sich an einer noch unreinen Frau zu versündigen. Das große Messer, das Sie in ihrer Hand sehen, wird sie in diesen vierzig Tagen keinen Augenblick weglegen; es ist eine symbolische Waffe gegen Iblis, das Oberhaupt der Dämonen. Am Tag einer Geburt feuern die Krieger Gewehrsalven ab; wir Marabuts sprechen Gebete. Damit die bösen Geister möglichst lange nichts von seiner Geburt erfahren, erhält das Kind erst an seinem siebten Lebenstag einen Namen. Dieser Tag ist ein großes Fest: Tiere werden geopfert und noch der Geringste unter Moulanahs Bedürftigen, der bei uns lebt, erhält seinen Anteil daran; die Sklaven vergnügen sich mit Tänzen und Gesängen. Unsere Gelehrten verfassen Gedichte, in denen sie die Vorfahren des Kindes rühmen, die Vorzüge seiner Familie, und ihm ein glückliches und angenehmes Leben in Gott wünschen.«

Ich schaute Sélima an, die gleichmütig unter ihrer Ruß-und-Fett-Maske verharrte, und lauschte den Worten des Jungen, der mit arabischen und französischen Geistes- und Naturwissenschaften gefüttert worden war. Die beiden gehörten derselben Familie an.

Worin sie sich trafen, waren die tiefen Wurzeln des frommen, leichtgläubigen Wüstenvolks, das inmitten einer kargen, menschenfeindlichen Natur seiner Armut entflieht, indem es sich in Träumereien von einer schimärischen Welt verliert, die mit guten und bösen Geistern bevölkert ist; dieses Volk, das nichts besitzt und sich damit abgefunden hat, nichts zu besitzen, betet einen Gott an, dem es nichts anderes abverlangt, als ohne Widerworte seinem heiligen Willen gehorchen zu dürfen.

Ich führte mir das Schicksal der Beidane-Frauen vor Augen, von dem Alter, in dem sie beschnitten werden, bis zu dem Moment, da sie unter einer Rußmaske ihre Kinder gegen den Teufel verteidigen, dazwischen die Zeit, in der sie gemästet, dann mit irgendeinem reichen Greis verheiratet werden, der sich oft erhofft, eine verborgene Krankheit durch die Berührung mit einer unschuldigen Jungfrau zu heilen – also im Prinzip von ihrer Geburt bis zu dem Tag, an dem Mahomet ihnen den Eintritt ins Paradies verweigert –, und ich sagte mir, dass sie nicht unbedingt zu beneiden waren, trotz ihres Müßiggangs, der Verfügungsgewalt, die sie über ihre persönlichen Besitztümer behalten, der Monogamie, die ihnen gewährt wurde, trotz ihres Einflusses auf die Angelegenheiten des Clans und aller Rücksichtnahme, mit der sie umgeben werden.

6 Kamelhirtinnen

Im Hof des Postens von Boutilimit, vor dem östlichen Tor, mühen sich M'Hammed und sein Neffe Mokhtar Saloum ab, das Gepäck, das von El Memrhar bis nach Trarza auf mindestens sechs Reittieren verteilt gewesen war, auf den Sätteln von vier Kamelen zusammenzudrängen. Die Prozedur ist von zahlreichen Anrufungen Moulanahs und des Propheten samt seiner ganzen Familie begleitet, von Flüchen, Seufzern und Schlägen. In den letzten beiden Stunden wurden mehrere Stränge dicker Baobabschnur und meterweise Riemen aufgebraucht, und es müssen noch eine große Decke aus schwarzem Lammfell, zwei Feldkanister, ein Feldbecher, ein Kochtopf, ein Fotoapparat und das Kind einer Wildkatze untergebracht werden, das hinter dem Gitter seiner Kiste schreit.

Trotz all dieser Schwierigkeiten bleibt den beiden jungen Männern nichts anderes übrig, als unter ihren dekorativen *haouli* die Leichtigkeit ihrer Bewegungen, den schönen Faltenwurf ihrer doppelten neuen Tuniken und eine heitere Miene zu bewahren, denn sie erfüllen ihre Aufgabe vor den Augen einer Zuschauermenge mit sehr gemischten Gefühlen, die von Spott, Bewunderung und Neid bis zu Mitleid reichen.

In der ersten Reihe tummelt sich alles, was der Posten an Europäern zu bieten hat: die Neuankömmlinge, die es kaum erwarten können, in den Busch aufzubrechen, die alten Hasen, die hinter vorgehaltener Hand lachen und flüstern: »Alles umsonst! Diese Karawane wird nicht weit kommen!«

Rechts der Emir und sein Gefolge. Links Abdallahi-ould-Cheikh-Sidia und das seine, der Hauptdolmetscher, der Hilfsdolmetscher, der Lehrer, der Expedient, Söhne der Emire von Adrar, Abdou Galilar, die Händler und die Würdenträger des Dorfes. Weiter hinten Senegalschützen, die ihre Posten im Stich gelassen haben, die Gefangenen, die, um besser zu sehen, auf die Baumaterialien des Hauses gestiegen sind, das sie gerade errichten, und der Wasserträger mit seinen Eseln. Die kleinen Leute füllen den restlichen Hof, versperren das riesige Tor und bilden auf der Einfassungsmauer eine dichte blaue Hecke: Kamelführer, *mâllemin*, Hirten, Hetären, Konkubinen, Sklavinnen und Kinder, Scharen von Kindern, alle Kinder von Boutilimit, schwarz, maurisch und gemischt.

Das Publikum ergeht sich in Vorhersagen und Kommentaren, denn jeder hat die große Reise schon einmal gemacht und versteht besser als alle anderen ein Kamel auszuwählen, es zu beladen und über eine lange, schwierige Route zu führen. Man beneidet die Boys, die unter dem fadenscheinigsten Vorwand alle Leute anrempeln und sich um das Gepäck herum wichtig machen.

Der Aufbruch einer Europäerkarawane ist immer ein Ereignis, und an diesem Freitag, dem 2. März, hat das Ereignis einen besonderen Charakter: Zum ersten Mal reisen zwei Europäerinnen, Marion Sénones und ich, allein mit maurischen Nomaden. Außerdem ist es eine sehr lange Reise, die gut informierten Leute nennen die Stationen unserer Route: Aleg, Kaëdi, M'Bout, Kiffa, Tidjikja, Moudjeria. Wie viele Monde würden wir bis zu unserer Rückkehr auf- und untergehen sehen? Wie sollten zwei Ungläubige ohne Waffen und ohne *grigris* den Dschinn, den Räubern, den Löwen, den Elefanten und den Hornvipern im Busch entkommen? Ganz zu schweigen von den schwarzen Völkern, die jeden Tag unverschämter werden, je mehr sie das alte Joch der Araber vergessen!

Die Optimistischeren empfehlen uns, bei Vollmond an einem Mittwoch aufzubrechen, einem günstigen Tag, um eine Reise zu unternehmen, und rechnen aus, dass wir noch den »zweiten Monat nach dem Fastenbrechen« und den Monat des »Opferfests« vor dem Monat »muharram« haben, der dieses Jahr mit dem fünften Monat der Europäer zusammenfällt und mit erdrückender Hitze und einer fürchterlichen Trockenheit die Saison der Stürme in den östlichen Provinzen ankündigt.

Ja, es sind viele Leute da! Es fehlt nur noch eine Person, und das ist unglücklicherweise der Bezirkskommandant, der am Vorabend zu einer Rundreise aufgebrochen ist, der Einzige, der uns die Wahrheit über den Wert unserer Kamele gesagt hätte, das Übermaß an Gepäck, die Unfähigkeit der beiden jungen Männer, von denen unsere Sicherheit, die Verpflegung und der ganze Erfolg der Reise abhing.

M'Hammed hat zwar mit einem Seufzer verkündet, es sei »wirklich zu viel Gepäck«. Zu viel für die Tiere oder für seine Bequemlichkeit? Als wir die Behörden fragten, die nicht darauf versessen waren, ein Packtier zu requirieren, antworteten sie, dass alles so in Ordnung sei und dass ein Kamel mit dreihundert Kilo Gepäck auf dem Rücken marschieren könne ...

Im Augenblick sind M'Hammed und Mokhtar Saloum ins Dorf hinabgestiegen, um Salz für ihre Familie zu kaufen, bei der wir in zwei Tagen am Brunnen von Dekhone lagern werden. Die Pferde brüten unter ihren Lasten vor sich hin. Die Mauren, die wissen, wie viel Zeit es kostet, ein paar Hand voll Salz zu erhandeln und diversen kleinen Cousinen Lebwohl zu sagen, haben sich in geduldigen Grüppchen an Ort und Stelle niedergesetzt. Während wir mit unseren Landsleuten belanglose Worte wechseln, wie man es an einem Bahnsteig zu tun pflegt, sehen wir hilflos zu, wie die Sonne langsam hinter dem Posten versinkt. Seit zwei Wochen warten wir auf diese Abreise: Was bedeuten da schon ein paar Stunden mehr?

Bei meiner Rückkehr von Mederdra war der Bezirkskommandant abwesend gewesen. Der Dolmetscher sagte Marion und mir, dass wir uns nicht um Reittiere und Zaumzeug kümmern müssten, da Abdallahi das alles übernehmen würde. Fürs Erste schickte er uns eine sehr schöne *tassufra* und eine Brieftasche, die einen Empfehlungsbrief an die Marabutclans enthielt, die wir treffen würden. Um den Rest würde er sich kümmern, sobald der Kommandant zurück sei.

Es gab zwar keine plausible Verbindung zwischen der Rückkehr des Kommandanten und unserer Abreise, aber was blieb uns anderes übrig, als ihm zu danken und uns ins Warten zu fügen? Nach diesem Angebot von Abdallahi wäre es eine schwere Beleidigung gegen ihn gewesen, und außerdem ein mühsames und ruinöses Unterfangen, Kamele zu mieten oder zu kaufen.

Dann kam Ould Deïd. Auch er hatte einen schönen Empfehlungsbrief für die Kriegerclans geschrieben und wollte uns ein Kamel besorgen, aber auch er wartete auf die Rückkehr des Kommandanten, der immer wieder in Saint-Louis aufgehalten wurde.

Im Übrigen, warum hatte die Seghira (das war ich, die »Kleine«) nicht ihr *azouzel* behalten? Einfach deshalb, weil ich, von den Salinen zurückkommend, in Mederdra den Ober-*hartani* vorgefunden hatte, der vom Lager des Emirs gesandt worden war, um Meïmoun und das fragliche Tier zurückzuholen.

Jeder weitere Tag des Wartens brachte uns der heißen Jahreszeit näher. Die diversen Kamelführer des Postens bekundeten uns ihre Ergebenheit, was sie mit heftigen Faustschlägen auf die Brust bekräftigten. Intrigen wurden gesponnen, Bündnisse geschlossen und verraten, lang gehegte Träume zerbarsten, andere wurden ersonnen, oder man resignierte einfach. Und das alles für hundert Sou am Tag und die Ehre.

Schließlich brachte M'Hammed uns dazu, seinen »kleinen Bruder« zu engagieren, in Wahrheit seinen Neffen oder Cousin, indem er geltend machte, dass dieser junge Mann mit dem Profil eines persischen Prinzen und dem bescheidenen Auftreten ihm blind gehorchte; so müssten wir die Befehle nur ihm, M'Hammed, dem allein Verantwortlichen, erteilen, und er würde sie an Mokhtar Saloum weitergeben. Die beiden schienen sich zärtlich zugeneigt zu sein und spazierten, ihre kleinen Finger ineinander gehakt, im Posten herum, was überaus rührend wirkte bei zwei jungen Burschen von zwanzig und fünfundzwanzig Jahren.

Am neunten Tag tauchte das Auto des Kommandanten im Ehrenhof auf.

Der Emir ließ großes, abgemagertes Kamel mit einer blutenden Wunde an der Nase und einer Verletzung am Bein herbringen. Abdallahi präsentierte M'Hammed, der ihm versichert hatte, dass so ein Tier mein Lieblingstier sei, ein junges *azouzel*, ein schönes Tier, für das fünfhundert Franc bezahlt worden waren, sowie eine Kamelstute und ihr Junges. Natürlich hatte ich dieses Tier noch nie gesehen, das, als ich es ausprobierte, einen überaus launischen Charakter zeigte und in einen holprigen Trab fiel, der einem die Seele aus dem Leib rüttelte.

Ich beschwerte mich bei Abdallahi. Der Handel wurde rückgängig gemacht. M'Hammed, der als Lügner beschimpft wurde, brach in unschuldiges Gelächter aus und schlug vor, das Kamel im Busch auszuwechseln – als ob ich nicht wüsste, was ich mir damit einhandeln würde! Nach langem Suchen, Feilschen und endlosen Scherereien rächte sich einer der abgewiesenen Kamelführer, indem er zu einem Wucherpreis ein großes Mehari abgab. Die Stattlichkeit dieses Tiers stachelte den Ehrgeiz des Emirs an, der im letzten Moment sein verletztes Kamel austauschte.

Ould Deïd und Abdallahi zeigten sich untröstlich, dass sie nicht die Zeit gehabt hatten (in zwölf Tagen!), einwandfreie Mehara von ihren Weiden holen zu lassen.

Auch wenn unsere Karawane uns nur mäßiges Vertrauen einflößt, ist sie doch zumindest endlich reisefertig.

Wir hatten nach der Siesta aufbrechen wollen; aber erst in den letzten Strahlen der untergehenden Sonne bewegen sich unsere vier Mehara ins Dorf hinunter, ihre schwankenden Lasten auf ihren dünnen Beinen balancierend. Es ist spät, aber die Hauptsache ist, dass wir endlich vom Posten loskommen; wir werden unser Zelt im Licht des Mondes aufschlagen, der sich am Horizont rundet, ganz weiß in dem violetten Himmel, jenseits der Dünen.

Unrühmlich zu Fuß den Tieren folgend, die vom Geschrei der Menge verstört sind, gehen Marion und ich Seite an Seite, wortlos, denn wir wissen, dass uns dieselben Gefühle das Herz abdrücken: Von nun an sind wir nur noch zwei Fremde, die sich mit Unbekannten auf eine ungewisse Reise begeben.

Es war unsere erste nächtliche Etappe, das erste Mal, dass die Sahara uns ihr Gesicht der großen Mondnächte zeigte. Wir waren überwältigt. In der durchsichtigen Landschaft zertraten die Kamele lautlos lange Silbergräser. Schimmernde Dünen tauchten aus finsteren Schluchten auf und lösten sich beim Näherkommen auf, um sich weiter vorn erneut zu erheben. Kein Windhauch ging, kein noch so winziges Geräusch war zu hören, wir empfanden weder Hitze noch Kälte, uns beherrschte nur das beklemmende Gefühl, zwischen phosphoreszierenden Trugbildern in einer verzauberten Welt voranzuschreiten.

Nach einer Stunde musste Marion erleben, dass ihr Reittier unter ihr zusammenbrach: Das Kamel von Ould Deïd war ohne Vorwarnung in die Knie gegangen, ein unheilvoller Anfang. Erst M'Hammeds Schreie brachten das Tier dazu, sich wieder aufzurichten. Durch den Ruck riss ein Seil mit einem trockenen Knall und gab eine *tassufra* und den Kochtopf frei.

Unsere Sättel, vom Gewicht des Gepäcks heruntergezogen, wankten bei jedem Schritt und wir natürlich mit. Als meiner sich bereits um fünfundvierzig Grad nach vorn neigte, nützte ich den dritten Streikversuch von Marions Kamel, um ihn wieder zurechtzurücken. Nach der Strafe, die das Kamel erhielt, änderte es seine Taktik und suchte sich von den Säcken zu befreien, indem es diese gegen seine Brüder rammte; dann, indem es heimtückisch unter den niedrigen Ästen der Akazien durchging; und schließlich weigerte es sich, auch nur einen Schritt weiterzugehen, alle vier Füße in den Boden gestemmt wie ein bockiger Esel. Da nahm M'Hammed seinen Zügel, und, von Mokhtar Saloums Stockschlägen angetrieben, blieb dem Widerspenstigen nichts anderes übrig, als recht und schlecht bis zum Brunnen von Tiniark zu marschieren.

Dem Tier fehlte es an Mut und Erziehung, nicht an Verstand. Aber wohin kämen wir, wenn neuerdings die Kamele ihre Meinung zu den Unternehmen der Menschen kundtun dürften? Unseres hatte sich ziemlich schlecht angelassen, daher wurde Mokhtar Saloum mit dem Tier und einem erklärenden Brief nach Boutilimit geschickt.

Zufällig trafen wir in Tiniark auf einen anständigen Kerl, einen Tributpflichtigen, der entzückt war, sein mageres Reittier und seine kümmerliche Person zu verleihen, um das überschüssige Gepäck bis zum Lager der Ouled Daman zu transportieren, deren reiche Herden M'Hammed uns rühmte.

Auch der folgende Tag ging bereits zu Ende, als Mokhtar Saloum uns mit einem stämmigen *azouzel* einholte, das einen kräftigen Rücken hatte und auf den Namen Boudaïl hörte. In dem Begleitbrief des Dolmetschers war zu lesen, dass Ould Deïd hinsichtlich des Wertes des ersten Kamels getäuscht worden sei und dass er sich nicht davon habe abhalten lassen, den horrenden Preis von sechshundert Franc zu bezahlen, um uns ein besseres zu besorgen.

Die Gepäckstücke wurden jetzt vernünftiger verteilt. Ich stieg auf Boudaïl und überließ Marion das Geschenk von Abdallahi, Boukhzeima, das eine Lippe wie eine alte Mähre, aber einen gutmütigen Charakter hatte. Vier Reittiere und ein Packkamel für zwei Europäerinnen, zwei Kamelführer und ein Begleiter waren eine bescheidene, aber ausreichende Lösung, die wir bis Kiffa mit Varianten und Abkürzungen beibehielten.

Die schlechte Stimmung, die auf unserer kleinen Truppe lastete, löste sich auf. Man hörte wieder ein paar Lieder, und die beiden Krieger spielten mit dem Gedanken, die fünfundzwanzig Patronen, die sie in Boutilimit erhalten hatten, auf die kleinen Dorkasgazellen zu verfeuern, die in wildem Lauf durch die Dornbüsche flohen.

In allen Ländern der Welt braucht man für die Jagd und den Krieg eine besondere Aufmachung. Der Beidani zieht den »grünen Bubu« an, eine kurze Tunika, vom langen Gebrauch geschmeidig gemacht, mit Braun und Graugrün vom Schmutz, Sand und der überschüssigen Farbe des Guineastoffs geziert. Er versteckt sein schwarzes Haar unter einer Baumwollmütze, die dieselben Farbnuancen mit denselben Mitteln angenommen hat.

Diese Kleider an sich sind nichts. Die Art, sich ihrer zu bedienen, ist alles. Es gibt drei Dinge, die dem Mauren gehorchen: das Feuer, das Kamel und die Sterne. Kein anderer als er könnte die schmutziggrünen Lappen in die Tunika einer Artemis verwandeln, die in der Taille mit der langen Schärpe des *haouli* zusammengefasst und im Nacken so geknotet wird, dass sie die Schultern und Hüften freilässt. Kein anderer als er würde in einer friedlichen Bommelschlafmütze, wie sie unsere Urgroßväter getragen haben, wie ein assyrischer Krieger aussehen.

Beim Anblick einer Trappe hielten M'Hammed und sein Bruder in der Nähe eines Gebüsches an, sprangen von ihren Kamelen, deren Zügel sie uns anvertrauten, und jagten in kleinen, raschen Schritten davon, fast ohne die Knie und die Knöchel zu beugen, nach Art der Wolfshunde. So liefen sie lange, verschmolzen mit dem grauen Grün der Büsche, hinter denen sie sich versteckten, das Blöken der Gazellen imitierend, lauernd, in listigen Zickzacksprüngen hervorbrechend. Manchmal trennten sie sich, um ihre Beute einzukreisen. Und als wir sie nicht mehr von dem Sand und den Gräsern unterscheiden konnten, hörten wir zwei fast gleichzeitige Gewehrschüsse: Sie schossen beide, um sich nachher damit brüsten zu können, dass sie das Tier getroffen hatten.

Viele Gazellen wurden ehrenhaft verletzt ... ohne deshalb weniger schnell zu laufen. Der Beidani schießt ein Tier nicht im Flug oder in vollem Lauf. Für ihn ist die Jagd ein Sport, bei dem es auf Ausdauer und Listenreichtum ankommt – jene geduldige Schläue, die zu seinem Wesen gehört und ihm die wahre Intelligenz sowie die Geschicklichkeit ersetzt. Gibt man ihm hingegen einen ganzen Tag Zeit, um ein Tier zur Strecke zu bringen, das er, nachdem er es erschöpft hat, lange ins Visier nimmt, wird er niemals ohne Jagdbeute zurückkehren. So hat er sich den Ruf eines guten Schützen erworben, was verwunderlich ist, wenn man den Aufwand an Patronen, Mühe und Zeit bedenkt.

Und dennoch brachten M'Hammed und Mokhtar Saloum am Morgen unserer Ankunft in Dekhone eine schöne Gazelle mit, die sie alle beide getötet und vor ihrem letzten Seufzer rituell geschächtet hatten. Nachdem sie dem Tier mit ihrem schlechten kleinen Taschenmesser den Bauch aufgeschlitzt und es ausgeweidet hatten, lösten sie die Fußknochen aus, die sie sorgfältig in ihrer Patronentasche verstauten, um Pfeifen daraus zu machen, nachdem sie das rohe Mark ausgesaugt hatten. Dann banden sie die leeren Füße zwei und zwei zusammen und hängten das Tier an einem Sattel auf. Danach klaubten sie den Pansen aus den Eingeweiden heraus, öffneten ihn und wuschen sich mit der grünlichen Brühe, die er enthielt, die Hände, die sie mit einer Hand voll Sand abtrockneten. In Dürrezeiten, wenn der Durst überhand nimmt, hätten sie diese Brühe durch ein Tuch passiert und so eine Ekel erregende, aber kostbare Flüssigkeit erhalten.

Dann zogen sie ihre Hosen wieder an, die sie vor der Jagd abgelegt hatten, und sprangen in den Sattel.

»Warum ziehst du deinen *siroual* aus, wenn du Gazellen jagen willst?«, fragte ich M'Hammed.

»Damit ich schneller laufen kann, ohne die Disteln und Dornen abzubekommen.«

»Du läufst genauso schnell, wenn du Trappen oder Warzenschweine jagst, und es wachsen genauso viele Dornen auf ihren Spuren, und trotzdem behältst du deinen *siroual* an.«

»Der *siroual*, er voll Pisse und Schmutz, das nicht gut, um die Gazelle zu töten«, antwortete M'Hammed ernst.

Darauf fiel mir nichts mehr ein, und er redete von etwas anderem.

Vielleicht handelt es sich um einen Brauch, der so alt ist, dass die Beidane seinen verborgenen Sinn vergessen haben, und sie murmeln »*Bismillah!*«, während sie ihre schmutzigen *seraouil* ausziehen, ohne zu wissen, warum man so rein wie zum Gebet sein muss, um eine kleine Gazelle zu opfern.

Die Ouled Daman, die von Mokhtar Saloum, dem vorausgeschickten Kundschafter, über unsere baldige Ankunft informiert worden waren, hatten ihre Sache gut gemacht. Gewehrschüsse begrüßten uns, und die Krieger, die uns entgegengekommen waren, führten uns in ein hübsches kleines, sehr sauberes Zelt, wo bereits der Tee serviert war. Auf drei Seiten war das Zelt mit leuchtend bunt gestreiften algerischen Decken geschlossen, die auf dem Weg über die Kolonialausstellung hierher gekommen waren.

Ein Sklave brachte bald die gebratene Gazelle, und die Mahlzeit mit den Kriegern war fröhlich und gemütlich.

M'Hammed war verheiratet und Vater eines ganz kleinen Jungen. Seine Frau und sein Sohn waren im Nachbarzelt, das von Lachen und Schwatzen widerhallte. Da er nicht der Älteste im Lager war, wo sich sein Onkel und seine beiden Brüder aufhielten, setzte M'Hammed sich neben uns und wartete, bis die Mahlzeit beendet war, ehe er verstohlen aufstand, um seiner Frau Guten Tag zu sagen. Wir sahen, wie die anderen Frauen sich entfernten; die Letzte ließ diskret einen Vorhang herunterfallen, der den Eingang verschloss.

Man kann sich nur schwer vorstellen, welchen Zwängen die Mauren auf Grund ihrer Familienbräuche ausgesetzt sind, da sie alle in Zelten leben, die nach allen Himmelsrichtungen offen sind. M'Hammed weilte nur ein paar Stunden vor einer langen Reise zu Hause, und doch durfte seine Frau niemals mit ihm in der Öffentlichkeit erscheinen.

Ihre kurzen Begegnungen hatten etwas von einem heimlichen Rendezvous. Wenn ihre Blicke sich kreuzten, wandten sie den Kopf ab. Als wir abreisten, sagte M'Hammed allen seinen Verwandten Lebwohl, aber er warf keinen einzigen Blick auf seine Frau, die abseits unter ihren Dienerinnen saß. Und es fand sich immer jemand, der M'Hammeds Sohn wegbrachte, wenn er neben seinem Vater spielte und der Onkel oder die Brüder in Erscheinung traten.

Vor seiner Verwandtschaft breitete M'Hammed mit kindischer Eitelkeit seine Kenntnisse der europäischen Dinge aus. Er machte Fotos mit verkehrt gehaltener Kamera, lieh sich einen Taschenspiegel und eine Schere von uns aus, um seinen Schnurrbart zu stutzen, schluckte eine Chininkapsel mit einer Aspirintablette und ließ sich Jod auf einen Kratzer tupfen.

Von seinem Beispiel ermutigt, verlangten auch die anderen Medikamente, auf die der Maure ganz versessen ist, und eine Gefangene holte uns im Auftrag einer Frau, deren Tochter an einer seltsamen Krankheit litt.

Es war ein hübsches kleines Mädchen von drei, vier Jahren, das auf einer Pobacke ein mit Sand und Ziegenkot verkrustetes Gummipflaster trug. Mit viel Mühe erreichte Marion, dass Wasser abgekocht wurde, und während die Kleine auf dem Schoß ihrer Mutter brüllte, machte sie sich daran, diese kleine Pobacke zu säubern, die angeschwollen war wie ein verfaulter Apfel. Plötzlich schoss ein Eiterschwall auf den mütterlichen *malahfa*, der mit ein wenig Sand gesäubert wurde.

Wir hatten schon Tabakblätter als Kompresse auf einer Schnittwunde gesehen und Kauterisationen am Schädel und an den Schläfen von Kindern, die mit brennendem Kameldung behandelt wurden, um die Ophthalmie zu heilen; wir hatten von Hörnern gehört, die als Schröpfköpfe verwendet wurden, von massiven Aderlässen bei Migräneanfällen und von allen nur denkbaren Amuletten, die vor Krankheiten und Unfällen schützen; aber wir wären nie auf die Idee gekommen, dass man einen Eiterherd unter einem Panzer von Gummiarabikum einschließen könnte!

Ein zerlumpter alter Hexer, der Arzt des Lagers, beobachtete uns mit wütender Miene und murmelte Verwünschungen; doch dann überlegte er sich, dass wir am nächsten Tag abreisen würden und ihm das Feld überlassen mussten, und er hielt es daher für vorteilhafter, sich bei uns einzuschmeicheln und Tabak zu schnorren. Der niedrige Stand der Ärzte in der Hierarchie der maurischen Gesellschaft gestattet ihnen, unverhohlen zu betteln wie die Griots oder die Schmiede.

Ja, wie ich bereits sagte, es wartet ein schönes Stück Arbeit auf die europäischen Ärzte und das Rote Kreuz in den Saharazelten, wo ihre Dienste das sicherste Freundschaftsband mit den Nomaden wären, die jede Hilfe, die man ihnen anbietet, vertrauensvoll annehmen.

Die einzige Frau, die das Recht hatte, sich frei im Lager zu bewegen und in alle Zelte einzutreten, ohne sich um das Alter der Bewohner zu kümmern, war die alte Mariam, die Mutter von M'Hammed, die Herrin über all diese Männer, die vor ihr zitterten wie kleine Jungen.

Zur Stunde der Eule setzte sie sich in die Mitte unseres Zelts, warf einen missbilligenden Blick auf »Katt'« die kleine Katze, die an einem Gazellenknochen nagte und dabei schnurrte, wie es für ein junges Raubtier nur natürlich war, und verlangte gebieterisch Tabak von uns. Das trockene Blatt knisterte in ihren Handflächen, unter ihrem Zeigefinger, der es zermalmte. Mariam atmete das Pulver ein, schnupfte, spuckte, schnäuzte sich in die Finger, spuckte noch einmal mit großem Nachdruck und verharrte reglos, die Lippe hing herunter wie bei einer alten Kamelstute.

Die Männer bewahrten Schweigen im Bannkreis der Königinmutter. Nachdem alle Höflichkeiten ausgetauscht waren, wussten sie, dass man jetzt zu den ernsten Angelegenheiten übergehen würde. Der Augenblick war gekommen, um über die Vermietung des Packkamels zu verhandeln, das M'Hammed uns versprochen hatte.

Aber ach! Er hatte keines, da seine Herde auf eine weit entfernte Weide gebracht worden sei, aber sein älterer Bruder, der eines hatte, könne vielleicht mit uns kommen.

Diese ersten drei Tage hatten uns die Gefahren erahnen lassen, die man eingeht, wenn man zwei Kamelführer anheuert, die sich auf Grund des starken Familienzusammenhalts, dessen die Beidane sich so rühmen, miteinander verbünden, und wir hatten nicht die Absicht, unseren Fehler noch zu verschlimmern, indem wir einen dritten Ouled Daman mitnahmen.

»Wir brauchen keinen anderen Führer«, antwortete Marion mit sanfter Festigkeit, sondern nur ein Kamel für das Gepäck; wenn dieses Kamel, das du am Zügel neben deinem führen kannst, nicht die Last eines Mannes trägt, kann es mehr Säcke schleppen.«

»Das ist unmöglich, du kannst nicht das Kamel ohne den Mann nehmen, der es bewacht.«

»Hat dein Bruder denn kein Vertrauen zu dir?«

»Doch, doch ... aber vielleicht hat er kein Kamel ...« Ehe er zu Ende reden konnte, ertönte Mariams Stimme, hart und trocken wie ein Peitschenhieb: »M'Hammed! Taâla ila! Komm!«

M'Hammed stand unverzüglich auf und ging zu seinen Brüdern.

Diese Bewegung teilte uns klar in zwei Lager auf. Einerseits ein halbes Dutzend Männer, im Kreis um Mariam versammelt, die mit den Gesten einer Prophetin redete. Da sie zu ihrer Zeit ein schönes, dickes, milchgemästetes Mädchen gewesen sein musste und jetzt nur noch eine böse, dürre alte Frau war, hing ihr die Haut in schlaffen Lappen wie ein Vorhang an den erhobenen Armen herunter.

Etwas abseits das Lager der beiden Europäerinnen, die darauf warteten, ihr Schicksal zu erfahren, hilflos und ergeben wie Sklavinnen, die zum Markt geführt werden.

Es war nicht unsere Freiheit, die auf dem Spiel stand, sondern etwas fast ebenso Ernstes: die Voraussetzungen für den Erfolg oder Misserfolg dieser so leichtfertig unternommenen Reise. Es war klar, dass wir unser Ziel nicht mit überladenen Kamelen erreichen konnten und dass wir keinen Ersatz finden würden, wenn eines vor Erschöpfung zusammenbrach. Ein Packtier war unverzichtbar, so bescheiden unsere Ausrüstung für zwei Personen auch sein mochte, angesichts der Tatsache, dass wir mehrere Wochen unterwegs sein würden.

Die Lage war also die folgende: Im Busch, wo es Kamele gibt, hatten wir nicht die Befugnis, eines zu requirieren. In den französischen Posten, meist fernab der Weiden, gibt es die Behörden, die zur Requirierung befugt sind, aber keine Kamele. Ner, der in Tiniark angeheuerte Begleiter wollte nicht weiter mitkommen. M'Hammed und Mokhtar Saloum wollten nicht für fünf Tiere verantwortlich sein, die sie satteln, beladen und abladen mussten, und sie würden sich lieber ein Geschäft entgehen lassen, als zusätzliche Arbeit zu akzeptieren. Der ältere Bruder würde uns zwar sein Kamel vermieten, aber unter der Bedingung, dass wir uns einen dritten Spitzbuben und dreimal so viel Scherereien aufhalsten. Und die alte Mariam, wütend, dass durch meine Schuld aus dem Geschäft zwischen Abdallahi und M'Hammed nichts geworden war, gedachte uns über die Vermittlung ihrer Söhne einen vorteilhaften Kuhhandel aufzudrängen.

Nach den offiziellen Statistiken besitzt Mauretanien 65 000 Kamele. Und doch stellt dieses Tier die nützlichste, aber leider auch am schwierigsten zu mietende oder zu kaufende Ware dar.

Das Getuschel ging bis spät in die Nacht weiter, ohne nennenswertes Ergebnis, außer einem: Ner, der vielleicht Mitleid mit uns hatte, erklärte sich bereit, uns bis Aleg zu folgen.

Und am nächsten Morgen, als wir die Ouled Daman verließen, stiegen M'Hammed und sein »kleiner Bruder« stolz auf zwei prächtige Mehara, auf denen Mariams gesamte Hoffnungen ruhten.

Wieder einmal gehörte der Busch uns, schweigend und leer. Unter den regelmäßigen Schritten unserer Kamele entrollten sich langsam die weißen Täler vor uns, die dichten Gehölze, mit Nestern gespickt, die Dünen aus feinem Sand, die an ihren Flanken die tiefen Narben der großen Regenfälle trugen. Beim Näherkommen scheuchten wir metallisch schillernde Amseln auf, rote und schwarze Sperlingsvögel, die man auch »afrikanische Jäger« nennt, Webervögel, weiße, graue und rote Raubvögel, klagende Turteltauben und vielfarbige Bienenfresser. Die Senegalracke schoss wie ein türkisblau-malachitgrüner Blitz vorbei, ein Geschöpf, so funkelnd, dass die Mauren es »den Vogel, der seinen Vater verkauft hat, um sich das schönste Kleid zu kaufen« nennen. Die Gazellen waren jetzt zahlreicher, die nächtlichen Hyänen und Schakale turbulenter. Das Wasser war nicht mehr fern.

Ich sehe noch, inmitten der blendenden Regs, die kleinen Wäldchen vor mir, die den Zauber verlassener Obstgärten hatten, von blassgelben Schönmalven überwuchert. Wir mussten dort anhalten, ob in der glühenden Mittagszeit oder zu später Stunde, damit die Kamele die Lianen mit den Blättern der Passionsblumen fressen konnten, die sehr bekömmlich für sie sind. Ich sehe die großen Feuer am Abend vor mir, die das Lager eines Kadis ankündigten, wo uns am zweiten Morgen das Stimmengewirr einer Grundschule weckte; es war eine der dreihundert Nomadenschulen, in denen die Kinder den Koran auf winzigen Täfelchen aus Akazienholz buchstabieren. Aber vor allem sehe ich, jenseits einer rötlichen, mit sattgrünen Weiden bedeckten Ebene, ein unendliches blaugraues Leuchten, das sich bis zum Horizont erstreckt wie ein Meer: der See von Aleg, Mittelpunkt allen Lebens der Provinz Brakna, die wir jetzt erreicht hatten.

Wenn man aus den glühenden Steppen kommt, ist ein stehendes Wasser etwas Schönes, ein lebendes Juwel, ein friedliches und bewegendes Fest, in dem das Auge, das seit langem von zu viel Sand geblendet war, endlich Ruhe findet. Hunderte von Ziegen, Schafen und Zebus, ein paar kleine graue Pferde, Kamelstuten mit ihren Jungen drängten sich auf den Hängen, galoppierten zum Wasser hinunter und stürzten sich bis zu den Knien hinein, um lange und andächtig zu trinken, nach Art der Menschen und Tiere in der Sahara, wo Trinken eine große Sache ist. Hirten füllten in stillen, seidigen Wasserarmen ihre Schläuche. Am Strand ruhten Nomadenfamilien im Schatten von Sträuchern, all ihre armseligen Besitztümer um sich herum verstreut. Tausende von Vögeln suchten Nahrung im Wasser und im Schlamm oder träumten in der Sonne, auf einem Bein stehend, ihre langen Hälse sorgfältig drapiert. Eine Entenfamilie war zu sehen, mit grünlich schillernden schwarzen Federn, Silber- und Graureiher, wobei die größten sich nicht unter die kleinsten mischten, majestätische Kronenkraniche und die Versammlung der gravitätischen, lächerlichen Marabus. Weiße Madenhacker machten sich auf den Rücken der Zebus zu schaffen, Geier und Raben lauerten in den Akazien, wo sie ihre Horste gebaut hatten, auf ihre Chance. Plötzlich stob ein ganzer Schwarm auf, beschrieb große Kreise in der Luft, raue Schreie ausstoßend, ohne dass man den Grund für die ganze Aufregung erkennen konnte.

Als die Kamele fertig getrunken hatten, folgten wir dem Pfad, den unzählige Füße zwischen den Hirsefeldern gebahnt hatten, die sich bis zum Horizont erstreckten, von Furchen durchzogen, in denen die jungen Pflänzchen bereits ihre leuchtenden Blätter hochreckten. Hier fing mein Kamel Boudaïl zu hinken an, vermutlich erschöpft vom Waten in dem schlammigen Boden. Sein rechtes Bein war bis zur Brust geschwollen.

M'Hammed gab den äußerst hilfreichen Kommentar ab, dass vielleicht zu viel Blut in diesem Bein sei; und Mokhtar Saloum verkündete mit unschuldiger Miene die folgende Wahrheit: »Mein Kamel von mir, er gut!«

Nach langen Tagen des Umherziehens und der Einsamkeit ist der Reisende immer wieder überwältigt und bewegt beim Anblick eines französischen Postens. Umso mehr, als diese Posten meist auf einem kahlen Hügelkamm aufragen, was ihnen eine stolze Größe verleiht.

Aleg ist vielleicht der eindrucksvollste dieser Posten. Es ist eine Art mittelalterliche Festung, mit Türmchen und Zinnen bewehrt, die eins ist mit dem ariden Felshügel, der sie trägt. Die hohen Mauern sind aus dem gleichen braunen Lehm geformt wie der mit rotem Laterit übersäte Boden.

Hier wurden wir von dem jungen Administrator und seiner Frau empfangen, die eine echte Kolonialfranzösin war, tüchtig und sportlich.

Am Abend wurde auf der höchsten Terrasse des Postens gefeiert. Um die kleine weiße Gruppe der Europäer drängte sich die dunkle Masse der Mauren und Schwarzen, angelockt von dem Konzert, das eine berühmte Griot-Familie gab.

Die Mutter, die ältere Tochter und ihr Bräutigam spielten zum Auftakt auf der *ardine* und den *tidinits*. ... Und dann erschien Menina, eine dunkelblaue Silhouette, die sich vor dem weiten Himmel in der Abenddämmerung abzeichnete. Ihr *malahfa* hüllte sie ganz ein, schmiegte sich um ihre bereits fülligen Formen, ihre leicht abgewinkelten Beine, und fiel wie ein Sockel über ihre nackten Füße. Nur ihre geschmeidigen Hände, mit Henna rot gefärbt, bewegten sich; sie flogen wie schwirrende Flügel, vibrierten wie ein Ruf, wie eine Zurückweisung; ihre Finger öffneten und schlossen sich in rituellen Gesten, die unbekannte Dinge erzählten. Und das schmerzliche Erschauern ihres kleinen Gesichts mit den geschwärzten Lippen, den bebenden Nasenflügeln brachte die ganze sinnliche, grausame und raffinierte – unzugängliche – Seele der Wüstenvölker zum Ausdruck.

Wir sollten bald mehr als genug von Menina, Aya und ihrer Mutter haben. Den ganzen folgenden Tag telefonierten sie ihre Lieder an die Studenten von Boutilimit durch, an Ould Deïd, an den künftigen Emir von Adrar, an den Dolmetscher von Tidjikja, den von Moudjeria ... Es war, als wollte ganz Mauretanien sie hören, und nachdem jeder ihrer Zuhörer eine Geldanweisung von fünfzig Franc telegrafiert hatte, ließen sie sich nicht bitten! Leider war das Telefon in der Nähe der Gästehütte, in der wir untergebracht waren. Und vor einem Telefon, ihrer Atmosphäre und Gesten beraubt, fehlt es der maurischen Musik ein wenig an Charme für europäische Ohren.

Außerdem setzten sich die nicht zahlenden Bewunderer, die diese Damen umringten, ohne Umschweife in unser Zimmer, wenn sie müde waren. Ich habe nie in einer »Durchgangshütte« gewohnt, deren Türen sich nicht anders als von außen mit einem großen Stein abschließen ließen. Die von Aleg hatte kein Fenster, aber dafür zwei Eingänge: zur Terrasse hin für die Fledermäuse, zum Hof hin für die Beidane. Dazwischen musste man schlafen, sich waschen, die Wäsche waschen und in der Dunkelheit, in Gesellschaft von Wüstengekkos und Termiten, Tagebuch schreiben.

Marion graut es vor Fledermäusen, ich habe eine schreckliche Angst vor Gekkos. Natürlich warfen wir uns unsere Phobien gegenseitig vor. Ich weiß nicht, warum wir uns als Schreckgespenst diese harmlosen Tiere ausgesucht haben, die, da es im Süden Mauretaniens davon nur so wimmelt, zahlreiche Dramen verursachten. Beinahe wäre unsere Freundschaft daran zerbrochen. Wenn man also ein ängstliches Naturell hat, sollte man sich nicht in der Sahara herumtreiben!

Das ist auch der Grund, warum ich nach diesen kurzen »Sommerfrischen« in der Zivilisation immer froh war, wenn ich in die Zelte zurückkehren konnte, wo man sich nicht waschen musste und wo es Licht und Luft gab, was unschätzbare Annehmlichkeiten sind.

Die Spaziergänge waren eine schöne Abwechslung. Das schwarze Dorf war neu für uns, mit seinen Wohnstätten aus zwei runden Hütten, die durch einen strohgedeckten Gang miteinander verbunden waren und wo die Hirsemörser dröhnten.

Der Administrator zeigte uns seinen Garten, dessen große Bäume sich mit einer zarten Melancholie, ein wenig à la Lamartine, in der dunklen Fläche eines Teiches spiegelten. Aber Lamartines Lucie war hier schwarz und trug auf ihrem Kopf einen Korb Tomaten,

Schatz der Gärten des Hinterlands, die, in Ermangelung anderer Früchte, sich weit über ihren bescheidenen Gemüsestand erhoben.

Der unerwartete Besuch des Administrators von Chemama, einem Unterbezirk von Aleg, gab uns die Möglichkeit, seine »Hauptstadt« Boghé (Bogué) kennen zu lernen, wohin er uns im Auto brachte.

Auf fünfundsiebzig Kilometern richtiger Piste fuhren wir durch die Landschaft, die immer waldiger wurde, je mehr man sich dem Fluss näherte, bis zu der bezaubernden kleinen Tukulor-Stadt, die, zwischen einem toten Arm und dem Senegalfluss gelegen, ihre rosafarbenen Strohhütten unter Tamarinden, Mangobäumen und Flamboyants verbirgt.

Dort sahen wir auch unsere ersten Hibiskussträucher, eine zahme Löwin und einen schwarzen Markt, der uns nach der Kargheit der Sahara wie ein wunderbares Füllhorn aller irdischen Güter erschien. Ein alter Händler verkaufte phönizische Perlen, stumpf vor Alter, Bernsteinkugeln, Chalzedone und deren Imitationen aus Galalith, Berge von Kaurimuscheln – kleine weiße Muscheln, die früher als Geld verwendet wurden. Drei- bis viertausend hatte man für eine Kuh ausgeben müssen, für einen Sklaven die Hälfte. Es gab Kürbisse zu kaufen, Tomaten, rund wie Kirschen, zu fünf Sou die große Kalebasse, Stücke vom Krokodilschwanz, seltsame Pfefferkuchen, frische oder gegerbte Häute, Kolanüsse, Baumwollstoffe, Parfüms, bizarre Amulette, magische Kräuter, Schibutter und Baobabkerne, in ihr weißes Mehl eingehüllt, zur Aromatisierung der Milch. Eine Schar schwarzer Frauen feilschte endlos, schnatternd und mit wichtiger Miene einherstolzierend. Hatte nicht jede von ihnen den schönsten Stoff unter der verführerischsten Brust drapiert, den feinsten Schleier über den am kunstvollsten geflochtenen Haaren, den reichsten Goldschmuck und das schönste Kind auf dem Rücken?

Jeder Administrator ist stolz auf die Berühmtheiten in seinem Bezirk. Der von Aleg hatte einen uralten Stammesführer, der vor einigen Jahren unter großen Strapazen als freiwillige Geisel zu den Gläubigern seines Sohnes gekommen war. Als die Schulden beglichen waren, hatte der Alte nicht mehr die Kraft, sein Kamel zu besteigen, um in sein Lager zurückzukehren. Wir haben auch einen Mauren gesehen, der einen guten Posten in einem Institut für Anthroprometrie verdient hätte: Er hatte einen Banditen nach den Spuren erkannt, die er vor vier oder fünf Jahren am Ort des Verbrechens registriert hatte.

Der Administrator von Boghé stellte uns einen Tukulor-Prinzen vor, Bailéa-Biran-Wan, den ehemaligen Dolmetscher des Hauptmanns Psichari und heute Dolmetscher ehrenhalber, der, als einfacher Senegalschütze eingezogen, aus dem Großen Krieg der Weißen mit den Schulterstücken eines Oberleutnants und dem Kreuz der Ehrenlegion zurückgekommen war. Dann hatte er einfach seine Uniform gegen die lange weiße Toga ausgetauscht und fortan wieder Hirse und Bananen angebaut, so wie vorher. Wenn er auf seinem schäumenden kleinen Pferd die Fantasia ritt, erinnerte er mit seinem ausgefallenen kegelförmigen Strohhut, seiner Lanze und seinen gespreizten Knien, die Füße in den großen eisernen Steigbügeln, strotzend vor Sporen, an einen aristokratischen, gleichwohl barbarischen Samurai. Er wollte, dass sein Sohn eine französische Erziehung erhielt. Als er aber hörte, dass man ihn in die Schuluniform gesteckt hatte, reiste er mit dem ersten Schiff nach Saint-Louis, zog dem Kind die Uniform aus, streifte ihm höchstpersönlich die bestickte Baumwolltoga seines Volks, seines Vaters und seiner Vorfahren über und drohte ihm an, ihn nach Boghé zurückzuholen, sollte er je vergessen, stolz darauf zu sein, dass er der Sohn der Könige des Flusses war.

Ein anderer, bescheidenerer Held bewachte die Tür unseres Gastgebers: Zanzibar, Extrompeter der Spahis, mit Orden ausgezeichnet, der am 15. Mai 1900 in Tizegui die Kolonne Gouraud rettete und vom großen Chef die folgende ehrenvolle Erwähnung erhielt: »... dank seiner außerordentlichen Tüchtigkeit, seiner Findigkeit und seines unermüdlichen Einsatzes bei Tag und bei Nacht konnten sechshundert Männer und achthundert Tiere vor dem Verdursten gerettet werden.« (Oberst Gourod, »La Pacification de la Mauritanie«.) Nachdem er so viel Wasser gesehen hat, ist ihm die Lust darauf vergangen, und er zieht eindeutig den Wein vor. Dennoch gehört er zu den Gestalten, um deretwillen ich froh war, dass ich Mauretanien noch rechtzeitig besucht hatte, um ein paar Gesichter aus der großen, heroischen Zeit zu erblicken.

Boghé war ein Tag der Atempause, flüchtiger Einblicke in ein Kolonialleben wie auf dem Werbeplakat: blütenüberwucherte Bungalows, Schaukelstühle am Flussufer, Boys, Moskitonetze und *pankas*, Hibiskussträucher und Rhododendren. Sobald wir nach Aleg zurückkamen, mussten wir wieder unsere Pflichten als Hirtinnen übernehmen. Im Trab-el-Beidane reisen heißt eine Herde bewachen.

M'Hammed war schlecht gelaunt: Die Kamele krepierten vor Hunger zwischen den Hirse- und Steinfeldern, die Temperatur stieg von Tag zu Tag, und wenn wir uns weiter an jedem Posten aufhielten, würden wir unter der großen Hitze in Assaba leiden müssen. Er murrte auch, weil der Kommandant uns überredet hatte, einen Umweg über Guimi zu machen, um einen gewissen Lobbat, Anführer der Ouled Normache und Emir-Anwärter, zu besuchen. Das wäre eine zusätzliche Strecke von zweihundert Kilometern ... aber Lobbat hatte schöne Kamele ... Jeder Bezirkskommandant legt Wert darauf, auch einen Emir zu seinen Touristenattraktionen zählen zu können.

Am Sonntag, den elften März, verließen wir, um zwei Kleidersäcke erleichtert, die gastfreundliche Burg von Aleg. Da Ner uns verlassen hatte, nahmen wir einen fröhlichen Burschen mit, dessen Namen allein schon wie ein Witz erschien: Aroya-ould-Fil, was man mit »Kleines-Lager-Sohn-des-Elefanten« übersetzen könnte.

Er erzählte viele Geschichten, die fortan die ganze Aufmerksamkeit unserer beiden Trarza-Führer in Anspruch nahmen. Außerdem stellte Aleg die Grenze zu dem Gebiet dar, in dem sie bekannt waren und überwacht wurden. Jetzt waren sie frei, jetzt konnten sie ihren ermüdenden Eifer fallen lassen und den Leuten von Brakna, Gorgol und anderen Provinzen zeigen, dass die Krieger der Ouled Daman, wenn sie sich schon herablassen, Frauen zu begleiten, zumindest nicht so tief sinken, dass sie diesen auch noch gehorchen.

Von jetzt an bekamen wir Tee, wenn unsere Führer Lust darauf hatten; wir schliefen, wenn sie sich genug über ihre glorreichen Heldentaten verbreitet hatten, und wir brachen morgens auf, wenn sie ausgeschlafen hatten. Fremde Sklaven, die gerade zur Hand waren, bereiteten unser Lager. Unsere Fragen blieben ohne Antwort, die Befehle ohne Resultat, die Vorwürfe ohne Wirkung.

Der »kleine Bruder« nahm unter den nachsichtigen Augen seines Onkels eine blasierte, träge Haltung an. Und wir entdeckten allmählich, dass die Verwandtschaft zwischen Onkel und Neffe in einer Art Bündnis bestand, bei dem der Jüngere den Schutz des Älteren mit heimlichen Gunstbeweisen bezahlte.

Boudaïl hinkte immer noch. Im ersten Lager, auf das wir trafen, griffen Aroya und M'Hammed zu den großen Mitteln: drei Aderlässe kreuzförmig an der Schulter, über dem Knie und am Fesselgelenk. Ein wahres Fest für die Fliegen! Als genug Blut geflossen war, wurden die Wunden mit einer Mischung aus Fett und Kohle zugestopft und das Ganze mit Sand getrocknet.

Im Tausch gegen das arme Hinkebein lieh Mokthar Saloum mir sein schönes Mehari Boulilima, was er als gute Gelegenheit erachtete, mich für alle Fälle schon einmal dessen Sanftheit und Kraft würdigen zu lassen. »Kamele von mir, sie sehr gut!«

Die Rache für unsere Ungnade war, dass letztlich die Kamele sich als die wahren Herren erwiesen. Sie zwangen uns, Umwege und Pausen zu machen, um ihnen die nötige Nahrung und Wasser zu beschaffen. Ach, diese Halte vor den Tamat-, »Adress«- und Gummibäumen, wo man die sengende Glut, die einem bleischwer vom Himmel auf die Schulter fällt, vergisst vor lauter Rührung, das Reittier sich den Pansen füllen zu sehen! Dieses Warten mitten in einer Prärie von Aristida und anderem Gras, während man daran denkt, dass das eigene Essen noch fern ist! Und diese Tage trübseliger Rast, während die erschöpften Tiere im Schatten der Akazien wiederkäuen, diese leeren Tage, wo man in aller Muße das Herannahen der großen Hitzeperioden berechnen kann, die auf die Junistürme folgen!

Nicht umsonst wird das Kamel auch »Wüstenschiff« genannt. Du lebst auf ihm, all deine irdischen Güter um dich herum sind festgezurrt. Ihre Kraft ist deine Sicherheit; seine Schwäche dein Verderben. Der Kameltreiber, der den Zügel hält, wie der Steuermann das Ruder, kann zu Recht stolz auf seine Verantwortung sein: Hier gilt es, auf Gedeih und Verderb »gemeinsam zu schwimmen oder unterzugehen«, und wenn das Tier stirbt, ist auch der Mensch vom Tod bedroht. Wie das Schiff verlangt das Kamel, vertrauensvoll, mutig und verletzlich, von dem Reiter, der oben auf seinem Buckel sitzt und zum Horizont ausspäht, dass er ihm ohne Unterlass seine Ruhe und sein Vergnügen opfert, dass er es mit seiner ungeteilten Fürsorge und Aufmerksamkeit umgibt, aus der die Solidarität, die Dankbarkeit und eine dunkle Liebe erwachsen.

Einer der Halte war Kreimi, zwischen Aleg und Guimi, der schönste vielleicht, und die Erinnerung daran verzauberte so manches Mal die langen Abende unserer Nomadenexistenz.

Die Sonne sinkt in goldenen Bändern über die mandelgrüne Landschaft. Marion und ich, im tiefen Schatten der großen Iguinins lagernd, warten darauf, dass die Zeit vergeht, ohne Angst, gestört zu werden. Ruhe ohne Langeweile: Es genügt, zu schlafen, sich zu waschen, seine Lumpen auszubessern, das »Bordbuch« auf den neusten Stand zu bringen, zu rauchen, Tee zu trinken ...

Afrikanischer Frieden, biblisch und einfach. Keinen Hunger haben, keinen Durst, nicht zu heiß, bescheidenes Glück, das uns im Augenblick genügt. Unsere Begleiter schlafen neben uns. Katt', die kleine, falbe Seidenkugel, schnurrt an Marions Schulter. Jenseits des Schattenbereichs betören sich flammenfarbene Schmetterlinge am Geruch der Akazienblüten. Und noch weiter entfernt zermalmen die Kamele genüsslich fingerlange Dornen.

»Die Zeit vergeht, ohne dass der Dichter sich wundert ...« Die Dämmerung streut ihre Asche über die letzten Feuer der Sonne, und die Männer werfen sich zu ihrem letzten Gebet nieder.

Der Wasserkessel singt in der Glut. Mokhtar Saloum holt die Teekanne aus einer *tassufra*, die Ziegenhaut mit dem grünen Tee und den Zuckerblock in seinem blauen Papier.

Plötzlich tauchen aus diesem Weideland, wo niemand ist, aus dem leeren Schatten zwei Männer auf, ein Marabut und sein Sklave, die sich, Moulanah anrufend, neben uns setzen. So ist es immer: Kein Ort in der Wüste ist so verlassen, als dass er nicht irgendwo einen Gast verborgen hielte, der zum Tee erscheint.

Der hier muss ein großer Marabut sein, denn nachdem M'Hammed seine Hand berührt hat, führt er unterwürfig die seine über sein Gesicht. Der Marabut verlangt nichts; der Sklave, der sich hinter ihn gesetzt hat, auch nicht. Sie warten. Das Leben in der Sahara ist ein langes Warten.

Bald hört man nur noch die Mauren, die ihren Tee schlürfen, die wiederkäuenden Kamele und das Klicken der Perlen eines

Rosenkranzes zwischen den Fingern von Ismail, dem Mann Gottes.

Die Nacht ist gekommen, eine lautlose Nacht, eine Nacht wie aus einem arabischen Märchen, voller Sterne, und während der Pause, die das zweite vom dritten Glas Tee trennt, hebt Ismail seinen nackten Arm zur Milchstraße auf.

»Da ist die Spur von Burak, dem Reittier Mahomets. Vor ihm, vor Aissa, war der Vater von Sidi Brahim, der Prophet Saleh, der sich weigerte, Moulanah anzubeten. Da schlug Moulanah, der Allmächtige, der ihn bekehren wollte, einen Kieselstein, aus dem die erste Kamelstute entsprang. Ihre Milch konnte alle Menschenkinder ernähren, die Tiere, die ihre Jungen säugten, die Pflanzen, deren Saft weiß ist, und Bentoumachen, ihr eigenes Kameljunges. Moulanah hatte auch einen niemals versiegenden Brunnen geschaffen, dessen Wasser einen Tag den Menschen gehörte und einen Tag Naga Saleh, der weißen Kamelstute. Aber die Menschen sind der Wohltaten Gottes nicht würdig: Ein *mechbour* kam von Norden und tötete die Kamelstute; das Kameljunge flüchtete in den Himmel ... Hier kannst du seine Spur sehen, diese vier funkelnden Sterne. (Sein ausgestreckter Finger zeigt den Großen Bären.) Moulanah musste den Anführer des *mechbour* verhaften, und jeder kann die Sterne seiner Füße, seines Kopfes, die drei seines Gürtels und den seiner rechten Hand sehen (der Gürtel des Orion), die auf ewig rot vom Blut der Kamelstute ist.«

Und fortan war selbst der Himmel für uns der Islam.

Jetzt steigt eine zarte Musik in die Nacht auf, Hirtenflöte mit Mollmodulationen, die singt, fleht und stöhnt. Der Refrain ist ein Gebet, denn jede muslimische Freude geht mit Frömmigkeit einher. Der Sklave hat seine Flöte aus dem Rindenetui hervorgeholt, eine Flöte, die er aus einem Ast geschnitzt hat, die Gefährtin, die ihm seine langen Stunden als Hirte verschönert. Souilem wollte den beiden Fremden danken, die den Tee gegeben haben. Er hat sich ans Feuer gesetzt, dessen Lichtreflexe über seine geblähten Wangen streichen, über die harten Muskeln seines nackten Oberkörpers, über seine Hände, die über das raue Holzstück gleiten. Er gibt, was er hat, er schenkt sein Lied.

M'Hammed übersetzt für uns, was die Flöte sagt:

Gottara, Klein-Kuh, er ist verloren.
Gottara, Gottara, wo du bist geblieben?
Der Löwe hat gefunden Klein-Kuh!
Warum hat er verlassen das Lager des Marabut?
Gottara, Gottara, der Löwe wird dich fressen!
La ilaha ill'Allah!

Der Marabu, er läuft, um seine Kuh zu retten.
Sbâ, o sbâ, du lässt meine Kuh!
La ilaha ill'Allah! Ill'Allah ... Ah!

Gottara, Gottara, wo du bist geblieben?
Der Löwe hat ihn zu fressen bekommen!
La ilaha ill'Allah! La ilaha ill'Allah!

Und Souilem bittet Moulanah lange, ruft die Kuh und brüllt mit seiner Flöte die Antwort des Löwen. Lange, lange, bis wir, halb eingeschlafen, von dem kindlichen Singsang nur noch ein klagendes Murmeln hören.

In der Morgendämmerung brachen unsere Freunde nach Aleg auf, der Marabut seinen Rosenkranz psalmodierend, während Souilem mit seiner Hirtenflöte in den Gesang der Turteltauben einstimmte.

Es war eine schöne Morgenfrühe, ganz fröhlich und unbeschwert, wie es sie an diesem Märztag auch irgendwo in den bretonischen Landes oder in den Auen von Angers geben musste. Wir atmeten die frische Brise mit neuer Kraft. Die Piste war leicht, gerade, gut markiert von den Karawanen, die Nahrungsmittel vom Fluss nach Moudjeria, Tidjikja und Atar hinaufbringen. Die Kamele, jetzt gesättigt, trotteten willig dahin, sogar Boudaïl, dessen Wunden sich allmählich schlossen. ... Ja, so ein zauberhafter Morgen, dessen durchsichtiges Licht die Zukunft heller und unbeschwerter erscheinen lässt.

Vom sicheren Schritt des großen Boukhzeima gewiegt, überließ sich Marion, ein Holzstäbchen, das man als Zahnstocher benutzt, zwischen den Lippen, ihrem natürlichen Optimismus.

»Ist es nicht unglaublich, welche Strecken man bei dreißig bis vierzig Kilometern pro Stunde zurücklegen kann?«

»O ja, sicher ... wenn man die Tage nicht zählt ...«

»Eigentlich sind sie doch ausgezeichnet, unsere Kamele, und wenn wir sie gut pflegen ...«

Das war der Augenblick, den M'Hammed wählte, um folgende drei kleinen Worte fallen zu lassen: »Boukhzeima ist müde.«

Drei kleine trockene Worte wie der Aufprall eines Kieselsteins auf einem friedlichen Teich, wie ein Schlag mit dem Lineal auf die Hand eines Schülers, der von einer Frühlingslerche abgelenkt ist, wie das Zeichen des Regisseurs für einen Kulissenwechsel.

Marion wandte sich um, fassungslos und empört. Welcher Holzkopf konnte von Müdigkeit sprechen, und wer sollte an diesem frischen Morgen müde sein, einem Morgen nach einem langen Halt?

Boukhzeima selbst trottete beschwingt dahin. Marion, die auf ihm saß, konnte sich ihre Illusionen bewahren, aber ich sah ihn plötzlich, wie das Kamel wirklich war, mit seinen flachen Hinterbacken, seinem eingefallenen Bauch, an dem sich die Zecken festsaugten, und seinem geraden Rücken, dem Rücken einer alten Kuh, gespannt wie eine Brücke über den hohlen Flanken. Wir wussten, was »müde« im Hinblick auf ein Kamel und aus dem Mund von einem Beidani bedeutete.

»Natürlich ist er müde. Seit den letzten Regen war er als Postbote auf der Strecke von Boutilimit nach Rosso und nach Nouakchott eingesetzt.«

Das waren fünfeinhalb Monate. Das Jahr besteht für ein anständiges Kamel aus zwei gleichen Teilen: sechs Monate Arbeit, sechs Monate Ruhe.

»Bah!, wenn schon! Wir lassen Boukhzeima bis zu unserer Rückkehr in Guimi, und Lobbat verkauft uns ein anderes Reittier.«

»Vielleicht«, antwortete M'Hammed gleichgültig.

»Inschallah«, sagte Aroya als Echo.

Und Mokhtar Saloum, listig und voller Hoffnung, gab diese Schlussfolgerung zum Besten: »Er gut, Boulilima!«

Um die Wahrheit zu sagen, Guimi war eine Enttäuschung.

Gewiss, die Krieger, die uns entgegenkamen, verschwendeten eine große Menge Pulver zu unseren Ehren, und das Tamtam bot uns ein neues Schauspiel: strenge Tänzerinnen, in ihre Schleier vermummt, die mit einem Rosenkranz oder einer Schärpe am Hals gerafft waren; langsam bewegten sie sich vorwärts, zwei und zwei, die Füße auf den Säumen ihrer zu langen Gewänder, wie eine Prozession von Grabesgestalten mit kummervollen Gesten.

Das *méchoui* war reichlich, der Tee floss in Strömen, und die Sklaven sparten nicht an ranziger Butter auf den Hirsekuchen. Wir hatten ein sehr schönes Zelt mit einem für uns neuen Möbel: dem *techgal*, einem Bett aus Pfählen und geflochtenen Bambusfasern, auf dem man geschützt vor Skorpionen und anderem Ungeziefer und vor der Feuchtigkeit in der Regenzeit schlafen kann.

Mitten in der Nacht weckte uns ein Sklave, um uns die Geschenke seines Herrn zu überreichen, als ob Lobbat uns hätte zeigen wollen, dass er bis in seine Träume hinein an uns dachte.

Vielleicht hatten wir allmählich die offiziellen Empfänge des Trab-el-Beidane satt und wünschten uns weniger Feste und mehr Ruhe.

Oder vielleicht lag es auch daran, dass Lobbat, dieser honigsüße kleine Mann, so gar kein Format hatte. Er war der typische Emir-Anwärter. Auch er war Expedient gewesen, sprach ein prätentiöses Französisch und verwendete die zweite Person Plural, die in einem afrikanischen Zelt so seltsam falsch klingt.

Lobbat schäumte über vor Forderungen. Er, Anführer der Ouled Normache, stammte von Barkani ab, der den Tagant unterworfen und ihm seinen Namen Brakna gegeben hatte, während sein Bruder Terrouz im sechzehnten Jahrhundert Trarza eroberte. Die beiden feindlichen Zweige wurden natürlich Rivalen, so wie die Abkömmlinge der beiden Brüder Oudei und Delim. Lobbat, Sohn der alten Emire von Tagant, war genauso vornehm, genauso reich wie Ould Deïd, dessen Schicksal ihn mit Bitterkeit erfüllte. Und er musste erleben, dass seine Trarza-Vettern von der französischen Verwaltung mit Vergünstigungen überschüttet wurden, während die Brakna, benachteiligt, wie sie waren, weder Subventionen noch Waffen noch einen Emir erhielten ... Keinen Emir!, das vor allem war ungerecht und unverständlich, wo er, Lobbat, doch da war und nur zu willig, Ehren und Pension in Empfang zu nehmen.

Wenn er Recht hatte, dieser Mann, war das eine Sache, die er mit der Beït-el-Mal besprechen musste. Wir konnten nichts daran tun, und seine Kamele interessierten uns weit mehr als seine Krone.

Offenbar war ein Dschinn vorbeigekommen und hatte alle schönen Mehara gestohlen, die wir noch am Morgen voller Begehrlichkeit angesehen hatten. Lobbat hatte keine mehr, weder zu verleihen noch zu verkaufen. Niemand hatte Kamele im Lager. Im Übrigen, warum von Verkauf sprechen? Wenn Lobbat ein Kamel gehabt hätte, auch nur ein einziges, das unserer würdig wäre, dann hätte er es mit Freunden den Reisenden angeboten, die ihn mit ihrem Besuch beehrt hatten. Die Marabuts, bei denen wir in Mal übernachten würden, seien glücklicher dran, sie hatten sicher welche, denn ihr Anführer Cheikh-el-Nagi war ein heiliger Mann, und Moulanah segnete ihre Herden.

Nein, wirklich, für Guimi hatten sich die zweihundert Kilometer Umweg nicht gelohnt!

Die Entfernung von Guimi nach Mal beträgt anderthalb Tagesreisen. Trotz unseres Wunsches, die vergeudete Zeit wieder aufzuholen, konnten wir unsere Kamele kaum antreiben in den ausgetrockneten Wadis, die die Umgebung von Guimi durchziehen, und in der mit Quarzit- und Lateritbrocken übersäten Ebene, dem Aftout.

Das erste Lager, das wir am übernächsten Tag erreichten, war das von armen Tributpflichtigen, mit denen wir unsere Mittagsruhe hielten. Es waren nur Frauen, Kinder und Lämmer. Alles, was sie anzubieten hatten, war Milch und eine ganz kleine Gazelle, die eine junge Frau an der Brust säugte, Seite an Seite mit ihrem Baby. Wir ließen das arme Tierchen bei seiner Amme und brachen zum Lager von Cheikh-el-Nagi auf, durch schöne Wellen aus rosafarbenem Sand und durch bewaldete Täler.

Cheikh-el-Nagi war auf Reisen. Sein Bruder ließ abseits des Lagers und seiner lärmenden Herden ein großes Zelt für uns errichten, wo wir in Frieden schlafen konnten.

Vor uns erstreckte sich eine Reg, wo ein paar magere junge Hunde an einem verendeten Esel fraßen.

Was den erhofften Frieden anlangte, so waren wir mit den drei Griottes von Aleg gesegnet, die sich auf einer Künstlertournee befanden und alle Leute in unser Zelt lockten, uns aber unwillentlich von Aroya befreiten.

Es war nicht zu übersehen, dass Mokhtar Saloum eine Schwäche für Aya hatte und dass M'Hammed sich in Aleg zärtlich mit Menina verbunden hatte, was nur sie und die jungen Mädchen etwas anging. Aroya spielte für die beiden Paare die Rolle des Vertrauten, wie in einer sentimentalen Komödie.

Der Tee und das *méchoui* folgten aufeinander; die Menge verlief sich und nahm die Griottes mit, gefolgt von Mokhtar Saloum. Es blieben uns noch zwei Beschützer. Aroya schlich in geheimer Mission fort. Blieb noch M'Hammed, der mit finsterer, abwesender Miene das Zelt für die Nacht herrichtete, unseren Wunsch, am frühen Morgen aufzubrechen, zur Kenntnis nahm und akzeptierte, die Kerze zwischen Daumen und Zeigefinger auslöschte, »smillah« murmelte und sich an seinem üblichen Platz niederlegte, den Kopf auf seinem Gewehr.

In der Reg hatten die Schakale inzwischen die Hunde in die Flucht geschlagen und stritten sich um die Überreste des Esels.

Die Nacht war schon weit vorangeschritten, als Aroya auftauchte und M'Hammed etwas ins Ohr flüsterte, der sich daraufhin lautlos wie ein Dieb hinausschlich und mit seinem Freund fortging. Diesmal waren wir wirklich allein, ohne Waffen und fern jeglicher Hilfe.

Ein rauer, finsterer Schrei ertönte gedämpft aus den Büschen; dann noch einer; und als die beiden großen Tüpfelhyänen den Eselskadaver erreicht hatten, gaben sich die Schakale bereits geschlagen und traten mit klagendem Bellen den Rückzug an, denn der »gaboun« ist der unbestrittene Herr der nächtlichen Festmähler.

Im Morgengrauen schlüpften die drei Spitzbuben klammheimlich unter ihre Lammfelldecken.

Es kam zu einer heftigen Auseinandersetzung. Ich dichtete ihnen mehrere Väter und den erstbesten Hund als gemeinsame Vorfahren an. Zwei Wochen ohnmächtiger Wut machten sich jetzt endlich Luft. Natürlich konnte keine Rede davon sein, in diesem abgelegenen Busch alle drei auf einmal zu entlassen, aber Aroya wurde geopfert, um ein Exempel zu statuieren und um unseres Friedens willen. Die anderen beiden wollten wir in Kaëdi ersetzen.

Von dem Lärm angezogen, tauchte der Obermarabut mit seiner üblichen Leichenbittermiene auf, und Marion bat ihn, unsere Tiere so schnell wie möglich herbringen zu lassen, denn die saharische Höflichkeit gebietet es dem Reisenden, seine Reittiere als Vertrauensbeweis in die Obhut der Diener des Lagers zu geben. Es überraschte uns nicht, als er inmitten seiner Ergebenheitsbekundungen den gebetsmühlenartig wiederkehrenden Satz äußerte: »Ich besitze keine Kamele, aber vielleicht im nächsten Lager, wenn es Moulanahs Wille ist …«

Es war nicht Moulanahs Wille, und im nächsten Lager trafen wir nur einen Führer mit einem elenden, ausgemergelten kleinen Kamel an, das einen Teil unseres Gepäcks bis Kaëdi trug. Außerdem lasen wir noch einen Marabut auf, schwarz und traurig wie ein Rabe, und zwei nicht viel fröhlichere junge Schüler, die nach Chemama unterwegs waren und sich ein Vergnügen daraus machten, uns und unseren Tee zu begleiten.

Und der traurige Aroya kehrte trotz allen Bittens und Bettelns nach Aleg zurück.

Ein in Ungnade gefallener Kamelführer bringt seine Kameraden in jedem Fall zum Nachdenken, und der Herr, dem sie dienen müssen, hat einen Zugewinn an Frieden und Bequemlichkeit davon.

Von Mal bis Kaëdi waren wir plötzlich von den zartesten Aufmerksamkeiten umgeben. Am See von Mal, welcher wie der von Aleg mit Herden und Vögeln bevölkert war, wurden unsere Schläuche sorgfältig im offenen Wasser gefüllt und nicht zwischen den Füßen der Tiere. Es war die letzte Wasserstelle vor Chemama, wohin wir am nächsten Abend zurückkehren würden.

Auf der ganzen Piste hob sich immer ein aufmerksamer Stock, um die langen Dornenäste vor uns zu entfernen.

Beim Abendhalt, wo wir bei Sklaven von Lobbat übernachteten, die Gummi ernteten, wurde das Gepäck vorsichtig abgestellt und nicht auf den Boden geworfen wie sonst. Das hatte übrigens nicht mehr viel Sinn, denn die zerbrechlichen Gegenstände waren es längst nicht mehr. Frisches Stroh wurde auf dem Boden ausgebreitet und in aller Eile der Tee gekocht; und da wir keine Zigaretten mehr hatten, boten unsere ritterlichen Diener uns kleine Eisenpfeifen an, in denen der beißende maurische Tabak durch Mocouaressa, eine graue Flechte mit dem Geruch von Weihrauch, gemildert wurde.

Bei Tagesanbruch standen die Kamele wie durch Zauberei bereit, und die Morgenfrische wurde noch durch große Bäume verdoppelt, die die Piste beschatteten. In Dielouar verbreiterte sich diese Piste zu einer Avenue, an deren Ende man sich leicht das Parkgitter eines herrschaftlichen Anwesens hätte vorstellen können. Wir hatten noch nie so viel Schatten in der westlichen Sahara erlebt, geschweige denn eine solche Schattenqualität, bald tief, bald leicht, still und traulich, der Schatten von bescheidenem Dorngestrüpp und großen majestätischen Bäumen, ein wunderbarer Schatten voller Nester, Insekten und Vögel.

Manchmal begegneten wir einem Gummisammler, einer lebenden antiken Bronzestatue, makellos, in blauen Chiffon gehüllt. Er ging schnell, mit klappernden Amuletten, und warf uns im Vorübergehen den Namen Moulanahs zu. Hinter ihm ballte die Stille sich erneut zusammen, nur hin und wieder von der Flucht eines Hasen oder dem Aufstieben eines Perlhuhns unterbrochen.

Aber plötzlich traten wir aus den letzten Schatten in eine erbarmungslose Mittagssonne hinaus, und die Piste verlor sich in einer riesigen, unübersichtlichen Lichtung, die mit gewaltigen Termitenhügeln gespickt und von tiefen Trichtern durchlöchert war: die Brunnen von Moussouden. Die Gefangenen dort schienen nur auf uns gewartet zu haben, um unsere Kamele zu tränken, uns ein Schaf zu verkaufen und unsere Sachen zu waschen. Ein riesiger, von Lianen und Luftwurzeln überwucherter Kapokbaum bot uns einen Schatten, der groß genug war, um ganze Völkerscharen aufzunehmen. Und, o unerhörter Luxus, ein hohler Baumstumpf diente uns als Badewanne!

So konnten wir, in saubere Gewänder gekleidet und von einer respektvollen Eskorte umgeben, gelassen die unverhofften Ehrerweisungen der Sklaven entgegennehmen, die im Süden der Provinz Gorgol Hirse, Reis und Sorghum anbauen.

Es war am Abend in dem Zelt, das *haratine* der Marabuts von Brakna in der Nähe ihres Lagers für uns aufgestellt hatten. Nach dem Tee und dem Hirseeintopf blieben sie da, schweigend, denn ein wichtiger Gedanke quälte ihre einfachen Gemüter. Vor allem der Älteste starrte uns unablässig an, das Kinn auf die Knie gestützt und mit gefurchter Stirn. Er murmelte vor sich hin und nickte mit seinem kahlen Kopf. Endlich redete er, nicht in Hassanija, sondern in der alten Zenaga-Sprache, die noch von älteren Bauern gesprochen wird. M'Hammed übersetzte eilfertig.

»Der Gefangene dort, Malek, sagt, dass er Hirte für die Kamele von Coppolani in Brakna und Tagant war. Das ist lange, lange her, aber Malek hat Coppolani immer in seinem Kopf behalten, weil Coppolani, der war sehr stark und vollkommen gut ... Malek sagt auch: Die beiden Frauen von Europäer, das sind Töchter von Coppoloni, die gekommen sind, um das Land ihres Vaters zu besuchen.«

Jedes Mal, wenn M'Hammed den Namen des friedlichen Eroberers aussprach, führte Malek die Hand an seine Brust, grunzte oder schnalzte mit der Zunge zum Zeichen seiner Zustimmung. Die anderen lauschten mit glänzenden Augen auf diese unbekannten Worte, die den Gedanken zum Ausdruck brachten, der sie alle beherrschte. Vergeblich versicherte M'Hammed ihnen, dass sie sich irrten: Sie hätten sogar Ähnlichkeiten gefunden, um nur ja ihren Traum nicht aufgeben zu müssen. Als M'Hammed zu reden aufgehört hatte, beugte Malek sich abrupt zu uns vor, schrie »Ate! Menti Coppolani! Menti Coppolani! Perfekt! Töchter von Coppolani!« und nahm unsere Hände in die seinen, die er dann leidenschaftlich vor sein Gesicht schlug. Dann stürzte er hinaus, und wir sahen, wie er sich eilig entfernte und in großen Sprüngen auf seinen langen mageren Beinen über die silbern im Mondlicht schimmernden Felder verschwand.

Die große, trostlose Ebene, die jeden Sommer vom Regen und den Überschwemmungen des Flusses, der sie säumt, ausgewaschen wird, dehnte sich vor uns aus, so weit das Auge reichte, grau unter den gelben Sorghum-, Mais- und Hirsestoppeln. Die Ernte war eingebracht. Die Zeit der Ruhe war gekommen. Bevor die Menschen die neue Saat einpflanzen konnten, mussten erst die schlammigen Wasser die alte, vor Trockenheit rissige Erde bedeckt haben, sei es, dass sie von den Wadis, den toten Flussarmen und Senken bis nach Aleg, Guimi und Moudjeria vorgedrungen waren, sei es, dass sie sich mit anderen Wasserläufen von Tagant und Adrar herunter vereinigt und die Menschen und ihre Herden, die Löwen und die Elefanten, die in der Trockenzeit an den Fluss zum Trinken kommen, in das Land der großen Dünen bis in die Berge von Assaba gejagt hatten. Das ganze riesige verbrannte Land musste ein einziger Sumpf werden, von reißenden Flüssen durchzogen. Dann kehrt jedes Jahr das Leben zu seinen Wurzeln zurück, und die Erde gebiert sich wieder neu aus dem Wasser, allein mit ihren Tieren und Pflanzen und unzugänglich wie am fünften Schöpfungstag.

Wir waren seit dem frühen Morgen unterwegs, erschlagen vom Durst und von der Hitze. Die Kamele ließen sich nur noch mit Schreien und Stockhieben zum Weitergehen bewegen. Plötzlich ertönten Rufe hinter uns, die uns aus unserer Benommenheit rissen: Ein paar Gefangene der Mauren liefen hinter uns her. Zu unserer großen Überraschung erkannten wir den alten Malek, der völlig außer Atem war und uns ein Zeichen machte, auf ihn zu warten. Der arme Mann war von Lager zu Lager gerannt, um hier seinen Bruder, dort seinen Cousin, einen Milchbruder oder einfach einen alten Freund zu alarmieren, alle, die mit ihm die Herde des Meisters, des Beschützers der Marabuts und der kleinen Leute, gehütet hatten. Mit seinen Kameraden im Schlepptau war er uns nachgerannt, ohne sich von der Hitze oder der Erschöpfung abhalten zu lassen. Jetzt bekamen sie ihre Belohnung: einer nach dem anderen legte seine schwitzende Stirn in unsere Hände und murmelte:

»*Alik essalam*! Der Friede Allahs sei mit euch, ment-Coppolani!«

Bewegt ließen wir sie gewähren ... Warum sollten wir sie enttäuschen? Warum die Illusion in ihren treuen alten Herzen zerstören, dass sie in uns ihren verehrten alten Anführer wieder fanden? In uns, seinen Töchtern! Was bedeutete es schon, ob wir es waren oder jemand anders? Was zählte, war ihre Freude, und die war echt.

Marion ließ Tabak, Tee und einen Zuckerblock an sie verteilen (das hätte er bestimmt auch getan!), dann schauten sie uns nach, aufrecht, reglos, während wir in der Dämmerung verschwanden.

In der tiefen Abendstille dachten wir an diesen Mann, der dem Trab-el-Beidane den Namen »Mauretanien« gegeben hatte, der das Land geliebt hatte, der seinen Nomaden vertraute hatte und der sein Vertrauen in einer goldenen Abenddämmerung wie dieser mit dem Leben bezahlt hatte.

Wie viel Mühe, wie viele Opfer hatte es nicht gekostet, damit an diesem Abend, dreißig Jahre später, alles so ruhig war?

Und in dem Frieden, der Stille bewegten wir uns langsam vorwärts, zur Ruhe gekommen, als hätte uns etwas in diesem harten Land heimlich adoptiert.

In der sanften Pracht der Morgendämmerung tauchte der Ouoloum Néré vor uns auf, grau vor dem Hintergrund des rosigen Himmels. Man kann ihn nicht als Gipfel bezeichnen, weil er oben abgeflacht ist; so wuchtig und imposant er auch in dieser endlosen, flachen Ebene aussehen mag, wäre es dennoch übertrieben, ihn »Berg« zu nennen. Die Mauren in ihrer bildreichen Sprache, in der Quellen als »Augen« bezeichnet werden, sagen *guelb* – Herz. Ouoloum Néré und die anderen kleinen *guelb*, die um ihn herum Wache stehen, gleichen riesigen Hügelgräbern, unerwartete felsige Ausstülpungen inmitten dieser Lehmebene. Aber nur der Ouoloum Néré ist heilig.

Von der Piste aus konnten wir die Eingänge klaffender Höhlen in der Kruste aus Steinbrocken sehen, die ihn bedeckt. In Kaëdi erzählte uns Mahmadou Ahmadou Bâ, ein Tukulor und Dolmetscher, dass vor sechzig Jahren ein großer Marabut, der das Ende seines Lebens nahen fühlte, seinen Schülern befahl, ihn sofort nach seinem Tod auf einen Ochsen zu laden und das Tier hingehen zu lassen, wo immer es wollte. Dort, wo es anhielt, sollten sie das Grab ausheben. Der Ochse durchquerte Chemama sechs Kilometer weit und stieg den Ouoloum Néré hinauf, was wahrhaftig ein Wunder ist, wenn man bedenkt, dass der Berg wie ein steiler Kegelstumpf auf einen Zinnteller gesetzt ist; aber ein Tier, das einen Heiligen auf seinem Rücken trägt, hat andere Möglichkeiten als ein gewöhnlicher Ochse. Der alte Marabut wurde also auf dem Gipfel des Ouoloum Néré begraben. Mehrere Marabuts legten Wert darauf, seine letzte Bleibe zu teilen, unter anderem Toumadec, dessen Ruf weithin reichte. Das alles war eine ausgezeichnete Sache für die Übeltäter, denn der Aberglaube wollte es, dass ihresgleichen auf dem heiligen *guelb* Asyl erhalten sollten und dass man ihnen die Beute, die sie dort niedergelegt hatten, nicht mehr abnehmen durfte. Was beweist, dass man zeit seines Lebens ein Heiliger sein kann und nach dem Tod ein Hehler.

Hinter dem Ouoloum Néré wurde Chemama wieder ganz gleichförmig zwischen den Dörfern aus gelben Strohhütten und dem großen blauen Fluss. Auf der Piste, die jetzt eine richtige Straße war, begegneten wir schwarzen Bauern in langen weißen oder indigoblauen Tuniken, die auf Zebus, auf Eseln, die stärker waren als Pferde, und auf kleinen Pferden hockten, die wie Esel trotteten. Die Frauen folgten zu Fuß, mit nackter Brust, herausgedrückten Hüften und einem stolzen, vornehmen Gang, den sie ganz einfach den aufgetürmten Kalebassen verdankten, die sie auf ihren Köpfen balancierten.

Diese Landschaft ohne Schönheit hatte einen schweren Fehler für uns: Es gab nicht das kleinste Gebüsch, keinen noch so winzigen Strauch, der ausreichend mit Dornen gespickt war, um eine akzeptable Nahrung für ein anständiges Kamel abzugeben. Was sollte aus den unseren während unseres Aufenthalts in Kaëdi werden, da sie schon seit dem Vorabend nichts mehr zu fressen gehabt hatten?

Ich hatte wieder Boudaïl genommen, der jetzt gut ging. Boukhzeima, mager und bejammernswert, die Lippe noch schmollender vorgeschoben als je zuvor, schritt mühsam unter Mokhtar Saloums Stock vorwärts. Es war jetzt an Marion, die Qualitäten des schönen Boulilima zu würdigen, den der »kleine Bruder« ihr geliehen hatte. Das Packkamel schleppte sich lustlos hinterher und stellte eine Müdigkeit und schlechte Laune zur Schau, die in keinem Verhältnis zu seiner deklarierten Last stand.

Das Drama von Mal schien vergessen. Angesichts der neuen Liebenswürdigkeit unserer Begleiter geriet unser Entschluss, andere zu suchen, ins Wanken. Sie selbst zeigten eine unbefangene Fröhlichkeit und hüteten sich tunlich, das heikle Thema in irgendeiner

Weise aufs Tapet zu bringen. Drei Sprichwörter legen dem Mauren diese Art von Zurückhaltung nahe: Lass den Floh in Ruhe, wenn er dich nicht beißt; geh nicht in die Sonne, wenn deine Kopfbedeckung aus Butter ist; fang keinen Kampf an, wenn du einen Knochen im Bauch hast.

Im Übrigen, falls sie irgendwelche Bedenken hatten, so war das von kurzer Dauer. Weniger als eine halbe Stunde nachdem wir vor dem »Gästehaus« von Kaëdi angehalten hatten, dem Hauptort der Provinz Gorgol, wurden wir vom stellvertretenden Administrator bereits informiert, dass es hier weder Kameltreiber noch Kamele gab. M'Hammed und Mokhtar Saloum hatten es vermutlich schon lange vorher von den Einheimischen erfahren.

Und als sie das Zaumzeug aufgeräumt und die Reittiere einem Hirten anvertraut hatten, als der Begleiter unser Gepäck und die hundert Kilo Salz abgeladen hatte, die er heimlich darunter transportiert hatte, verschwanden sie seelenruhig in das große Tukulor-Dorf, dessen schmutzige Gässchen sich um den Posten, die französischen Villen und Faktoreien drängten.

Verglichen mit anderen mauretanischen Posten wirkt Kaëdi wie eine Großstadt, mit der imposanten zivilen Residenz, einer scheußlichen Kaserne, die auf einem glühenden Laterithügel thront, mit den hübschen europäischen Häusern, von Flamboyants und falschen Kapokbäumen beschattet, mit seinen Handelskontoren, seinem Markt und den zahlreichen Hütten, deren Strohdächer sich bis zu den Ufern des Senegal und Gorgol hinunterziehen. Ein Fluss bringt immer Reichtum mit sich.

Der Mangel an Weiden in der Umgebung gestattete uns kein längeres Verweilen, trotz der Herzlichkeit des stellvertretenden Administrators und seiner Frau, die sich leidenschaftlich für die Ethnografie der Tukulor interessierte, und der ganzen kleinen französischen Gemeinde, die uns feierte. Wir mussten so schnell wie möglich die »große Affäre« abwickeln, die der Kauf eines Reittiers bedeutete, und einen geeigneten Begleiter finden, unsere ewige Sorge.

So selten die Kamele in Kaëdi auch sein mochten, M'Hammed und Mokhtar Saloum entdeckten eines, das Moulanah uns extra geschickt zu haben schien, damit die vorteilhaften Pläne der alten Mariam in Erfüllung gehen konnten.

Nach der Siesta sahen wir M'Hammed hereinkommen, mit strahlendem Gesicht und die Hand auf dem Herzen. Er hielt uns einen langen Vortrag: Boukhzeima würde sterben, und hinter Kaëdi würden wir kein anderes Kamel als Ersatz finden.

»Und was du willst machen ohne Kamel im Busch?«

Die beiden ausgestreckten Arme von M'Hammed unter der aufgefalteten Tunika, ließen keinen Zweifel daran, welche Katastrophe das wäre. Er und sein Bruder, die ihrer Tiere sicher und mit ihrem Lohn zufrieden waren, brauchten nichts, aber sie wollten nicht, dass ihre »Freundinnen« während der Reise Scherereien bekämen. Deshalb hatten sie einen Cousin, den sie hier getroffen hatten, überredet, ihnen seine Kamelstute zu verkaufen. Mokhtar Saloum würde damit vorlieb nehmen, um Marion einen Gefallen zu tun, die dafür den schönen, sanften, unermüdlichen Boulilima reiten konnte.

»Du gibst nur zweihundert Franc und Boukhzeima, und dann hast du deine Ruhe bis Boutilimit. Boukhzeima kehrt mit meinem Cousin in den Trarza zurück ... oder vielleicht stirbt er auch unterwegs ... Was soll man machen? Inschallah!«

»Und was soll ich Abdallahi sagen, wenn ich sein Kamel verkaufe?«

»Abdallahi, er hat nichts zu sagen. Er hat Boukhzeima für dich gegeben. Du machst, was du willst, und nach der Reise, du gibst Boulilima für Abdallahi, dann ist er zu froh!«

»Na gut! Hol deinen Verwandten her; wir kaufen ihm seine Kamelstute selbst ab, und Mokhtar Saloum kann seinen Boulilima behalten.«

»O, das ist unmöglich! Die Kamelstute ist nicht dressiert, nicht sehr schön, ist nur gut für Beidane ... Nein, du kaufst Boulilima schnell. Cousin von mir, er wartet nicht.«

So viel Hartnäckigkeit, Eile und Beteuerungen waren verdächtig. Und dann diese Geschichte mit dem Cousin, der nicht warten konnte, als ob ein Maure es jemals eilig hätte! Obwohl sie Boulilima insgeheim gern gehabt hätte, redete Marion der Wahrheit und Vernunft das Wort.

»Du einigst dich mit deinem Verwandten. Ich werde dir meine Antwort heute Abend geben, wenn die Kamele vor der Hütte stehen.«

So hatten wir zumindest noch Zeit zum Überlegen.

Die Behörden rieten uns zur Vorsicht, als wir sie fragten.

Acht Uhr abends. Seit einer Stunde diskutierten Franzosen, Mauren, Dolmetscher und schwarze Wachen im Hof, wo die Kamele, die verächtlich auf diese ganze Aufregung schauten, gleichmütig wiederkäuten.

Die Meinung der Jury war eindeutig: Boukhzeima war ein ausgezeichnetes Tier, im Augenblick erschöpft, aber noch fähig, lange zu gehen; wenn man ihn auf die Weide brachte, würde er wieder ein prächtiges Kamel werden. Dieses Kamel plus zweihundert Franc war ein horrender Preis für Boulilima.

Marion und ich saßen auf der Treppe vor unserer Hütte und wägten unsere Chancen ab. Übers Ohr gehauen zu werden war demütigend. Mit einem schlechten Kamel zu reisen war gefährlich. Der Weg nach Boutilimit war weit. In zwei Monaten würden die Stürme einsetzen; wir mussten schnell sein. Man hatte uns so viele Geschichten von erschöpften Kamelen erzählt, die ohne Vorwarnung zusammengebrochen und nie wieder aufgestanden waren ... Ein Reittier in einem Lager zu kaufen war ein Lockmittel, an das wir nicht mehr glaubten ...

Was sollten wir tun? Man musste den Mauren gegenüber misstrauisch sein, dem Misstrauen der Europäer gegenüber den Schwarzen und überhaupt allem! Boukhzeima war in unseren Augen ein prächtiges Kamel, Boulilima ebenfalls, und das Einzige, was uns sicher erschien, war unsere Unfähigkeit.

Schließlich sagte Marion entnervt: »Wenn ich mich schon irren muss, dann kann ich genauso gut das Kamel kaufen, das mir gefällt! Ich möchte gern Boulilima haben: Also nehme ich ihn!«

Der stellvertretende Administrator zuckte mit den Schultern. Der Tukulor-Dolmetscher beglückwünschte beide Parteien; und Mokhtar Saloum brach in lautes Wehgeschrei über diesen Tauschhandel aus, der ihn sein schönstes Reittier kostete. Aber der Glanz in seinen falschen Augen sagte uns, dass das Schicksal von Boulilima erfüllt war, so wie es die alte Mariam vorgesehen hatte.

Am Morgen der Abreise war keine Rede mehr von der mysteriösen Kamelstute. Boukhzeima wurde gesattelt und beladen wie üblich, aber für Mokhtar Saloum.

Der neue Führer, Amar, war ein *hartani*, Anwärter auf die Stelle eines Wachpostens bei der Verwaltung. Er ritt ein komisches kleines schwarzes Pferd, das wie ein Aufziehspielzeug trottete, das unfähig war, auch nur das mindeste Gepäck zu tragen und das jeden Tag sein Wasser und seine Hirse brauchte.

Der Bäcker hatte eingewilligt, uns ein ausgemergeltes Packkamel und einen jungen Diener zu leihen, der sich mühsam seine ersten Sporen als Kamelreiter verdiente.

So durchquerte die armselige Karawane die Furt des Gorgol und nahm die Piste in Angriff, die von Kaëdi nach M'Bout führte.

7 Land des Misstrauens

Vorbei die schönen braunen Zelte, die sich im goldenen Busch unter der Sonne ausbreiteten! Vorbei die Gastfreundschaft, die den Reisenden aufnimmt wie einen wiedergefundenen Verwandten! Vorbei die großen Dünen, die einsamen Täler, die weiten Horizonte!

Wir hatten die Grenzen zum schwarzen Afrika erreicht, eine unruhige Zone, wo sich die Menschen, die Fauna und die Flora von Mauretanien, dem Senegal und dem Sudan vermischen.

Sarakolle, Tukulor, Fulbe, einige Berber, sehr wenige Araber, Nomaden und Sesshafte, Unterdrücker und Unterdrückte von einst, für alle endeten ihre Verfolgungsjagden und ihre Fluchten in den ausgetrockneten Sümpfen, im Schatten der großen Wälder, wo der französische Frieden sie überraschte. Von ihren vielfältigen Ursprüngen ist ihnen ein gemeinsamer Zug geblieben: das Misstrauen, das tief verwurzelte Misstrauen gehetzter Tiere. Da sie so oft geplündert wurden, hatten sie einen herzlosen Geiz entwickelt. Die Leute weigerten sich, uns ein Schaf abzugeben, selbst für den doppelten Preis, und wenn sie uns ein wenig Milch, eine Hand voll gekochter Hirse verkauft hatten, wenn arglose Neugier uns zu ihren elenden Behausungen zog, verweigerten sie uns den Zutritt.

Dort habe ich zum ersten Mal in der Sahara Wasser gekauft: zehn Sou die kleine Kalebasse schmutziges Wasser, in dem ich mir in Frankreich nicht einmal die Hände gewaschen hätte. Selbst Amar und dem jungen Gefangenen gelang es nicht, mit ihren Landsleuten vertraut zu werden

Um unsere Karawane nicht unnötig zu belasten (falls man bei fünf Kamelen und einem Pferd überhaupt von Karawane sprechen konnte), hatten wir als Vorräte nur Tee, Zucker und ein paar Hände voll Kekse und Erdnüsse mitgenommen, so dass wir mehr als einmal statt eines Mittagessens den Gürtel ein Loch enger schnallen mussten.

So ist das, wenn man in den Provinzen Gorgol und Guidimaka mit den Abkömmlingen der ehemaligen Sklavenräuber reist, den Erbfeinden aller Flussvölker des Senegal.

Zwischen Kaëdi und M'Bout waren es meistens Fulbe, diese Weißen mit der ebenholzschwarzen Haut. Sie werden auch Fulani, Fellata oder Peul genannt. Obschon Nomaden und große Viehzüchter, sind sie mit den Tukulor verwandt, sesshaften Bauern, so wie die Sarakolle mit den Gangara der Berge. Man darf die Fulbe nicht nach der Farbe ihrer Haut beurteilen, sondern nach der Zeichnung ihrer ovalen Gesichter, ihrer oft aquilinen Nase, ihren dünnen Lippen. Was sie als Aufschlussreichstes in sich tragen, ist ihre Sprache, die der Ägypter der zwölften Dynastie (lt. dem Linguisten Lilias Homburger). Ihr Name bedeutet »Getrennte«, so wie der Name der Bafour, der Ureinwohner Mauretaniens, die vielleicht Fulbe waren. Es heißt, dass sie zu Beginn der christlichen Ära von Syrien, Ägypten oder Äthiopien gekommen sind, mit einer der transsaharischen Migrationswellen, deren Etappen Jahrhunderte zählen und deren Marksteine Königreiche sind. Jüdische, lybisch-ägyptische, phönizische, berberische, arabische Exodusse; langsame Menschenwellen, die ein unerbittliches Gesetz von Osten nach Westen schiebt, die sich über die Wüste verstreuen, sich wieder sammeln, vermischen und in Krieg oder Freundschaft ihr Blut, ihre Glaubensvorstellungen und Zivilisationen austauschen.

Von Kanem bis in den Senegal trifft man auf Fulbe. Nomaden oder zeitweilig sesshaft, unermüdliche Wanderer auf der Suche nach Weideland, treiben sie ihre weißen und rotbraunen Schafe, größer als die der Beidane, und ihre weißen Zebus mit den langen, wie eine Leier gebogenen Hörnern vor sich her. In Niger trotten ihre Schafe von Agadez bis Bilma durch die wasserlose Ténéré-Wüste, während die Ziegen der Tuareg auf dem Kamelrücken transportiert werden müssen. Im englischen Nigeria sind ihre Zebus schwarz mit weißen Hörnern.

Als wir unter den Banianbäumen der kleinen Seen von Kow anhielten, wurden dort mehrere hundert dieser prächtigen Rinder getränkt. Sie wirkten so friedlich, dass ich es mir in meiner Unwissenheit nicht nehmen ließ, sie von nahem zu bewundern, und die schönsten heraussuchte, um sie zu fotografieren. Glücklicherweise schöpfte ihr Hüter nicht weit von ihnen entfernt Wasser. Später erfuhr ich, dass die Fulbezebus nur ihre Hirten kennen, denen sie folgen wie kleine Hunde, die Lieblingskuh oder den Lieblingsstier an der Spitze. Entfernt sich der Hirte, wird die ganze Herde wild und greift den unbekannten Vorüberkommenden an.

Wie die nilotischen Dinka kümmern sich die Fulbe mit großer Fürsorglichkeit um ihre Herden; sie ernähren sich von Milch, und nur die Männer, manchmal auch Frauen ohne Kinder, haben das Recht zu melken. Wenn ausnahmsweise ein Tier anlässlich eines großen Fests geschlachtet wird, verbietet ein religiöser Brauch, an diesem Tag Milch zu trinken.

Manchmal, wenn wir aufs Geradewohl einem Pfad durch den Sumpf folgten, der von den durchziehenden Zebuherden fest getrampelt war, bemerkten wir eine Hütte aus Zweigen, rund und niedrig, die sich im Busch verbarg wie ein Sumpfvogelnest. Es war eine Fulbehütte.

Frauen, ihre Kleinkinder auf der Hüfte, junge Mädchen kamen heraus, von dem Lärm angelockt. Die einen, Musliminnen, trugen ein seltsames Haarnetz aus Silbermünzen über ihren kleinen Zöpfchen. Unsere alte Hundert-Sou-Münze war darunter, spanisches

Geld, Maria-Theresia-Taler. Die anderen, die an Fetische glaubten und in der Mehrzahl waren, trugen ihre Haare zu einem Kamm aufgesteckt, außer zwei steifen Zöpfen, die sich wie Kinnriemen um die Wangen legten. Mehrere Stränge weißer Porzellanperlen brachten den kleinen Helm aus schwarzen Haaren zur Geltung. Alle Frauen waren schlank und kräftig, mit sehnigen Muskeln, deren Spiel bei der geringsten Bewegung Licht und Schatten auf ihrer seidigen Haut verlagerte. Alle waren nackt bis zum Gürtel; ihre Wickeltücher schmiegten sich eng um ihre Hüften. Alle waren schön und feindselig, und dasselbe Misstrauen funkelte in ihren pechschwarzen, mandelförmig geschnittenen Augen. Die begehrtesten Konkubinen am Hof der Songhai-Könige von Timbuktu und Gao gehörten dem Volk der Fulbe an, das für seine Schönheit, Klugheit und aristokratische Haltung berühmt war.

Sie reichten uns große Kalebassen mit Milch und schütteten den Rest verächtlich fort, wenn wir getrunken hatten.

Die Männer waren weit weg, bewachten die Herden auf den Weiden. Wir sollten noch andere Fulbe treffen, die ganz anders als diese bescheidenen Hirten waren.

In Kayes fielen uns zwei junge Anführer auf, die seltsam verweiblicht waren, über und über mit Schmuck und Amuletten behängt, und sich unter der lärmenden, turbulenten sudanesischen Menge bewegten. Ihre Gesichter waren mit Ocker und Antimon geschminkt, die Haare mit Muscheln, Perlen und Silbermünzen verflochten, wie die der Frauen.

In Dakar begegneten wir einem Steuerprüfer, völlig europäisiert und stärker pomadisiert als Josephine Baker. Er hatte ein Diplom, war Beamter und zum Islam übergetreten, aber was heißt das schon? Ein Fulbe hat ganz andere Sorgen. Er vertraute uns an, dass jeder Clan ein Totem verehrt, das jedes noch so geringe Vergehen streng bestraft.

»Das Totem meiner Familie ist zum Beispiel die Schlange. Wir passen gut auf, dass wir keine Schlange anfassen oder auch nur auf ihrer Spur gehen, selbst wenn sie verwischt ist, denn sonst würden wir Schuppen an den Händen und Füßen bekommen.«

Eine ziemlich unerfreuliche Aussicht für einen zivilisierten jungen Mann, der so elegant wie ein Eintänzer war.

Unsere Reise war weniger denn je ein Spaziergang. Sie wurde durch zwei neue Faktoren erschwert: die Löwen und die Hitze.

Nachts konnten wir die Kamele wegen der marodierenden Löwen nicht mehr freilassen, und tagsüber lähmte sie die Hitze, raubte ihnen den Appetit.

Ein Kamel muss essen, um marschieren zu können, wie jeder andere auf der Welt, und sei es noch so sehr der Inbegriff der Genügsamkeit. Es braucht sogar mehr Zeit dafür als die meisten anderen Tiere, da es hier ein Grasbüschel abrupft, dort ein Zweiglein, in einem Abstand von fünfzig Metern, und das über mehrere Stunden.

Die Lösung des Problems war einfach, wenn auch nicht angenehm: Wir marschierten nachts, ließen, so müde wir auch sein mochten, die Tiere in der Morgen- oder Abenddämmerung grasen und versuchten in den heißen Stunden zu schlafen, während die Kamele ihre magere Morgenmahlzeit wiederkäuten.

Das elende kleine Pferd von Amar verschlimmerte die Lage noch, indem es uns zu Niederträchtigkeiten zwang, um den Fulbe die täglichen Wasser- und Hirserationen zu entlocken, die es brauchte.

O ja, wir waren weit entfernt von den wunderbaren Streifzügen durch den Trarza. Ausgehungert, von Erschöpfung und Schlaflosigkeit gezeichnet, fanden wir nicht einmal mehr Trost in der großartigen Landschaft, die uns umgab. Die Piste, die breit wie eine Straße war, schlängelte sich im Schatten großer, buschiger Bäume dahin: Tamarinden, deren Körner dem brackigen Wasser der *gerba* eine angenehme Säure verliehen, Dembaïes, aus deren Holz man große, rote, schwarz marmorierte Schalen schnitzt; zarte Djeouas für die geschnitzten Füße der Frauensättel; harte Tachtaïs für die Zeltstangen und Zeltpflöcke. Die Afraras ließen ihre orangeroten Schoten zwischen ihren langen, gefiederten Blättern herunterhängen. Warane lagen flach auf die dicksten Äste gedrückt und schliefen. Manchmal verlor sich die Piste im Bett eines ausgetrockneten Flusses, oder zwischen dem Grün erstreckte sich, so weit das Auge reichte, ein nackter, in der Trockenzeit rissiger Sumpf, auf dem riesige Warzenschweine in vollem Galopp davonjagten.

Dieses Land, voll unsichtbarer Herden und Nomaden, erweckt den Eindruck einer erschütternden Einsamkeit.

Am 25. März wartete ich in dem Ort Silliwol geduldig vor einem Gummibaum, bis Boudaïl sein Frühstück beendet hatte. Plötzlich scheute er aus Gründen, die für andere völlig unersichtlich waren, und stürzte in die Büsche. Ein toter Ast lag auf seinem Weg, ein Zweig wie tausend andere, mit kleinen krummen Dornen, in Dreiergruppen angeordnet, die mir, nachdem sie meine Tunika zerfetzt hatten, die rechte Hand aufschürften und dort ihre Spitzen hinterließen.

Wozu einen so unbedeutenden Zwischenfall erzählen, der ganz alltäglich ist in einem Land, wo man ständig irgendwelche Dornen in den Händen oder Füßen hat? Ich selbst achtete in diesem Moment nicht weiter darauf. Unser Mangel an Vorräten war viel beunruhigender, ebenso wie das »cro-cro«, das »Wehwehchen«, das ich seit acht Tagen an der Zehe hatte. Ich riss also die größten Dornen mit meinen Zähnen aus. Beim nächsten Halt zog M'Hammed mit seiner »moungache« noch mehr heraus, einem kleinen Instrument, das aus einer Zange und einer Eisenpunze besteht und das ein Maure immer um den Hals hängen hat. Ein Dorn blieb im Daumenballen zurück, zu fein oder zu tief, als dass man ihn finden konnte.

Aber wenn man sich wegen eines Dorns sorgen müsste, wäre Mauretanien nicht bewohnbar. Ich setzte also meinen Weg fort, ohne zu ahnen, dass ich, unsichtbar unter meiner Haut, das Ende unserer Reise in mir trug.

Und so ging es weiter, immer die gleichen Sorgen, die gleichen Entbehrungen, die gleichen Halte zur gleichen Stunde unter den gleichen Bäumen, die gleichen Diskussionen mit den Mauren, deren Diensteifer und schlechte Laune sich nach einem unumstößlichen Zyklus abwechselten.

Wenn dein Kameltreiber nach und nach wieder in seine übliche Unverschämtheit und Faulheit zurückgefallen ist, schreist du ihn natürlich an; sofort wird er charmant und zuvorkommend. Gerührt über so viel Eifer, lässt du dich dazu hinreißen, ihn mit einem Geschenk zu belohnen, in dem er lediglich eine Art Tribut sieht, der seine Wichtigkeit und deine Schwäche demonstriert ... Im Übrigen, warum sich Mühe geben, wenn man den schönen neuen Bubu, den seidigen *haouli* oder die Perlen für die Frisur der Frau bereits bekommen hat? ... Neuer Streik, neuer Rüffel, neuer Eifer und so weiter. Weder er noch du lernt jemals daraus.

M'Hammed und sein »kleiner Bruder« hatten, anstatt in Kaëdi gefeuert zu werden, neue Tuniken erhalten und einen vorteilhaften Handel abgeschlossen. Sie waren also die Stärkeren und ließen es uns fühlen.

Ich bin mir der Monotonie meines Berichts durchaus bewusst. Kann ein Nomadenbericht überhaupt anders als monoton sein? Nein, denn alles ist immer gleich.

M'Hammed und Mokhtar Saloum, auf die Belange der Kamele pochend, wollten den längeren Weg nehmen, da sie wenig Wert darauf legten, von den Behörden in M'Bout, die im Auto zu einer Inspektion gekommen waren, mit unangenehmen Fragen hinsichtlich des Verkaufs von Boulilima konfrontiert zu werden. Amar, der ein ruhiges Gewissen und ein gut beschlagenes kleines Pferd hatte, wollte den kürzeren Weg nehmen, um zu seinem Bezirkskommandanten zurückzukommen. Wir teilten Amars Ungeduld, denn wir hatten es eilig, M'Bout zu erreichen, wo man frisches Wasser, Schafe und Hirse findet – M'Bout, das Paradies, wo Bananen und Limonen reifen.

Der Listigkeit der Beidane ist schwer beizukommen, und so mussten wir die Oua-Oua von Kow umrunden, einen langen, felsigen Bergzug, der quer zum Gorgol verläuft, anstatt eine Abkürzung zu nehmen, wo rollende Steine aber, wie wir hörten, die Füße der Kamele zerschnitten hätten. Die unglücklichen Tiere mussten in den Bergen von Assaba noch ganz andere Dinge aushalten!

Immerhin brachte uns der Umweg einen Schlemmertag bei den Tadjakant-*haratine* ein, deren Strohhütten den letzten Hang der Oua-Oua krönten. Sie hatten gerade die Schafe für das Eid-al-Kebir, das »Große Fest« geschlachtet, das jedes Jahr in der ganzen muslimischen Welt für tausende von Pilgern, die nach Mekka reisen, die Opfergeste Abrahams heraufbeschwört.

Wieder einmal sahen wir das große *méchoui*-Feuer, die schwarzen Frauen, die die Trommeln schlugen, die blauen Tuniken der Tänzer, die am Rand der grenzenlosen Weite herumwirbelten, die sich wie eine blendende Verheißung um den Hügel herum ausbreitete, bis die Nacht voller Schatten, Gebete und Schreie hereinbrach.

In M'Bout war alles, was wir vorfanden, die Melancholie eines alten verlassenen Postens. In dem heruntergekommenen Gebäude, in dem ein Wachposten uns trübselig verkündete, dass alles für unseren Empfang bereit sei, entdeckten wir nach langem Suchen nichts als einen Tonkrug mit klarem Wasser, ungefähr zehn Liter für sechs durstige und schmutzige Personen. Der Chef des schwarzen Dorfes lieh uns ein paar ausgefranste Matten und verkaufte uns eine alte Ziege und Milch.

Der Administrator von Gorgol, der am selben Tag von Kaëdi gekommen war, geruhte uns nicht zu empfangen, aber am nächsten Tag, als er mit seinen Kollegen von Guidimaka und Assaba herumspazierte, grüßte er uns aus sicherer Entfernung. Man kann sich nur schwer vorstellen, welch lächerliches Schauspiel fünf Franzosen bieten, die mitten im mauretanischen Busch zeremonielle Grüße austauschen, als ob sie sich auf der Place de la Concorde begegneten.

Der zivile Kommandant von Guidimaka und der Militärkommandant von Assaba schienen das begriffen zu haben, da sie sich später in unserem »Cottage« einfanden.

Durch sie erfuhren wir von dem Guineawurm, einer üblen Kreatur, deren Embryo – Parasit eines kleinen Krustentiers, des Cyclops – mit dem Wasser der Tümpel geschluckt wird und im menschlichen Körper einen Fadenwurm von einem Meter ausbildet, wenn es sich um ein Weibchen handelt, und von ein paar Zentimetern bei einem Männchen. Eines schönen Tages bildet dieser Fadenwurm einen Abszess, durch den er tausende neuer Embryos ausstößt. Das ist der Augenblick, wo man ihn behutsam packen und um ein Streichholz wickeln muss, ungefähr drei oder vier Umdrehungen in vierundzwanzig Stunden. Wenn er abreißt, bleibt einem nichts anderes übrig, als auf einen anderen Abszess zu warten, um dort die Operation zu wiederholen. Meist beschränkt sich das auf die Arme oder Beine, aber der Guineawurm – auch Medinawurm genannt – kann sich durchaus darauf kaprizieren, durch ein Augenlid oder die Nase seines Wirts herauszukommen.

»In der Gegend von M'Bout ... (Ich dachte an das ganze schöne klare Wasser, das wir seit dem Vorabend getrunken hatten!) kommen sie häufig vor ... aber auch im Süden von Brakna, überall im

Gorgol und Assaba und sogar in den Brunnen der Palmenpflanzungen des Nordens. Man kann sich leicht davor schützen, indem man das Wasser durch einen dicht gewebten Perkalstoff filtert. Man sieht das Tier sehr gut mit bloßem Auge auf dem Stoff ... Ich nehme doch an, dass Sie Ihr Wasser filtern?«

Aber ach!, wir hatten längst darauf verzichtet, unseren Kamelführern – und uns selbst – eine solche Anstrengung zuzumuten ... Wir schluckten das verseuchte Wasser, so wie es aus dem Brunnen kam, dem Flussarm, in dem die Tiere herumtrampelten, und den schmutzigen Wasserschläuchen der Nomadenlager. Unsere einzige Vorsichtsmaßnahme bestand darin, direkt aus der Tülle des Schlauchs zu trinken, damit wir das Wasser nicht sahen und den undefinierbaren Geruch nach Schlamm, altem Käse und verfaultem Leder nicht einatmen mussten.

»Und wie lange dauert es, bis man sagen kann, ob man einen Guineawurm hat oder nicht?«

»Das kommt darauf an ... Auf jeden Fall werden Sie es in spätestens einem Jahr wissen!«

(Bisher ist zum Glück kein Guineawurm in Erscheinung getreten. *Al Hamdullilah*!)

Dann redeten wir über den Leichtsinn, ohne Helm zu gehen (wegen der Sonne) und ohne Schuhe (wegen der Hornviper). Aber an Letztere glaubten wir – zu Unrecht – nicht mehr, nachdem uns so oft damit gedroht worden war. Dagegen fanden wir jeden Morgen unter den Säcken und Satteldecken, die uns als Kopfkissen dienten, gelbe Skorpione und kleine graue Echsen, die M'Hammed »Böse-wie-das-Feuer« nannte. Am Abend, wenn wir unter freiem Himmel einschliefen, wo auch immer die Müdigkeit uns überwältigte, hatten wir sie vergessen.

In der Sahara lauert die Gefahr überall, vielgestaltig und unsichtbar, und gerade ihre Vieltältigkeit bewirkt, dass der Reisende nicht mehr daran denkt, ganz sicher nicht aus Tapferkeit, sondern aus einem Gefühl der Ohnmacht, das ihn weise macht wie einen Araber, dem Glück, dem Zufall, dem Willen Gottes ergeben, so wie er.

Und überhaupt – unser größter Leichtsinn bestand darin, dass wir unerfahrene Frauen waren, und daran konnten wir nichts ändern!

Es gab nicht einmal mehr Bananen in dem prächtigen, verwilderten Park des verlassenen Postens. Der alte Gärtner, der wie ein Gespenst aus den ruhmreichen Tagen von M'Bout unter den Palmen herumirrte, fand nur eine Hand voll Limonen und ein paar rosa Baumwollblüten für uns.

Am nächsten Morgen verließen wir ohne Bedauern diesen Ort, an dem wir so ungastlich empfangen worden waren, im Auto des Administrators von Guidimaka, der uns in seinen Hauptort Sélibaby mitnahm. Er hatte unser ganzes Gepäck in seinen Wagen laden lassen, damit unsere Kamele uns einholen konnten, ohne sich zu überanstrengen.

Jeder Posten hat seine besondere Physiognomie; der von Sélibaby ist eindeutig sudanesisch. Seine rötlich-weißen Lehmhütten, mit Rautenmustern verziert, beeindrucken durch ihre wuchtige, komplizierte Architektur. Unter den Strohdächern bleibt es relativ kühl, denn die Wohltaten der Zivilisation in Gestalt von Wellblechdächern haben noch keinen Einzug in Sélibaby gehalten. Die französischen Häuser, die Residenz ebenso wie die anderen, zeigen rustikale Fassaden über den niedrigen Gartenmäuerchen, und die kleinen Blutschnabelwebervögel kommen ungeniert hierher und kleben ihre Nester an die Balken der Terrassen. Das Zentrum der Betriebsamkeit ist der Markt unter schönen, üppig begrünten Arkaden.

Die schwarzen Bauern, Tukulor, Bambara, Khassonke, Wolof und vor allem Sarakolle, die wahren Herren des Landes, bauen Hirse, Sorghum, Erdnüsse, Pistazien, Reis und Indigo an, ebenso Baumwolle, die sie in den ruhigen Trockenzeiten spinnen und weben.

Trotz einiger Tadjakant- und Idaouach-Berber, deren Tuniken aus dunklem Guineatuch einen scharfen Kontrast zu den weißen und hellblauen Togen, den schreiend bunten Stoffen und Madrastüchern der Einheimischen bildeten, waren wir jetzt unverkennbar im schwarzen Afrika. Obwohl verwaltungstechnisch noch Mauretanien, war es nicht mehr der Trab-el-Beidane, und wir fanden hier nicht mehr dessen vielschichtige, verträumte, hochmütige und aristokratisch-fatalistische Seele wieder. Die westliche Sahara lag lange hinter uns, und wir befanden uns jetzt im Sahel; die vulgäre Turbulenz, die kindische Eitelkeit, die Aufgeregtheit der Schwarzen brachten uns aus der Fassung, so wie ihr Land, dessen Horizont von Bäumen versperrt war, ohne jedoch die Majestät eines Waldes zu besitzen.

Die Sarakolle stammen ihrer Legende nach von Dinga ab, einem Amphibienkönig, der eines Tages aus den Wassern des Senegal kam, auf deren Grund er lebte, ohne dass auch nur seine Gewänder nass wurden. Fünfzehn Generationen sind seit diesem legendären Gründer vergangen.

Die Historiker verlegen ihre Herkunft weniger romantisch in den sudanesischen Norden, wo sie, als Verbündete der Oualatten, das Dorf Biru und die mächtige Stadt Oualata gegründet hatten. Vor den Invasionen des Berbers Boubakar im elften Jahrhundert und der Hassanenaraber im siebzehnten Jahrhundert flohen sie in den Süden und siedelten sich in der Nähe der Flussarme und der nie versiegenden Quellen der Berge von Assaba an.

Tagsüber ist Sélibaby ein einfaches kleines Dorf von der Farbe reifer Pfirsiche, ein Dorf schwarzer Bauern, das nur so brummt vor Webstühlen, eingewickelt in bunte Baumwollstoffe, die von einem Haus zum anderen aufgerollt werden wie auf einer riesigen Haspel.

Doch wenn die Nacht hereinbricht, wenn die Tamtams, die Hexereien, die Halunken das Feld beherrschen, zeigt Sélibaby ein ganz anderes Gesicht, böse, misstrauisch, grausam und von einer wilden Sinnlichkeit. Und wenn man allzu neugierig ist, kann man es leicht mit einem Docker von den Küstenhäfen zu tun bekommen, mit dem Heizer eines Zugs oder Schiffs, der arbeitslos oder auf Urlaub in die Heimat zurückgekommen ist, den weichen Hut über dem Ohr und die Beleidigung auf den Lippen.

Es gibt drei mächtige Geheimnisse in Sélibaby: die Hexer, die Griots und die Liga für Menschenrechte.

Die Hexer operieren mit Giften; die Natur liefert ihnen eine reichliche Auswahl davon für ihre Zaubertränke und Furcht erregenden Arzneien. Sie wissen alles über die Tidinouar, eine Art Aloe, deren Absud, mit Ziegenurin vermischt und auf die Wunden eines toten Tieres gebracht, ausreicht, um ein Raubtier fast sofort zu vergiften. Die Wüstenrose – »Löwenbaobab« für die Beidane, »Kidi Sarane« für die Schwarzen – leistet ihnen ebenfalls gute Dienste. Im Februar/März ist dieser hübsche Strauch mit rosa Blüten bedeckt, deren Blausäuregeruch ein starkes Gift verrät.

Und die Raubtiere sind nicht die einzigen Feinde, die ein ehrenwerter Sarakolle gern verschwinden lassen würde.

Die Griots bringen sich mit ihren düsteren, besessenen Trommeln zu Gehör, die beim geringsten Anlass zu dröhnen anfangen.

Die Trommel in Form einer Sanduhr unter dem linken Arm haltend, den Stock in der rechten Hand zurückgebogen, schlägt der Sarakolle-Griot endlos zwei Töne an, so finster wie ein Gift, mehr oder weniger tief, je nachdem, ob der Arm des Spielers die Schnüre enger zieht, die die Schaffelle von einem Ende zum anderen spannen.

Die *ardine*-Spielerinnen antworten ihm, und der Klang dieser Instrumente, auf das Wasser einer großen Kalebasse gelegt, ist traurig wie ein Schluchzer.

Während unseres Aufenthalts wurde so die Hochzeit der Tochter des Kadis mit einem Anführer der Fulbe gefeiert. Natürlich stimmte das Fulbetamtam in das der Sarakolle mit ein, und überall rührten sich diverse maurische Trommler, deren Ehrgeiz angestachelt war. Es war ein schöner Radau von Trommeln, Kalebassen, Flöten, leeren Blechkisten und ein unvorstellbares Gewühle schäumender, obszöner Tänzer. Der Zweck dieser Musik war, die Schreie der Neuvermählten zu übertönen. Am Morgen nach der Hochzeit, nachdem man der Menge das Tuch gezeigt hatte, das eine Matrone für alle Fälle mit Hühnerblut beschmiert hatte, zog sich die junge Frau, in dichte Schleier gehüllt, acht Tage lang zu ihren Eltern zurück. Ihr endgültiger Eintritt ins Eheleben würde mit einer neuen Entfesselung von Trommeln und Schreien gefeiert werden.

Die Rückkehr unserer Kameltreiber und Kamele brachte uns die Ehre einer Anzeige bei der Menschenrechtsliga ein, die in vielen schwarzen Dörfern ebenso unerwartete wie pittoreske Vertreter hat.

Eines Abends, zu der Stunde, in der die untergehende Sonne den ziegelroten Sand, die schwärzlichen *guelb* und die verkrümmten Baobabs, barbarischen Kandelabern gleich, zum Erglühen brachte, traf unsere Eskorte endlich aus M'Bout ein. M'Hammed und Mokhtar Saloum waren in ausgezeichneter Verfassung, aber die Kamele zeigten eine ungewöhnliche Erschöpfung in Anbetracht der Tatsache, dass sie ohne Gepäck zwanzig bis fünfundzwanzig Kilometer am Tag zurückgelegt hatten.

Durch Nachforschungen und Indiskretionen fanden wir schließlich heraus, dass ein gewisser Tidjani, ein gewitzter, gut organisierter Wolof, der ein Geschäft in M'Bout aufgab, um ein anderes in Sélibaby zu gründen, die freien Kamele genützt hatte, um seinen ganzen Plunder und seine Frau von ihnen transportieren zu lassen. Vorsichtshalber hatten sie die Säcke und die Frau zwei Kilometer vor Sélibaby abgeladen. Unsere beiden Trarza hatten natürlich ihren Profit aus der Sache geschlagen, obwohl sie den Kuhhandel heftig abstritten, ebenso wie die Jagdpartien und die Umwege durch die Dörfer, die sich dank Tidjanis Anwesenheit gastlicher zeigten. Uns brachte es eine zusätzliche Verspätung von mehreren Tagen ein, in denen wir die Tiere ruhen lassen, ihnen grobes Salz zum Abführen verabreichen und ihre Füße mit Ochsenfett pflegen mussten.

Zur Teezeit kam Tidjani, unbefangen und strahlend, um uns zu begrüßen. Er wurde mit einem Schwall heftiger Vorwürfe empfangen. Er war jedoch keineswegs zerknirscht, sondern spielte den Hochmütigen und empörte sich über unsere Undankbarkeit ihm gegenüber, der sich geopfert hatte, unseren Kameltreibern auf dieser unbekannten Route als Führer zu dienen – einer gut angelegten, völlig geraden Route, der jedes Kind hätte folgen können, ohne die Gefahr, sich zu verirren.

Und warum hätte er die Kamele »stehlen« sollen? Hatte er nicht selbst Kamele in Hülle und Fülle, stärker und schöner als unsere? Er hatte uns einen Dienst erwiesen, er hatte die Höflichkeit besessen, uns seine Aufwartung zu machen, trotz der Erschöpfung nach dieser Reise auf einem schlechten Reittier, und dann wurde er so empfangen, aufrecht in der Sonne stehend, ohne dass ihm auch nur ein Platz zum Sitzen angeboten wurde!

Ich glaube, Marion verlor schließlich die Geduld und schickte ihn zum Teufel. Das war die Höhe! Jetzt bekamen wir zu hören, dass wir nur Frauen seien, und schlecht erzogen noch dazu, dass er, Tidjani, eine hohe Position in Saint-Louis im Senegal innehabe, wo er Wahlberechtigter sei, dass er mit der Liga für Menschenrechte in Korrespondenz stehe und diese unverzüglich über unsere Unverschämtheit gegenüber einem farbigen Herrn informieren würde.

Und damit schlurfte Tidjani, von gerechtem Zorn erfüllt, die weiße Toga gebauscht, in kanariengelben Babuschen zu dem Haus, wo seine vier Frauen, seine Konkubinen und seine Sklaven auf diesen Verteidiger der Menschenrechte und der bürgerlichen Freiheiten warteten.

Am 4. April, in aller Morgenfrühe, brauste das Auto des Bezirkskommandanten »in die Natur«. Wir waren zu fünft an Bord: der Kommandant, Moussa Koro, eine bezaubernde Mischlingsfrau mit Beidani- und Mossi-Blut, die eilfertig ein Madrastuch um ihre korbähnlich geflochtenen Haare knotete, um an der Spritztour teilzunehmen, der Wachposten-Chauffeur, Marion und ich, die auf einem Berg von Gepäck balancierten, aber blendender Laune bei der Aussicht waren, endlich in die Berge von Assaba zu kommen, auf die wir schon so lange zustrebten. Katt', das Maskottchen, protestierte in ihrer Kiste gegen diese neue Fortbewegungsart.

M'Hammed, der »kleine Bruder« und die Kamele, die am Vorabend aufgebrochen waren, sollten uns in Beida erwarten, einem Sarakolle-Dorf in der Nähe des Tak-Tak-Passes. Von nun an reiste Boukhzeima als Tourist, mit freiem Rücken, von einem der Beidane an der Leine gehalten. Mokhtar Saloum hatte ein neues Reittier, ein großes, muskulöses und schreckhaftes Geschöpf, das er in Sélibaby gekauft hatte und auf das er sehr stolz war, obwohl er seinem geliebten Boulilima nachjammerte, dem schönsten Kamel von ganz Mauretanien.

Die »Natur« bot sich uns als flacher, trockener Busch dar, der zu dieser Jahreszeit verbrannt war, aber unter den Regenfällen bald wieder grün werden würde. Über den verdorrten gelben Gräsern reckten Baobabs anklagend ihre Arme hoch, die von den Einheimischen verstümmelt worden waren. Es ist so viel einfacher, die Äste abzuschneiden, um am Boden in aller Bequemlichkeit die Blätter zu pflücken, die als Spinat gegessen werden, ebenso wie die Früchte, das »Affenbrot«, die wie Geschenkpäckchen aussehen, die an langen Fäden am Weihnachtsbaum hängen.

Die Zweige der Dornbäume lagen auch um die geplünderten Stämme herum, damit die Schafe ihr mageres Laub fressen konnten.

Aus der tristen Ebene ragten hier und da steile Bergspitzen auf, Felsen aus rötlichem devonischem Sandstein, aus dem die Schwarzen einst Eisen gewonnen haben. Hier jagt man den Klippschliefer, den die Mauren »Felsenhund« nennen. Er ist ein drolliges kleines Tier, ein großer Hase ohne Schwanz, der die Ohren einer Ratte hat, die Zähne eines Hundes, Nägel wie Hufe, und der zu guter Letzt noch ein Rüsseltier ist. Er ist nicht sehr hübsch, aber von einer Beweglichkeit, die den Jäger auf eine harte Probe stellt, und man isst ihn als Hasenpfeffer.

Der Kommandant streckte den Arm nach Nordosten aus, wo etwas wie eine lange graue Mauer den Horizont versperrte, und als er sich umwandte, rief er uns zu: »Der Assaba!«

Beim Näherkommen wurde der Boden immer ausgewaschener, die Bäume wurden größer und dichter. Die Piste führte um riesige Sümpfe herum, die ausgetrocknet und rissig waren. Beim Geräusch des Motors duckten sich Perlhühner, Rebhühner und Palmeichhörnchen ins Gebüsch. Die Papageien unterbrachen ihr schrilles Gezeter, um mit gereiztem Krächzen auf die höchsten Äste zu fliegen. Und rotbraune Hundskopfaffen, vorsichtig, aber ohne Angst, sprangen vor dem Wagen her – die jungen Halbwüchsigen als Kundschafter, die Weibchen in der Mitte, ihre Kleinen auf dem Rücken, als Nachhut große, mächtige Männchen, die uns scharf im Auge behielten –, bis zu den ersten Ausläufern des Assaba, wo sie in geschmeidigen, ruhigen Sprüngen hinaufkletterten.

Der Berg, jetzt ganz nahe, breitete seine langen Tafelprofile vor uns aus, die charakteristisch für die saharischen Berge sind. Er war finster und kahl und abweisend, als wollte er sich mit seiner ganzen geradlinigen Masse gegen den Eindringling zur Wehr setzen. Er war nur ein Glied der devonischen Kette, die sich vom Adrar bis nach Tagant hin erstreckt, vom Rio de Oro bis zum sudanesischen Bambouk und zum Futa Djalon – das gewaltige Rückgrat einer urzeitlichen Erde, die unter dem Sand begraben liegt.

Das Plateau von Assaba übersteigt kaum eine Höhe von hundert Metern. Mehrere Schluchten, die brutal in die Hochebenen geschnitten sind, ermöglichen die Durchquerung: Tak-Tak, Soufa, Galoula, Goussas, Faram. Danach ist man bereits im Tagant. Quellen sprudeln von den Vorbergen herunter. Gueltas oder Seen, in tiefe Schluchten eingeschlossen, bieten Mensch und Tier ihr klares Wasser dar, das mit Krokodilen und Katzenwelsen bevölkert ist. Hier war das Wasser kein Problem mehr; wenn die zahllosen Wadis, die in der Regenzeit die Sturzwasser des Berges auffangen, trocken waren, blieben immer noch diese riesigen natürlichen Zisternen und in den Ebenen Wasserstellen, die nie versiegten.

Der Tak-Tak-Pass, der südlichste und am meisten frequentierte, war auch der am leichtesten zugängliche, um Kiffa zu erreichen, aber die Kommandanten von Guidimaka und Assaba hatten uns geraten, der westlichen Wand zu folgen, wo wir bizarre Felszeichnungen bewundern und wenig bekannte Gueltas besichtigen konnten. Wir würden also, nachdem wir die Pässe von Soufa und Galoula gesehen hatten, das Plateau auf der schwierigen, aber schönen Route überqueren, die von Goussas nach Bil-Haratek führt.

Der Wagen hielt unter einem Baobab, am Eingang zum Tak-Tak-Pass. Links schob der scharf abgeschnittene Berg eine feindselige Schnauze vor; rechts behaupteten Gipfel, die wie japanische Vulkankegel aussahen, ihre breiten Fundamente auf einem flachen, harten Boden, der mit Gras und Gestrüpp bedeckt war. Vereinzelte *guelb*, wuchtige Bergfriede, bewachten den Pass.

Und doch findet man, nur hundert Meter von dieser grimmigen Szenerie entfernt, weiter unten in der Ebene, ein Wunder an Wasser und üppigem Grün: die durchsichtige Guelta, der kleine Fluss, der, in den Bergen entsprungen, sich bald in der Erde verliert und zwischen dem Schilf auf einem weißen Sandbett ausbreitet. An manchen Stellen verschwand das Wasser unter einem Mantel rosettenartiger Pflanzen, dick und samtig. Auf dem feuchten Ufer hatten alle Trinkenden, die des Tages und der Nacht, ihre Spuren miteinander vermischt: Mensch und Tier; Löwen, Hyänen und Geparden, Seite an Seite mit ihrem Wild: Dama-, Mhorr- und Kuhantilopen, Warzenschweine und Affen. Majestätisch rundeten sich die Spuren der Elefanten, von denen eine Herde in Guidimaka umherzieht. Vögel aller Arten hatten die sternförmigen Abdrücke ihrer Füße hinterlassen, von korallenroten und türkisblauen Prachtfinken, die jetzt zwischen dem Schilf umherschwirrten, bis zu Geiern und Trappen. Und nicht zu vergessen die schönen Assaba-Ringeltauben, die große Kreise am blauen Himmel zogen.

Auf der anderen Seite des Baches, dessen Furt wir durchquerten, ein Dumpalmenhain, der seine gezackten Schatten wiegte. Es war noch früh am Tag; wir hatten genug Zeit, um dieses Wäldchen vor dem Essen zu erkunden.

Flussaufwärts trank eine kleine Herde, bis zum Bauch im Wasser stehend. Eine seltsame Herde: Ochsen, Ziegen, Schafe und Esel, alles durcheinander. Ihre Hirten, ein Maure und zwei Schwarze, nur mit ein paar Lumpen bekleidet, bereiteten am Ufer den Tee zu. Kaum hatten sie den Bezirkskommandanten entdeckt, als der Maure in die hohen Gräser sprang und zu flüchten versuchte.

Moussa Koro rief einen Namen. Der Kommandant legte sein Gewehr an. »Halt, oder ich schieße!«

Was soll man mit einem Messer gegen einen geladenen Karabiner ausrichten? Der Flüchtling gab sich also geschlagen und kam mit hängendem Kopf zurück, die Hand auf seinem nutzlosen Dolch.

Es war ein alter Bergräuber. Sein Gewerbe bestand darin, einsame Reisende abzupassen. Ein Dolchstich in den Rücken, ein Stoß in den Abgrund, und das Gepäck und die Reittiere gehörten ihm. Er war verhaftet worden, aber zwei Wochen zuvor war es ihm gelungen, aus dem Gefängnis in Sélibaby zu entfliehen. Er hatte Komplizen, die man nie gefunden hatte. Durch einen glücklichen Zufall hatte der Kommandant jetzt alle drei gefasst, den Anführer und seine beiden Sklaven. Der Wachposten würde sie mit auf dem Rücken gefesselten Händen zurückfahren. Dort fehlte es nicht an Freiwilligen – alle, denen er die Ochsen und Schafe gestohlen hatte –, die bereit waren, ihn nach Sélibaby zu bringen. Willig und gottergeben gingen die drei Verbrecher vor uns her und lachten über die Spottreden, mit denen Moussa Koro sie überschüttete. Voller Stolz, dass sie die Räuber entdeckt hatte, kujonierte sie die drei mit einem Palmstängel.

Und als ich das grausame Gesicht des Mauren und die beiden Elendsgestalten, die ihm gehörten, betrachtete, sagte ich mir, dass wir beide am meisten Glück gehabt hatten, denn es hätte leicht sein können, dass wir, wenn sich nicht zufällig diese Spazierfahrt im Auto ergeben hätte, unsere Tiere und unser Gepäck hierher gebracht hätten oder den brutalen Kerlen in der gottverlassenen Gebirgsmacchia in die Arme gelaufen wären.

Gegen vier Uhr, vor der Strohhütte, die uns beherbergt hatte und wo unsere beiden Kamelführer gezeigt hatten, zu welcher Geschäftigkeit sie in Gegenwart eines Regierungsvertreters fähig waren, verließ uns der Kommandant, nicht ohne uns daran zu erinnern, dass die letzten Banditen von Assaba noch nicht gefasst waren; er ermahnte auch M'Hammed, die Löwen und großen Affen in Ruhe zu lassen; sie würden uns nicht angreifen, aber wenn man sie verletzte oder erschreckte, konnten sie gefährlich werden.

Moussa Koro flehte uns an, ja nicht auf den Berg zu gehen, da dort schreckliche Dschinn ihr Unwesen trieben. Das waren auch die Feinde, die unsere beiden Krieger ganz besonders fürchteten.

Was uns betraf, so war unsere vordringlichste Angst die vor unserem neuen Führer!

Dabei hatten wir lange nach ihm gesucht, und wir hatten uns gerettet geglaubt, als eine Frau gekommen war und uns gesagt hatte, dass Ali uns führen würde. Ein paar Minuten später war ein Aussätziger auf einem räudigen Kamel aufgetaucht! Und das Schlimmste war, dass der arme Kerl von einem ungewöhnlichen und rührenden, wenn auch unerwünschten Diensteifer beseelt war, der ihn dazu bewegte, unser ganzes Gepäck zu befingern, uns die Stöcke zu reichen, indem er sie am Griff hielt, und seinen Tee aus jedem verfügbaren Glas zu trinken, als ob wir nicht unreine Christinnen, sondern seine geliebten Herren wären. Nie zuvor war uns die Demütigung, Unberührbare unter frommen saharischen Muslimen zu sein, so erstrebenswert erschienen.

Und Ali, der elegant seine schmutzige Tunika wehen ließ, durch deren Löcher man die Krusten und Flechten seines Oberkörpers sehen konnte, schlug mit dem Absatz auf sein elendes Reittier ein und setzte sich stolz an die Spitze der kleinen Truppe, die zu führen er die Ehre hatte.

8 Ein schwerer Schlag

N'Dio: ein ganz kleiner blauer Name auf der Saharakarte, am Schnittpunkt des sechzehnten nördlichen Breitengrads und des zwölften Längengrads; fünfzehn Hütten aus rosafarbenem Lehm, mit Stroh gedeckt, zwischen einem schlammigen Flussarm und Bergen aus glühendem Sandstein, mitten im heißesten und kargsten Busch von Mauretanien.

Nachdem sie jahrhundertelang von den Berbern und Arabern, von den Bambara des Niger und den Tukulor des Senegal verfolgt worden waren, findet ein kleines sudanesisches Volk, die Gangara, in den Höhlen und steilen Schluchten des Plateaus von Assaba endlich eine Zuflucht. Der französische Frieden 1905 schenkt ihnen die Freiheit, und vorsichtig verlassen sie ihre Verstecke, um wieder in die Ebene hinunterzusteigen, Hütten in der Art ihres Landes zu bauen, Vieh zu züchten und Baumwolle, Reis und Sorghum anzubauen. Denn sie sind sesshaft, fleißig und sehr friedliebend. Sie werden oft mit den Sarakolle verwechselt, obwohl sie nach Aussehen und Charakter völlig verschieden sind und sie selbst sich dagegen verwahren, mehr als deren entfernte Verwandte zu sein.

Die einzigen Fremden, die sie jemals gesehen hatten, waren Offiziere auf Inspektionsreise oder schwarze Händler, die vom Fluss gekommen waren, um Tee, Zucker und Glaswaren gegen Schafe und Baumwollstoffe zu tauschen. Diesmal waren es zu ihrer großen Überraschung Franzosen.

Da das Haus, das für Reisende bestimmt war, seit langem als Stall verwendet wurde, löste sich eine junge Frau aus der neugierigen

Menge, die uns umgab, und machte uns ein Zeichen, ihr zu ihrer Hütte zu folgen, der schönsten des Dorfes.

Über ihrem indigoblauen Wickeltuch zeigte Khoukhou unbefangen eine prachtvolle Brust und die Arme einer Göttin. Ihre bizarr geflochtenen Haare bildeten eine Art Helm auf ihrem Oberkopf und fielen in Fransen aus feinen Zöpfchen und Perlen um ihr schmales Gesicht mit den gut gezeichneten Zügen herunter. Sie hatte etwas nahezu Ägyptisches an sich, das sich in der geheimnisvollen Noblesse ihrer Bewegungen äußerte, ihren breiten Schultern, ihrem langen, anmutigen Hals und dem ganzen Schmuck aus Rohgold, ziseliertem Silber, Amazonit und Bernstein, der ihre Haare, ihren Hals, ihre Arme und ihre Knöchel zierte.

Khoukhou blieb vor ihrer Hütte stehen, stieß einen Holzriegel zurück und ließ uns eintreten. Ihre Geste sagte uns, dass dies alles uns gehörte.

»Dies alles« war eine Art Zelle und mehr oder weniger kahl. Die Wände waren mit großen geometrischen Mustern in Rosa, Grau, Schwarz und Weiß geschmückt, ähnlich wie jene, die man als Hinterlassenschaft der Kolonialausstellung bei den Pariser Tapetenfabrikanten finden kann. Ein Geflecht aus Latten und Palmyrapalmwedeln bildete die Decke, an der violette Eidechsen entlanghuschten. Aus Palmwedeln waren auch die Matten gefertigt, die den Boden und das Bett aus gestampfter Erde bedeckten. Diese bescheidene Behausung hatte etwas von einem Korb und einem großen Krug. Eine zweite Tür ging auf einen kleinen Hof hinaus, wo bald zwei junge Mädchen Kalebassen und *canaris* mit frischem Wasser brachten, die sie mit einer antik anmutenden Geste auf dem Kopf balancierten.

Seidi Naige, der Dorfvorsteher und Ehemann von Khoukhou, war mit den Herden fortgezogen, so dass auf ihr die Pflicht der Gastfreundschaft ruhte. Sie ließ die Hirse kochen, sie ließ einen zähen kleinen weißen Hahn schlachten und schickte ein paar kleine Jungen fort, um Katzenwelse im nahen Fluss zu fangen. Wir sahen sie von fern, schwarze, glänzende, zerbrechliche Gestalten, wie sie die Fische mit den doppelten Dreiecksnetzen jagten, die sie wie goldene Flügel schwenkten.

Auf der Schwelle einer Strohhütte, die wie ein Bienenkorb geformt war, erzeugten junge Spinnerinnen ein Geräusch wie Bienensummen. Baumwolle, die wie Schnee aussah, häufte sich um sie herum auf. Mit vollen Händen hineingreifend, kämmten die einen sie zwischen zwei Brettern, die mit Eisenspitzen gespickt waren, während andere sie auf leichte, mit weißen und schwarzen Linien geschmückte Spindeln haspelten. Ihre Hocker, ihre Kalebassen, alles war naiv geschnitzt, denn diese Völker lieben es, auch noch die einfachsten Gegenstände »hübsch zu machen«.

Nur die Männer weben die Baumwolle, und zwar zu etwa handbreiten Bahnen; danach ist es Aufgabe der Frauen, Wickeltücher und Tuniken daraus zu nähen, die sie mit Indigo färben, wobei sie weiße Muster aussparen. Andere Bänder, sehr schmal, aus rot-grün-gelb gestreifter fremder Baumwolle, schmückten die Kleider der Spinnerinnen, sofern man diese winzigen Lendenschurze, die mit Perlensträngen in der Taille befestigt sind, einer vorn, einer hinten, »Kleider« nennen kann.

Weiße Perlen waren die große Mode bei den Gangara. Es wurden Halsketten und Diademe daraus gemacht; sie wurden in die Frisuren eingeflochten, und um in ihren Besitz zu kommen, gab man dem Diula dicke Ballen weicher Baumwolle.

Die jungen Mädchen hätten sich gern zu uns gesellt, um zu schwatzen, aber der »Herr der Spinnerinnen« überwachte den Bienenkorb, einen Bambusstock in der Hand.

Unsere Freundin Khoukhou war es auch, die ihren Bruder überredete, mit uns auf den Berg zu gehen, um die Vergangenheit der Gangara zu erforschen.

Ich kann nicht behaupten, dass es eine Vergnügungspartie für den braven Dumbo war, genauso wenig wie für uns! Bergsteigen bei Temperaturen von über fünfundvierzig Grad Celsius ist wahrhaftig kein Spaß, vor allem, wenn man mit nackten Füßen auf glatten, glühenden Steinen gehen muss.

Sechs kleine Jungen bildeten mit Feuereifer das Freiwilligenkorps der Expedition. Es gab Sandalenträger, einen Hilfsfotografen, den Stöckebeauftragten; aber die Stolzesten von allen waren Bubu und Malek, die Ältesten, mit zehn Jahren zu Kantinenchefs befördert, die ihre Brust unter den Riemen der Blechkanister herausdrückten. Es gibt nichts Zutraulicheres, Zärtlicheres und Anmutigeres als die wilden kleinen Kinder.

Was unsere Kamelführer betraf, so verhehlten sie weder ihre Ängste noch ihre Missbilligung. Die Berge sind die Wohnstätten der Dschinn, und jeder weiß, dass die Dschinn reizbare Leute sind, die nicht gern gestört werden. Sollten die von N'Dio sich rächen, dann gewiss nicht aus Mangel an Bußgebeten, *Bismillah* und *La ilaha ill'Allah*!

Auf den ersten Blick war der Berg aus einem Stück und unzugänglich, aber Dumbo führte uns leichtfüßig durch enge Spalten hinauf, in denen sich eine tausendjährige Hitze gestaut zu haben schien. Je weiter wir aufstiegen, desto mehr öffnete sich der Berg, und die Hitze wurde immer brütender. Die Spalten, die sich zu Korridoren verbreiterten, mündeten in Terrassen, die mit bösartigem Gestrüpp und verdorrten Gräsern überwuchert waren. Kaum hatten wir unsere Sandalen wieder angezogen, um uns vor den Dornen zu schützen, mit denen der Boden gespickt war, da nahm einer der Jungen sie uns energisch wieder weg, damit wir nicht auf den vom

Wind, Sand und den Sturzwassern der Regenzeit glatt polierten Sandsteinblöcken oder auf einem jähen Felsvorsprung ausrutschten, dessen Gluthitze unter unseren nackten Sohlen uns keine Zeit ließ, an Schwindelgefühle zu denken. Wenn der Durchstieg zu schwierig war, machte Dumbo, immer aufmerksam und lächelnd, uns eine Räuberleiter mit seiner Schulter und seinem gebeugten Knie.

Plötzlich, auf halber Höhe, mündete die Schlucht, in der wir hintereinander hochkletterten, in eine Erdaufschüttung, wo einige Palmyrapalmen wuchsen. Verfallene Grundmauern bildeten Kreise auf dem Boden, von Steinen und Tonscherben umgeben. Eine Mauer aus hohen, flachen Steinen zog sich um das Dorf, und Dumbo, der sich hinkauerte, einen imaginären Bogen spannend, demonstrierte uns, wie seine Vorfahren sich hinter dieser primitiven Festung verschanzt hatten, um sich gegen die Belagerer zu verteidigen. Dann hörten wir im Schatten der Palmyrapalmen die Geschichte der Gangara und ihres Anführers Ganné, die von Wagadu über Hohd und Tagant kamen, den König Maka besiegten und sein Land Guidemaka, »Berg von Maka«, nannten. Den geheimen Höhlen und Labyrinthen der Berge von Tagant und Assaba verdankten sie es, dass sie von der Welle der Eroberer, die in diesen unwirtlichen Grenzländern aufeinander stießen, nicht gänzlich ausgelöscht wurden.

Eine ferne, von Panik erfüllte Stimme brachte uns wieder auf die Beine. »*La ilaha ill'Allah! La ilaha ... ah!*« Das Gebet für alle Notlagen, sehr schnell auf einer einzigen Tonhöhe psalmodiert ...

»Das ist Mokhtar Saloum«, schrie sein Bruder und stürmte mit dem Gewehr in der Hand davon.

Was war da passiert? ... Ein Löwe? ... Ein Räuber? ... Vielleicht sogar, wer weiß, eine Hornviper? ... Im Angesicht der Gefahr vergaßen wir alle Vorsicht, allen Groll und liefen ebenfalls los, um dem unglücklichen Burschen zu Hilfe zu eilen ...

Ach! Ein Feind mit oder ohne vier Pfoten wäre eine Lappalie gewesen im Vergleich zu dem, was Mokhtar Saloum hinter dem Vorsprung gefunden hatte, der die Terrasse abschloss. Ein Königreich für einen Feind, gegen den man den Dolch erheben oder auf den man Gewehrschüsse abfeuern kann!

Mokhtar Saloum stand wie angewurzelt, zitternd und betend, vor der Felswand, die von langen horizontalen Spalten durchzogen war. Am Eingang einer dieser Spalten erspähten wir den Feind, undefinierbare, runde weißliche Gegenstände ... neun Menschenschädel mit den dazugehörigen Knochen. Eine wahrhaft schauerliche Entdeckung, wenn man den Kopf bereits mit Geschichten von Teufeln und Gespenstern voll gestopft hat!

Die Spalte, eine Art abgeflachte Höhle, war so eng, dass es unmöglich für ein menschliches Wesen schien, aus eigener Kraft zum Sterben hineinzukriechen. Vielleicht hatten die belagerten Gangara, da sie weder Erde noch Platz hatten, um ihre Toten zu begraben, diese hier in Sicherheit gebracht. Niemand wollte oder konnte uns etwas darüber sagen, außer dass die Alten erzählten, diese Menschen früher seien sehr groß und stark gewesen.

Letzterer bildete den Vorposten eines geheimnisvollen Gebiets: Wuchtige Blöcke ragten wie ein gewaltiger Portikus am Eingang eines Korridors auf, der in das Herz des Berges führte. Dieser Portikus, ebenso wie die benachbarten Höhlen, war mit bizarren Zeichnungen geschmückt. Meistens waren es geschlossene Rechtecke, mit rotem Ocker auf den rötlichen oder schwärzlichen Sandstein gemalt, bald so hoch oben, bald in so tief liegenden Einschnitten, dass man sich fragte, welche Riesen oder Zwerge hier am Werk gewesen waren. Unsere Weggefährten redeten genauso ungern über diese Zeichnungen wie über die Schädel.

»Marabut hat das gemacht, vor langer, langer Zeit wegen Dschinn«, murmelte M'Hammed.

Man muss jedoch wissen, dass »Marabut« für einen Mauren, der schlecht und recht Französisch redet, einen frommen Mann jeglicher Religion bezeichnet, nicht unbedingt nur einen Muslimen. Das bestätigte unsere Vermutung, dass es sich bei den Zeichen, die über dieses danteske Chaos verstreut waren, um Magie handelte. Man konnte sich gut vorstellen, wie die urzeitlichen Menschen, die sich hierher geflüchtet hatten und vor ihren irdischen Feinden ebenso zitterten wie vor den übernatürlichen, die Wände ihrer Höhlen mit magischen Zeichen bedeckt hatten, die die Dschinn abwehren oder den Schutz der guten Geister erflehen sollten.

Dumbo, der nicht weniger beunruhigt war als die Beidane, drängte uns, wieder ins Dorf hinunterzusteigen.

Im Übrigen würde die Sonne bald untergehen. Unter dem flammenden Himmel schien das in Rotviolett getauchte Land zu glühen. Das Spiel von Schatten und Licht ließ die Schluchten und Bastionen noch bizarrer erscheinen, verwandelte die Terrassen und wuchtigen Felsgipfel in urzeitliche Akropolen mit vielfachen Säulengängen. Ein natürlicher Triumphbogen, aus einem einzigen Stein gemacht, der über einen Abgrund gekippt war, erinnerte an die Kämpfe des einsamen Dorfes. Ein seltsames Leben erwachte hier. Die Hitze stieg jetzt vom Boden auf wie von einem fieberglühenden Körper.

Wenn man unter einfachen Menschen lebt und in der gleichen Art wie sie, nimmt man wieder ein primitives Wesen an, eine Seele, die leicht zu ängstigen ist, und so stiegen wir schweigend mit unseren abergläubischen Begleitern durch das Labyrinth dieses gigantischen Mausoleums zum Dorf hinunter, wo bereits die Abendfeuer angezündet wurden. Hinter uns hüllte der Berg seine Ruinen, seine Knochen und Gespenster in eine wilde Größe ein, in der die Menschen keinen Platz haben. Während wir uns an der Quelle erfrischten, die auf den letzten Hängen entsprang, ertönte das erste Brüllen auf den Terrassen, die wir gerade verlassen hatten.

Die Gassen des Dorfes waren voller Herden; unsere Kamele, an den Knien gefesselt, käuten in der Nähe der Strohhütte wieder; der aussätzige Führer schlief seelenruhig auf unserer Matte; aber es war trotzdem herrlich, in unser »Zuhause« und zu Khoukhou zurückzukommen. Sie erwartete uns, eine makellose Ebenholzskulptur, vor ihrer Tür. Sie reichte uns eine Kalebasse mit Milch und rief die anderen Frauen her, damit sie uns den Tee mit einem urwüchsigen, monotonen Gesang versüßten, mit ihren erstaunlich falschen und schrillen Stimmen.

Dann herrschte wieder Stille, die Feuer erloschen eines nach dem anderen, und die Tiere ergriffen Besitz von der Nacht. Ein anderes Konzert stieg von den Bergen auf: das Brüllen der Löwen, die Schreie der Hyänen und Schakale, auf die das wütende Gebell der Hunde und das Blöken der verängstigten Herden antwortete.

Die stickige Hütte war unbewohnbar. Draußen hatte sich ein Sandsturm erhoben. In unsere Burnusse eingerollt, versuchten wir vergeblich in den Sandwirbeln zu schlafen, unsere Müdigkeit und die Menagerie zu vergessen, die sich um uns herum tummelte. Selbst das Kind der Wildkatze, das sich mit gesträubtem Fell an Marions Schulter drängte, hielt es für seine Pflicht, bei jedem Brüllen oder Bellen, das ihm zu nahe erschien, wütend zu knurren.

Die Nächte von N'Dio waren alle so, und die Bewohner schliefen friedlich auf den Schwellen ihrer Behausungen.

In der Morgendämmerung, als die Tiere verstummten, der Wind sich wie von Zauberhand legte und wir ein wenig hätten schlafen können, war es Zeit, wieder auf den Berg zu steigen, um seine Geheimnisse zu erkunden, bevor die Sonne zu glühend wurde.

Ein harter Tag mit unglücklichen und glücklichen Momenten, wobei die beste Nachricht die Abreise des Aussätzigen war!

Dumbo, der uns ins Herz geschlossen hatte, hatte angeboten, uns bis zum Lager von Tadjakant zu begleiten, wo es Kamele gab. Sein Esel würde das Gepäck tragen, und der unerwünschte Führer konnte nach Hause zurückkehren. Die Dschinn zeigten sich, zumindest vorerst, als gute Feen!

In unserer Freude, von dem armen Ali befreit zu sein, drückten wir beherzt die schorfige Hand, die er uns arglos hinstreckte, und dankten ihm für all seine guten Dienste!

Die Anzahl der Celsiusgrade und die Hitze sind zwei Paar Stiefel. Selbst in Kayes, mitten im Monat Mai, direkt vor den Stürmen, bei über fünfzig Grad Celsius in den »gekühlten« Räumen des Militärkrankenhauses, in Kayes, das mit Dschibuti und Chandernagor das Privileg teilt, einer der heißesten Orte auf dem ganzen Globus zu sein, war mir nicht so heiß wie an diesem Sonntag, dem achten April, in N'Dio.

Die beiden Mauren, die ihre Belohnung bereits bekommen hatten – weiße Baumwollrollen, um ihr Zelt auszukleiden –, weigerten sich kategorisch, auf den Berg zurückzukehren.

Die Schwarzen nahmen einen anderen Standpunkt ein: »Wenn die weißen Frauen gestern Zucker und Tee gegeben haben, dann geben sie morgen Abend vielleicht auch welchen, und da sie uns freundlich behandeln, gibt es keinen Grund, warum wir ihnen heute nicht folgen und sie beschützen sollten.«

Mit Dumbo und den kleinen Jungen irrten wir bis zum Abend im Berglabyrinth herum, brutzelten auf den Terrassen, fotografierten, hielten Inschriften fest, tauchten in ungeahnte Labyrinthe ein, wo die Menschen ihre Spuren in Form von magischen Zeichnungen und zerbrochenen Tonscherben hinterlassen hatten. Es ist erschreckend, wie viele Töpfe die alten Gangara zertrümmert haben! Überall auf dem Boden der unzugänglichsten Höhlen fanden wir ornamentierte Fragmente rudimentärer Zeichnungen, ähnlich den modernen *canaris*, und Bruchstücke polierter Basaltkugeln, aber keine einzige Eisen- oder Holzspitze, keinen intakten, geschnittenen oder polierten Stein.

Dumbo hatte unser Vorhaben, den Schädel zu fotografieren, so lange wie möglich hinausgezögert. Beim Hinaufklettern rutschte ich auf einem fortrollenden Stein aus und klammerte mich, o wundersames Geschick, mit beiden Händen an den Rand des Beinhauses. Ein heftiger Schmerz durchzuckte meinen rechten Daumen: Der Dorn von Silliwol, den ich schon oft herauszuziehen versucht, aber inzwischen vergessen hatte, brachte sich in Erinnerung ... War der Daumen nicht geschwollen? ... Das lag wahrscheinlich an der Hitze: Meine linke Hand und meine Füße waren auch geschwollen! Wir machten die Fotografien. Dann schlug Marion, da mich eine seltsame Erschöpfung befallen hatte – ein wenig Übelkeit, ein wenig Fieber –, einen Halt in einem Gewölbe vor, das mit Kreisen und Kreuzen geschmückt war und die Illusion eines frischen Luftzugs vermittelte.

Von unserem naiven europäischen Optimismus erfüllt, zählten wir die Pässe des Plateaus von Assaba auf, die wir gründlich besichtigen wollten, Kiffa und den R'Kiss, Tidjikja und Tagant, wo noch weitaus bedeutendere Gangararuinen als diese hier auf uns warteten. Da waren wir also, mitten unter unserem kleinen schwarzen Hofstaat, stellten sorgfältig durchdachte Routen auf, setzten Termine fest und beschlossen, dass wir am nächsten Morgen in aller Frühe von N'Dio aufbrechen würden, damit wir genug Zeit hatten, dieses ganze Land und noch viele andere vor den Junistürmen zu erkunden.

Als wir zu Khoukhous Hütte zurückkamen, war mein Daumen rot und glänzend, und Marion zwang mich, ihn lange in heißem Wasser zu baden. Nach einer fiebrigen und schlaflosen Nacht war er bis zum Handgelenk geschwollen, und ich erhielt meinen ersten feuchten Verband.

M'Hammed und Mokhtar Saloum schauten uns mit der Verachtung an, die Leute verdienten, die nichts unversucht ließen, um die himmlischen Blitze auf ihre Karawane herunterzubeschwören.

»Jetzt, du lässt den Berg und nimmst Route nach Kiffa über Tak-Tak! Du brauchst nicht nach Goussas gehen, macht nur Kamele müde, und du brichst dir deine Hals: Ist zu viel schwierig, der Goussas-Pass. Der Berg, das ist überall gleich, ist nicht gut, der Berg!«

»Und du, du lässt mich gefälligst in Ruhe! Wir haben in Kiffa und Sélibaby Bescheid gesagt, dass wir über Goussas kommen. Alle haben uns gesagt, dass das der schönste Pass ist.«

»Und du, wenn dir jemand sagt: Gibt schöne Berge mit vielen Marabutzeichen auf dem Mond, nimmst du dann auch dein Kamel und läufst hin, Foto machen?«

»Wir gehen über Goussas!«

»Inschallah!«

Und am folgenden Morgen, in aller Frühe, schlugen wir die Route nach Norden ein.

Zuerst ging alles gut. Ich fühlte mich zwar nicht besonders wohl in meiner Haut, aber wenn der Führer einen kleinen Esel reitet, müssen sich die Kamelreiter nicht beeilen.

Rechts von uns, in geringer Entfernung, ragte die fantastische Kulisse des Assaba vor uns auf; die Piste war schön. Die Tierwelt trat nur durch ihre Spuren in Erscheinung, und gegen elf Uhr erreichten wir ohne Hindernisse einen großen See, in dem ein paar Tadjakant ihre Herden tränkten. Sie verkauften uns ein Schaf und machten alsbald ihr Rücknahmerecht geltend, indem sie es mit uns verspeisten.

Bei ihrem armseligen Aussehen hätte man schwerlich vermutet, dass sie Himyariten waren und zu den unzähligen Abkömmlingen König Salomos und der Königin von Saba gehörten – geschweige denn, dass ihre Vorfahren die Sekte der Bekkaya und den Ksar von Tindouf, ein Handelszentrum, gegründet hatten, bevor ihre Zelte von neuen Invasionen gen Süden verstreut wurden. Während sie Tee tranken, diskutierten sie in ihrer lebhaften, wortreichen Art und bekräftigten ihre Aussagen mit großen, fließenden Gesten. Gewiss, wir würden heute Abend gut in ihrem Lager aufgenommen werden, und morgen würden sie uns zu einem einsamen *guelb* führen, wo wir viele Zeichnungen in verschiedenen Farben sehen würden, die Tiere darstellten. Aber leider, so sehr sie auch wünschten, uns zu Diensten zu sein, sei es ihnen unmöglich, uns das Packkamel zu besorgen, das wir seit Aleg suchten. Die Diebe und die Krankheiten hatten ihnen nur armselige Reittiere gelassen, die sie brauchten, um die Steuer in Kiffa vor Ende des Mondes zu bezahlen. Es war Zeit: Bald würden die Stürme die Pisten unpassierbar machen. Der Diula vom Senegal war schon gekommen und hatte die Hälfte der Herde mitgenommen. Er hatte zu den Oberhäuptern der Zelte gesagt: »Hör zu, du brauchst Geld für deine Steuer, denn ich, der ich dein Freund bin, will nicht, dass die *Nçara* dich ins Gefängnis werfen. Ich gebe dir also fünf Franc für ein Schaf; aber da ich selber nur ein armer Mann bin, kann ich dir jetzt nur zweieinhalb Franc bezahlen; den Rest werde ich dir schicken, wenn ich die Schafe weiterverkauft habe. Wenn du auf den Markt von Kayes gehst, hast du einen langen Weg vor dir, und deine Tiere magern ab. Der Beauftragte für besondere Aufgaben kann nachzählen, wie viele du ihm bei der letzten Erhebung verheimlicht hast, und wenn du die Buße bezahlt hast sowie das Weggeld und die Marktgebühr, dann bist du ärmer als vor deiner Reise.«

Ein *ouguïa*! Fünf Franc für ein fettes Schaf! Die Zeiten sind hart, und Moulanah (sein Wille möge geschehen!) hat seine Augen von seinem Volk abgewendet!

Zudem wird der arme Teufel niemals die zweite Hälfte des vereinbarten Preises sehen. Was den Diula angeht, der keinerlei Kontrolle unterliegt, so wird er sich nach Louga oder zu einem anderen senegalesischen Markt begeben, wo er seine Schafe für fünfundzwanzig Franc pro Stück verkaufen kann.

Ja, die Zeiten haben sich geändert! Jetzt ist es der schwarze Händler, der skrupellos seine einstigen Plünderer ausbeutet. Die Steuerlast ist umso drückender, als ihre Herden von Wilderern bedroht sind, die streng bestraft werden, wenn eine französische Patrouille das Glück hat, ihrer habhaft zu werden, aber der Busch ist riesig, voller Schleichwege, und so wird nach und nach ein Viehbestand zerstört, der den einzigen Reichtum, die einzige Nahrung dieser Nomaden darstellt.

Nach der Siesta wollten Marion und ich bis zum Berg gehen, um eine Guelta in der Nähe zu fotografieren. Das würde uns zugleich den Luxus eines Bades und eines Schlauchs voll klarem Wasser verschaffen.

Mokhtar Saloum sah darin keine Unannehmlichkeit, da er den Befehl hatte, mit Dumbo, dem Gepäck und Boukhzeima – dessen Buckel sich erfreulich wölbte, seit er nur noch als Rentner nebenher spazierte – direkt zum Lager zu gehen. Aber M'Hammed, der uns begleiten sollte, setzte eine Märtyrermiene auf: Gerade die Gueltas sind die schlimmsten Gegenden am Berg. Zum Glück machte ein kleiner Tadjakant-Gefangener nicht so viel Theater, hakte eine *gerba* am Sattel von M'Hammed ein und sprang hinter mir auf die Kruppe, um uns den Weg zu zeigen.

In zwanzig Minuten waren wir am Fuß des Bergs, in einer Graslandschaft, die von Schluchten durchzogen und mit Erdlöchern gespickt war, die eine Falle unter den hohen Gräsern bildeten. Marion ritt voraus, hoch erfreut über diesen Spaziergang, ein Lied auf den Lippen und die Nase den Affen in den Felsen zugewandt.

Es war ein entzückendes Schauspiel, aber dann sah ich etwas, das mich mit Entsetzen erfüllte: Marions Kamel sackt plötzlich zusammen, ein Bein in einem Erdloch eingebrochen, und ein blaues Stoffbündel purzelt von seinem Rücken, dreht sich in zwei Metern Höhe ... und kracht auf den Boden ... Das Bündel ist meine arme Freundin, die reglos liegen bleibt, das Gesicht im Sand! Ich lasse in aller Eile mein Kamel niederknien und hebe die halb Benommene auf, die eine geplatzte Lippe und ein blutiges Gesicht hat. Der Verband an meinem Daumen wandert auf das Kinn der Verletzten, die mir versichert, dass es nicht weiter schlimm sei und dass sie großes Glück gehabt habe. Das stimmt übrigens, denn dreißig Meter weiter hätte sie sich den Kopf an den Steinen aufgeschlagen. Jedes Unglück hat, wenn man es recht bedenkt, auch seine gute Seite.

M'Hammed, den in diesen Breiten nichts überraschte, ergriff die Gelegenheit beim Schopf und schlug vor, ins Lager zurückzukehren, aber Marion beharrte darauf, unseren Weg fortzusetzen, denn jetzt kam der Eingang der Guelta in Sicht. Ein schönes Bad würde sie vollends wieder auf die Beine bringen.

Am Grund einer Schlucht aus schwarzem Sandstein breitete die Guelta ihre drei Seen und ihr düsteres Felsgeröll aus, das von den Kaskaden abgeschliffen war. Am Ufer des ersten Tümpels zeigte M'Hammed uns ganz frische Rillen, die sich im Zickzack zwischen Krallenspuren durchschlängelten.

»Das sind Spuren von Krokodil! Die Dschinn machen alles schlecht im Berg!«

Als ob die Überschwemmungen des weißen Gorgol, aufgestaut von den Sturzfluten der Regenzeit, nicht genügt hätten, um die

Krokodile des Senegal in die Tümpel des Plateaus von Assaba zu bringen, auch ohne dass die Dschinn ihre Finger dabei im Spiel hatten!

»Krokodil, er sehr böse!«

M'Hammed, der neben den ruhenden Kamelen saß, stopfte sorgfältig seine kleine Pfeife und musterte uns mit spöttischen Blicken.

Marion lechzte nach ihrem Bad. So viele kleine Gazellenhufe und Perlhuhnfüße zeichneten sich im Sand zwischen den ominösen Furchen ab, so viele Katzenwelse ließen Blasen in dem Tümpel aufsteigen, dass die Krokodile nicht sehr hungrig sein konnten. Und warum sollten wir essbarer sein als der junge Gefangene, der wie ein Zicklein davonsprang, um seinen Schlauch in der letzten Guelta zu füllen, wo das Wasser am durchsichtigsten war?

Wie ein großer, heller Saphir, in einen imposanten, steilen Halbkreis eingelassen, lag die dritte Guelta friedlich da. Dort lagerten die Krokodile, flach auf die Felsvorsprünge gedrückt, von denen sie eilig heruntterglitten, als sie uns an dem kleinen, von ihren Spuren gezeichneten Strand sahen. Die Wasserwirbel, die sie beim Hineinplatschen aufgewühlt hatten, trübten einen Augenblick das Spiegelbild der Bambussträucher und großen Akazien, wo die Dorfwebervögel ihre leichten Nistkörbe aufgehängt hatten; dann trat wieder Stille ein, feucht und reglos.

Am Strand machte der kleine Schwarze einen Fund, der ihn mit großer Freude zu erfüllen schien: zwei Krokodilgelege, sechs Dutzend schöne weiße Eier, die er in seinen Bubu einwickelte. Danach lief er ohne Zögern in die Guelta, badete mit sichtlichem Vergnügen, füllte seinen Ziegenlederschlauch, der von Schnüren, über seiner Stirn verknotet, auf seinem Rücken festgehalten wurde, sammelte sein Eierpaket wieder ein und lief davon, nicht ohne uns ein Zeichen zu machen, dass der Platz jetzt frei sei, sofern uns der Sinn danach stand ...

»Eigentlich sehen sie doch gar nicht so angriffslustig aus, die Krokodile, oder?«

»Jedenfalls nicht bei kleinen schwarzen Jungen ... Ich glaube, sie haben es mehr auf Journalistinnen abgesehen ...«

»Pah!«, antwortete Marion, unerschütterlich wie immer, »woher sollen sie das wissen? Sie haben doch noch nie welche gesehen!«

»Und wenn sie es merken, verschwinden wir schnellstens ...«

Im Handumdrehen streiften wir unsere Gewänder ab. Als wir ins Wasser eingetaucht waren, wo sich die Schmerzen und das Fieber in Wohlgefallen auflösten, behielten wir die langen grauen Gestalten aber misstrauisch im Auge. Sie duckten sich zwischen die Felsen, so weit wie möglich von den Eindringlingen entfernt, und erweckten den tröstlichen Eindruck, dass sie noch viel mehr Angst hatten als wir.

Eine Stunde später wieder eine unerwartete Begegnung, aber diesmal waren wir nicht so eindeutig im Vorteil. Was uns hier entgegentrat, waren keine Reptilien, niedrige Kriechtiere, sondern eine Königin, eine prachtvolle Löwin, die sich majestätisch aus den hohen Gräsern erhob, kaum zwanzig Meter von uns entfernt.

Die Kamele drehten sich in ihrer Panik wie verrückt um sich selbst, mit irren Augen und wilden Seitwärtssprüngen, die sich schmerzhaft in Marions Kopf und meiner geschwollenen Hand fortsetzten.

Die Löwin dagegen, ihrer Kraft sicher, zeigte weder Furcht noch Zorn, sondern musterte uns ruhig, sprungbereit bei der leisesten Drohung.

Diese Begegnung hätte übel ausgehen können, aber auch hier hatten wir Glück im Unglück. Wie durch ein Wunder gehorchte M'Hammed unserem strengen Befehl, nicht auf eine Löwin zu schießen, deren Fell fünfzig Franc wert war! Wenn er Gazellen,

Trappen oder Warzenschweine verfehlte, schadete das keinem. Der Löwe dagegen ist ein Wild, das keinen Pardon mit Stümpern kennt. Ich glaube, die eigentliche Gefahr im Busch besteht darin, mit einem Gewehr herumzuspazieren. Nichts macht so nervös wie ein Gewehr ... Und da wir keines besaßen, hatten wir unseren Frieden, vor den Tieren wie vor den Menschen.

Die Löwin kehrte, nachdem sie uns hatte fortgehen sehen, zu ihren eigenen Geschäften zurück.

War das nun die letzte Aufregung an jenem denkwürdigen Tag? Nein, im Lager verkündet uns Mokhtar Saloum den Tod unserer hübschen kleinen Katt', die von einem Kamel erdrückt worden war.

Arme kleine wilde Gefährtin, so zärtlich und mutig, sandfarbene Seidenkugel, die uns so treulich gefolgt war! Eines Tages, als sie aus ihrer Kiste gefallen war, hielt sie tapfer mit meinem Kamel Schritt, bis wir sie wieder auflasen. Obwohl sie nur faustgroß war, hielt sie bereits die Hunde in Schach. Jede Mahlzeit war ein erbitterter Kampf gegen imaginäre Rivalen; wenn sie dann plötzlich genug hatte, die Krallen eingezogen und das Fell geglättet, sprang sie auf Marions Schulter, sanft und anschmiegsam, und war nur noch ein unschuldiges kleines Kätzchen ... In Freiheit geboren, warst du uns nur von der Wildnis geliehen, die dich in deiner ersten Liebessaison zurückgeholt hätte, wenn du lange genug gelebt hättest, denn eine Wildkatze gibt niemals für immer ihre Raubtierwürde auf.

Gottlob hatte man uns ein friedliches Zelt gegeben, abseits des Lagers, in der Nähe einer großen *zeriba* voller Kühe und Schafe, so dass wir uns in aller Ruhe verarzten konnten. In der Ferne ertönte ein Hochzeitstamtam, aber wir waren zu krank, um zum Fest zu gehen.

Eine Neuheit in unserem Speiseplan: Krokodilseier, die in der Folge von jungen Franzosen, die noch keine »Eingeborenenkost« zu schmecken bekommen hatten, zu »Enteneiern« erklärt wurden.

Nach dem Essen schlief Marion, zerschlagen von ihrem Sturz, im Zelt, neben dem M'Hammed halblaut mit Dumbo plauderte. Die anderen waren alle zu der Hochzeit gegangen.

Vor einem lodernden Feuer sitzend, badete ich meinen dicken, ganz steif gewordenen Daumen, in dem der Schmerz pochte, in einem Feldbecher heißen Wassers. Es war ein stechender, nagender Schmerz, der von unterhalb des Nagels ausging und sich bis in den Arm bohrte, so dass mir übel davon wurde. In meinen Schläfen pochte das Fieber. Wirre Gedanken stießen sich hinter meiner verschwitzten Stirn.

Ein vereiterter Finger! ... Ist das immer so schlimm, ein vereiterter Finger? Mein Gott, wie Marion im Schlaf stöhnt! Wenn sie innere Verletzungen hat, was soll dann hier aus uns werden? ... In Kiffa gibt es einen schwarzen Hilfsarzt ... In Sélibaby nichts ... Ein alter Tukulor-Krankenpfleger in Kaëdi und ein französischer Arzt, der immer auf der Jagd ist ... Bis Kiffa sind es zweihundertfünfzig Kilometer und dazwischen dieser verdammte Berg, den wir überqueren müssen. Wie sollen wir das machen?

Ich sehe Marion wieder vor mir, wie sie vom Kamel fällt, auf den Boden kracht. Marion, meine beste Freundin, die Gefährtin in allen Prüfungen und Freuden, die ich tot geglaubt habe! Ich stelle mir die düstere Rückkehr vor, die Silhouette des großen, nutzlosen Kamels, das mit gesenktem Kopf am Zügel geht, einen leeren Sattel mit harten Stützen auf dem Rücken, der sich gegen den blassen Himmel abzeichnet ...

Die Löwin, Katt', die Krokodile tanzen zwischen den Flammen, und mitten drin das dicke Affenweibchen, das uns von einem Felsen oben, ihr Kind um den Hals geschlungen, beim Baden so schreckliche Grimassen schnitt.

Dass ein lächerlicher Dorn so qualvoll sein kann! Man bricht doch eine Reise nicht wegen eines vereiterten Fingers ab! François, der Chef der Langustenfischer aus Tréboul, hatte seinen Fangzug trotz seines vereiterten Fingers zu Ende gebracht ... Das Messer wetzen, sich den Finger selber mit einem einzigen Schnitt auf dem Tisch abtrennen ... Ach, dieser blutende Stumpf, den er uns in Villa Cisneros zeigte! Niemals würde ich den Mut dazu aufbringen ... Kaëdi, zweihundert Kilometer ... Kiffa, zweihundertfünfzig Kilometer, fünf Tage Marsch oder auch sechs ... Der Berg ... »Dschinn machen alles schlecht ...« Zweihundertundfünfzig. Zweihundertundfün...

Ich muss wohl eingeschlafen sein, die Hand in meiner Tasse mit heißem Wasser. Ein heftiger Schmerz weckt mich auf. Ich reiße die Augen auf ... Was ist das denn, dort, direkt vor mir?

Man könnte meinen, ein riesiger Fetisch aus Holz und verschrumpeltem Leder, Sohn und Beschützer dieser verhexten Erde. Aus dem Gesicht, das von einem grausigen Lachen verzerrt ist, starren mich zwei Augen an, die in den roten Lichtreflexen des Feuers glühen. Vielleicht ist es ein Dschinn, *unser* Dschinn, der uns heimsucht, seit wir uns auf den Assaba gewagt haben!

Auf meinen angstvollen Ruf eilt M'Hammed herbei und macht eine drohende Bewegung: Der Bann ist gebrochen, der Gnom wendet sich ab und entfernt sich langsam, seine Beine, die zu kurz für den langen Oberkörper sind, hinter sich herziehend, bucklig, hinkend, die knotigen Arme um einen großen Stock geklammert.

»Du dich fürchtest vor Hexe? Akh! Ist nicht gut, Hexe, gleiche Sache wie Schakal!«

Er hockt sich neben mich und spricht im Flüsterton, denn die Hexe bleibt an einen Baum gelehnt stehen und murmelt vor sich hin. Ich sehe ihre weißen Haarzotteln, ihren zahnlosen Mund, der sich stumm bewegt, ihre langen, flachen Brüste, wie Tabaksbeutel, die über ein zerlumptes Wickeltuch fallen. Wie alle Hexen ist sie eine alte Sklavin, die Geschmack am Blut gewonnen hat. Nachts saugt sie das der anderen Sklaven aus, oder sie verlangt es ihnen ab, im Tausch gegen Amulette, Zaubertränke, Liebes- und Rachezauber.

M'Hammed erzählt mir noch schlimmere Sachen. Die gefangenen Hexen können das Herz eines schlafenden Menschen stehlen, der von da an wie tot ist. Mit Hilfe von Gebeten, Zauberritualen und Geschenken erreicht die Familie, dass der Vampir das gestohlene Herz zurückgibt. Sofort steht das Opfer wieder auf und lebt weiter, als sei nichts gewesen.

»Aber natürlich ist er nicht mehr derselbe wie vorher. Wenn er nach hinten über seine Schulter schaut, kann er nicht vorwärts gehen, und wenn er einem anderen Menschen in die Augen schaut, kann der ohnmächtig werden, denn die Kraft der Hexe ist in seinem Herzen geblieben ...«

Tumultartiges, klägliches Blöken unterbricht M'Hammed. Dicht bei uns kracht die *zeriba*-Hecke unter dem Ansturm der panischen Tiere, die verzweifelt zu fliehen versuchen. Ein Schreckensschrei übertönt alles andere. Hirten laufen herbei, glimmende Holzstücke schwenkend, gerade noch rechtzeitig, um hinter dem Gedränge der Schafe eine große Tüpfelhyäne zu sichten, die ein schwarzes Mutterschaf fortschleppt.

Die Hexe war verschwunden. Es war Mitternacht unter dem Kreuz des Südens: Der diabolische Tag ging endlich vorüber. Ob die Pechsträhne damit zu Ende war?

Fast mechanisch bat ich M'Hammed, wie jeden Abend, die Kamele zu früher Stunde bereitzuhalten, dann ging ich, meine schmerzende Hand an die Brust gedrückt, zu Marion ins Zelt und versuchte zu schlafen.

Weder die frische Morgenluft noch die Schönheit der grauen Berge unter dem perlmuttfarbenen Himmel, noch das Röhren der Kamele, die ein Hirte von der Weide zurückbrachte, noch die Aussicht auf die Felsmalereien des *guelb* brachten uns auf die Beine.

Marion wurde von der Migräne und den Schmerzen im Nacken auf ihrem *techgal* festgenagelt. Die Infektion meiner Hand hatte sich jetzt auf den Arm ausgebreitet. Wir mussten uns also wohl oder übel damit abfinden, einen Ruhetag einzulegen.

Trotz einiger letzter Hoffnungsfünkchen verfielen wir schließlich in Mutlosigkeit. Marion, von Natur aus fatalistisch, fügte sich mit einer weisen, stummen Resignation ins Unvermeidliche. Ich hingegen war völlig unerträglich in meiner Empörung, meiner Entscheidungswut und meinen nutzlosen Projekten. In Wahrheit war es fast ein Wunder, dass uns dieses Malheur, das uns jetzt niederdrückte, nicht schon viel früher zugestoßen war, sondern uns die Zeit gelassen hatte, durch ganz Mauretanien zu reisen. Da der kleine Apothekervorrat, den wir immer bei der Hand hatten, aufgebraucht war, sichtete ich unsere Reserven. Das Ergebnis war nicht erfreulich. Wir hatten so viel an die Nomaden verteilt – als könnten wir selbst niemals krank werden –, dass wir nur ein paar Aspirin und etwas Chinin übrig hatten, das von den Stößen auf dem Kamelrücken pulverisiert war. Der Verbandskasten war fast leer, wir hatten noch Permanganat, aber das verfestigte Jod war verschwunden und die Alkoholflasche zerbrochen.

Die *tassufra* mit den Lebensmitteln enthielt nur noch Zucker, Tee, einen kleinen Beutel Tabak, ein paar Hände voll Erdnüsse und Kekse. Und falls wir nach Kiffa zurückkehren mussten, waren wir bereits vorgewarnt, dass es auf der anderen Seite des Plateaus von Assaba zu dieser Jahreszeit nur wenige Lager gab.

Außerdem waren die Batterien für die elektrische Lampe in der Hitze geschmolzen, ebenso wie die letzten Kerzen.

M'Hammed und Mokhtar Saloum besaßen zu zweit ganze fünf Patronen.

Nachdem wir diese Elendsbilanz gezogen hatten, blieb uns nichts anderes übrig, als die leeren, endlosen Stunden vorübergehen zu lassen. Ich konnte nicht einmal mehr schreiben, und mein vereiterter Finger machte jede Hoffnung auf einen Mittagsschlaf zunichte. Müßig folgte ich mit den Augen dem Lauf der kleinen Hitzezyklone. Man sah sie in Kolonnen aus Sand und verdorrten Blättern daherkommen, knatternd wie Buschfeuer, den Boden bei ihrem kreisförmigen Marsch aufsaugend, um sich im erstbesten Gebüsch wieder aufzulösen. Wehe dem Zelt, das sich auf ihrem Weg befand, wie es bei unserem der Fall war! Die Männer hatten gerade noch Zeit, sich an die großen Zeltstangen zu klammern.

Beim Abendverband schlug M'Hammed mir vor, den Daumen mit seinem Messer aufzustechen, was ich entsetzt von mir wies.

Als ich am nächsten Morgen erwachte, musste ich den Tatsachen ins Auge blicken: Die Lymphknoten in meinen Achseln waren geschwollen, und ich hatte ein Geschwür am Schenkel. Es wäre Wahnsinn gewesen, hier zu bleiben oder eine andere Richtung als die nach Kiffa einzuschlagen.

Mokhtar Saloum wurde als Kundschafter mit dem besten Kamel und einem Brief an den Bezirkskommandanten vorausgeschickt, in dem dieser gebeten wurde, uns seinen kleinen Lastwagen auf der Piste in den Sudan entgegenzuschicken.

Wir mussten uns von dem netten Dumbo trennen, von seinem guten Gesicht, das immer von einem strahlenden Lächeln erhellt war: Sein kleiner Esel konnte das Gepäck nicht so weit tragen. Nach endlosen Palavern und Scherereien überredete M'Hammed einen elenden Hirten, fast ein Idiot, aber Besitzer eines Packochsen, uns zu folgen.

Und als wir uns mühsam auf unsere Kamele gehievt hatten, nahm der rituelle Abschiedswunsch »Ouaddatek l'Moulanah!« – »Ich befehle dich Gott, Moulanah ist deine Zuflucht!« eine unheilvolle Bedeutung an.

Wegen eines vereiterten Fingers bricht man also keineswegs eine Reise ab; man ändert lediglich die vorgesehene Route. Diese hier sollte mich in den Sudan führen, in die Krankenstation von Kayes, dann in den Senegal, auf den Operationstisch des Militärkrankenhauses von Dakar.

Der erste chirurgische Eingriff fand zwei Stunden später im Schatten eines großen Baumes statt. Neben uns plätscherte ein *aïn* in ein kleines natürliches Becken, mit schwarzen Welsen bevölkert, von dem er in einen langen Flussarm weiterströmte. Weiter oben, auf den Geröllhalden des Berges hockend, überwachten die Affen und Geier die Operation.

Der Schmerz in meinem Daumen war so unerträglich geworden, dass ich M'Hammeds Angebot annahm. Sei es nun Eitelkeit oder angeborene Grausamkeit, die Aussicht, meinen Daumen aufzuschneiden, schien ihm das allergrößte Vergnügen zu bereiten. Oder hoffte er vielleicht auf ein Geschenk? Auf jeden Fall hatte seine Eilfertigkeit nichts mit Mitgefühl zu tun. Er holte aus seiner Patronentasche sein kleines altes Messer, mit dem er so oft vor meinen Augen ein Schaf geschächtet oder die Füße eines Kamels gesäubert hatte. Er schärfte es sorgfältig an einem Stein, dann an dem Eisen seines Feuerzeugs, und nachdem Marion dieses improvisierte Skalpell durch eine Flamme gezogen hatte, packte er meine Hand und schnitt sehr geschickt die Spitze des kranken Fingers auf. Blut, mit Eiter vermischt, spritzte hervor, und ich wurde ohnmächtig.

Nach der Siesta verlangte M'Hammed eine schöne Kalebasse aus Dembaïeholz von mir, rot mit schwarzen Maserungen, glatt poliert wie Marmor, die ich in der Nähe von Tak-Tak gekauft hatte. Es war der Preis für mein Blut.

Ich protestierte der Form halber.

»Nein, im Gegenteil, du musst mir eine *dia* geben, weil du mich verletzt hast.«

»Nein, nein! Nur wenn ich Blut zum Bösen vergieße, dann muss ich die *dia* bezahlen; wenn es zum Guten ist, musst du mir ein Geschenk geben. Das ist dasselbe mit meiner Mutter und Schwester. In N'Dio habe ich meine Pfeife meinem kleinen Bruder gegeben, weil er mich hier ein bisschen geschnitten hat«, er zeigte auf eine Narbe an seiner Schläfe, »weil ich zu viel Kopfweh habe. Sonst passiert ein Unglück!«

Unglück hatten wir genug erlebt, und so bekam M'Hammed seine Kalebasse.

Der Soufa-Pass, den wir am Nachmittag überquerten, ist ein Durcheinander von zertrümmerten Blöcken, wie ein riesiger Geröllhaufen, dessen Schönheit in keinem Verhältnis zu der Mühe steht, die es uns kostete, ihn zu überqueren.

Marion hatte viel zu leiden und musste jeden Sprung von Boulilima mit Schmerzen im Nacken büßen. Ich meinerseits, da ich unfähig war, Boudaïl zu führen, hatte keine andere Wahl, als ihm zu vertrauen, und ich hatte meinen Zügel und meinen nutzlosen Stock an meinem Sattelknauf befestigt. Boudaïl war ein guter Kamerad, der brav auf meine Stimme hörte. Ich bewunderte die Klugheit, mit der er den besten Weg suchte und das Gleichgewicht des lockeren Gesteins prüfte, bevor er seinen Fuß darauf setzte. Wunderbarer Instinkt der Tiere! Und dabei hatte Boudaïl, der im Land der Sandwüsten geboren ist, noch nie die Berge gesehen, und die Sohle seiner Füße war weich und zart wie ein Handteller.

M'Hammed ging weit voraus, den arbeitslosen Boukhzeima hinter sich herziehend, und nur darauf bedacht, die Füße seiner eigenen Mehara zu schonen. Der Führer bildete die Nachhut mit seinem lächerlichen kleinen, ebenholzschwarzen Stier mit den festen, trittsicheren Füßen, dessen Herannahen unsere Kamele vor Schreck zur Seite springen ließ. Und ein Sturz auf diesem Steig, der mit scharfkantigen Steinen übersät war, wäre tödlich gewesen.

Als der traurige Berg von den unheilvollen Schreien der Raubtiere widerhallte, weigerten sich unsere Reittiere weiterzugehen.

Bald hatten alle, Mensch und Tier, Seite an Seite, Zuflucht auf einem glatten Felsplateau gefunden, auf dem die Männer große Buschfeuer anzündeten. Die Flammen warfen die fantastischen Schatten der Kamele an eine hohe, senkrechte Wand. Auf der anderen Seite fiel der Berg abrupt in eine Schlucht ab, in der zwei Hyänen miteinander kämpften.

Es war genau die richtige Kulisse, um die »Rouaiet Sbah ou Gaboun« anzuhören, die Fabel vom Löwen und der Hyäne, die M'Hammed, seine kleine Pfeife rauchend, mir am Feuer erzählte, um mich von meiner Schlaflosigkeit abzulenken.

»Dieser Löwe, der alt und krank war, wollte nicht mehr allein bleiben und schloss sich mit einer Hyäne zusammen. Der Löwe tötete das Wild, und die Hyäne schleppte Wasser herbei.

Eines Morgens, als die Hyäne den schlafenden Löwen betrachtete und sah, wie mager und alt er geworden war, sagte sie sich, dass es doch ziemlich dumm von ihr wäre, Wasser für einen Gefährten zu holen, der ihr bald keinerlei Hilfe mehr sein würde. Dann legte sie sich wieder schlafen.

Die Sonne stand schon hoch am Himmel, als der Löwe erwachte. Nun ist es so – wenn man M'Hammed glauben darf –, dass ein Löwe trinken muss, sobald er aufwacht, genau wie der Mensch. Und als der Löwe seine Gefährtin schlafend und den Wasserschlauch leer fand, erriet er, was vorgefallen war, und ging auf die Jagd, ohne etwas zu sagen, denn er besaß noch Kraft und List. Er tötete eine große Hyäne, legte sie neben seine Gefährtin und wartete ruhig ab. Es ist keine sehr angenehme Überraschung für eine Hyäne, beim Erwachen den Kadaver einer Schwester vorzufinden, die größer und stärker war als sie selbst. Unsere Hyäne hatte sofort wieder Respekt vor ihrem alten Löwen, und zumindest war sie vorsichtig geworden.

»*Wallahi! Wallahi!* Wo ist der Schlauch, dass ich Wasser für dich schöpfe?«, rief sie. »Wie kann ich so verrückt sein zu schlafen, wenn die Sonne herunterbrennt und mein armer Löwe noch nichts getrunken hat!«

Wer der Herr in seinem Zelt sein will, darf seine Schwäche nur vor Gott zeigen ...

Die maurischen Fabeln geben immer dem Stärkeren oder dem Listigeren recht, worin sich das grausame Gesetz widerspiegelt, das keine Gerechtigkeit kennt, das Gesetz der Wüste, wo der Schwächere nur siegen kann, wenn er schlau genug ist, um die Lacher auf seine Seite zu bringen.

Diese viereinhalb Tage, von Mittwoch, dem elften April, bis Sonntagmorgen, von Tadjakant bis Kiffa, sind in meiner Erinnerung ein einziger bewegter, diffuser Albtraum geblieben, in dem sich der glühende Busch, der uns zum Marschieren zwang, koste es, was es wolle, mit den langen finsteren Nächten abwechselte, in denen ich, neben meinen schlafenden Gefährten sitzend, zuschaute, wie das Kreuz des Südens sich langsam um sich selbst drehte. Tag und Nacht peinigte mich der schreckliche Schmerz, der in meiner Hand und meinem Arm wühlte, eine große Hitze, die vielleicht die Sonne, vielleicht das Fieber war, und eine seltsame Schwäche, die mich oft anhalten ließ, aus Angst, ohnmächtig von Boudaïls Rücken herunterzufallen.

Manchmal bewegten wir uns an hellen Sandflüssen entlang, die mit Schilf und abgeernteten Feldern gesäumt waren, Wadis, die im

Juni reißende Flüsse sein würden. Hier und da war ein Loch gegraben, auf dessen Grund noch ein wenig schwärzliches Wasser stand. M'Hammed, der nie einen *delou* hatte mitnehmen wollen, aus Angst, dass er diese Arbeit selber machen musste, rief einen Sklaven herbei, der gerade auf den Feldern arbeitete. Der Schwarze stieg in das Loch, und zwischen seinen gespreizten Beinen schlug er das Wasser auf, das ihm bis zu den Knöcheln ging, um es in die *gerba* schwappen zu lassen.

Wir hielten im Schatten von ein paar Dumpalmen an, in der Nähe der fast versiegten Seen – El Hadj, Sani, Moila –, deren schlammgesättigtes Wasser wir gierig tranken.

Eines Tages stahlen mir Hirten, die eine Herde Zebus tränkten, eine wollene Strickweste, mit der ich meinen Sattel ausgepolstert hatte, um mein neues Furunkel zu schützen.

Soll ich deshalb, wie viele Europäer, herumerzählen, dass die Mauren Diebe sind? In den fünf Monaten von Port-Étienne bis Kiffa hatten wir Begleiter gehabt, die den verschiedensten Clans angehörten; wir hatten in vielen armen oder reichen Zelten geschlafen; in den Posten waren wir von Boys bedient worden. Einer unserer Kamelführer – Cheikh, Ahmeddou oder M'Hammed – hatte die Schlüssel zu dem Gepäck, das über den Sand verstreut lag; unsere Patronentaschen, in denen die Geldbörsen versteckt waren, lagen neben uns, während wir schliefen; und jede Nacht, außer im Königreich der Löwen und der Bergräuber, wanderten die Kamele aufs Geratewohl davon. Wir hatten die Last des Misstrauens abgeworfen. Immer tauchten die Sandalen, die Schere oder der Zügel irgendwo im Sand eingegraben wieder auf, ebenso wie das Armband, das in einer Tasche vergessen, das Messer, das ganz unten in eine *tassufra* hineingerutscht war. Jeden Morgen tauchten die Kamele vollständig wieder auf. Unser Vertrauen hat uns einen kleinen Silberring gekostet, den der Sohn des *mâllem*, der ihn uns verkauft hatte, wieder an sich nahm, und diese abgetragene Strickweste, die einen Gefangenen von El Hadj in Versuchung führte. Nein, ich kann beim besten Willen nicht sagen, dass die Mauren Diebe sind!

Und doch ist die ganze Geschichte ihres Volkes eine einzige Folge von *rezzou* ... Aber sei's drum, ich gebe es auf, hinter dieses Rätsel zu kommen.

Nie zeigte sich ein gastliches Zelt am Horizont. Die Lager hielten sich fernab der Piste versteckt, wo uns die Furcht, den Lastwagen aus Kiffa zu verpassen, festnagelte.

Eines Abends, in Sani, erhellte ein Licht den Horizont im Nordosten und brachte uns klopfenden Herzens auf die Beine. Ein Scheinwerfer! ... Der Lastwagen! ... Aber leider war es nur unser Wunsch, der dieses Licht näher kommen ließ, das sich als nichts weiter als ein Nomadenfeuer auf einer fernen Düne herausstellte.

Und die Nacht verging wie jede andere. Marion war mehr oder weniger wiederhergestellt, behielt aber von ihrem Sturz ein unwiderstehliches Schlafbedürfnis zurück. Die beiden Männer, die das alles ungerührt ließ, schliefen ebenfalls. Ich hielt ein wenig abseits ein kleines Feuer in Gang, um mir Licht zu machen und die alten Verbände in dem vom Permanganat braun verfärbten Feldbecher zu kochen.

Vom Geruch der Kamele angelockt, brüllten die Hyänen und Schakale um uns herum, harmlos, aber bedrückend, und ich hörte sie flüchten, wenn ich mich zu den Büschen tastete, um totes Holz aufzulesen.

Am Samstagmorgen trafen wir in der Nähe eines Wasserlochs auf Mokhtar Saloum, der mit einem Medikamentenpäckchen und einem Brief des Oberfeldwebels zurückkam. Das Auto war momentan in seine Einzelteile zerlegt. Die ewige alte Geschichte von mangelnder

Ausrüstung und schlechtem Werkzeug, wodurch die Isolation der Posten im Hinterland noch verschärft wurde. Der Kommandant führte eine Untersuchung fünfzehn Kilometer nördlich von Kiffa bei den Chelrat Rhétri durch, die sich wegen frommer Sprüche und um den Rosenkranz gestritten hatten. Die einen bestanden auf neunundneunzig Perlen; die anderen verlangten hundert. Das Ergebnis waren ein paar von Axthieben durchlöcherte Köpfe, die der Hilfsarzt wieder zusammenzuflicken versuchte.

Aber Mokhtar Saloum fügte ohne Kommentar hinzu, dass dieser Arzt, ein »schwarzer Europäer«, uns in der Palmenpflanzung von Kouroudjel erwarte. Als ich hörte, dass die Hilfe nur noch zwei Marschstunden entfernt war, sprach ich in meiner Freude dem erschöpften »kleinen Bruder« mein Mitgefühl aus, beglückwünschte ihn zu der Schnelligkeit, mit der er den Botengang erledigt hatte, und ersetzte ihm das Geld für einen schönen *haouli*, den er sich in Kiffa gekauft hatte.

Das Erste, was wir von dem Arzt hörten, war, dass unser Kamelführer ein Dreckskerl sei und sich geschlagene vierundzwanzig Stunden lang mit den Griottes amüsiert habe, anstatt uns die Medikamente zu bringen. Der Beweis war, dass der Arzt währenddessen bei den Chelrat Rhétri benachrichtigt werden konnte, dass er seine Tasche und Proviant in Kiffa holen und dennoch drei Stunden vor Mokhtar Saloum in Kouroudjel ankommen konnte.

Ich war nicht sonderlich überrascht von der Geschichte. Wir hatten noch ganze andere Dinge erlebt seit Boutilimit!

Und endlich konnten wir essen. Ein Stück Brot, Süßkartoffeln und Sardinen sind ein köstliches Festmahl, wenn man vorher vier Tage lang gefastet hat!

Während wir auf der endlosen Piste fast verhungerten, suchte uns ein Kamelführer auf dem Pass von Goussas. Der Bezirkskommandant in M'Bout, der als alter Wüstenfranzose mit einem Blick die Armseligkeit unserer Ausrüstung und die Minderwertigkeit unserer Eskorte erkannt hatte, war so umsichtig gewesen, uns einen zuverlässigen Mann mit stärkenden Lebensmitteln entgegenzuschicken.

Der Arzt versicherte uns, dass die Verletzung meiner Freundin auf dem Weg der Heilung sei, und als ich wieder zu Kräften gekommen war, schritt er zu meiner zweiten Operation. M'Hammed hatte quer geschnitten: Der Arzt schnitt längs, bis auf den Knochen, mit einem scharfen, aber schartigen Skalpell, das beim Austreten hängen blieb. Dann wusch er mich mit sorgfältig sterilisiertem Wasser, aber aufgefrischt mit der Brühe, die direkt aus dem benachbarten Tümpel kam, in dem die Zebus herumwateten. Er hatte zwar in Dakar gelernt, dass das Wasser für die Versorgung einer Wunde abgekocht werden muss, aber – diese Weißen mit ihrem Getue! – er hatte nie begriffen, warum, und ich war zu rücksichtsvoll, um zu protestieren.

Aber wie auch immer, ich gewann ein paar Stunden Schlaf und die Gewissheit, dass ich morgen in Kiffa in einem Bett liegen würde.

Kiffa! Ein Bett! Ich legte die letzten dreißig Kilometer mit diesem einzigen Gedanken zurück, der in meinem leeren Kopf schepperte wie ein Klöppel in einer Glocke.

Mit meiner gesunden Hand und meiner Ferse trieb ich Boudaïl an, der seit Soufa hinkte: ein schönes Loch in seinem Fuß. Morgens und abends pflegte M'Hammed ihn. Neben dem ruhenden Kamel hockend, sagte er ohne Umschweife zu uns: »Du schaust dort hin! Ich mache Pisse auf Fuß von Kamel.«

Ein Dienst, der auf Gegenseitigkeit beruhen würde, wenn M'Hammed eine Verletzung hätte.

In Kiffa ankommen! Ich trottete dahin, ganz von meiner fixen Idee absorbiert, ohne auch nur die riesige Steppe aus dürrem Heu wahrzunehmen, ohne Vorsicht bei den steilen Abstiegen, ohne Mitleid für mein Reittier, ohne mich um den Sattel zu kümmern, der mein Furunkel quetschte, oder um den Schmerz in meinem vereiterten Finger. Mein brennender Wunsch, endlich anzukommen, und meine Erschöpfung betäubten mich.

In einem Bett schlafen! Ich nahm mir nicht einmal die Zeit, saubere Kleider anzuziehen, so wie die Kamelführer es taten, als sie von einem Hügel oben die zinnenbewehrte Festung des Postens von Kiffa sahen, umgeben von dem schwarzen Dorf, den Zelten, dem rosafarbenen Sand, dem grünen Garten.

Dreißig Kilometer an einem Stück! Wir waren noch vor der Morgendämmerung aufgebrochen. Es war fast Mittag, als wir in den Hof des Postens einritten. Weiß gekleidete Männer umringten uns, schauten schweigend die beiden Frauen an, die noch einmal mit dem Leben davongekommen waren. Jemand ließ mein Kamel niederknien. Ich spürte, wie ich aus meinem Sattel gehoben wurde, wie die weißen Männer mich in ein abgedunkeltes Zimmer mit einem hellen Fleck in der Mitte brachten: dem Bett, in dem ich alsbald in einen Schlaf fiel, wie ich ihn noch nie erlebt hatte – ein Schlaf, so schwer und lang und tief wie der Tod.

9 Der rettende Posten

Wenn wir schon krank sein mussten, hätten wir uns keinen besseren Posten aussuchen können! Ich spreche hier nicht von Gastfreundschaft, kolonialer oder wie auch immer gearteter. Die aufopfernde Pflege, die uns zuteil wurde, die Freundlichkeit und Anteilnahme, mit der wir getröstet und aufgemuntert wurden und die uns das »böse Schicksal« ertragen half, übersteigt bei weitem den gewöhnlichen Rahmen der Gastfreundschaft.

Als wir allmählich ins Leben zurückkehrten und um uns schauten, fanden wir lächelnde Gesichter vor, weiße und schwarze, und eine familiäre Atmosphäre, in der wir uns geborgen fühlten.

Dieses Familienleben war charakteristisch für Kiffa, ebenso wie die Disziplin. Jeden Mittag im Speisesaal, der ganz weiß und kahl wie der eines Klosters war, jeden Abend auf der Terrasse, wo wir ein wenig Kühle nach dem brutheißen Tag suchten, trafen wir zwei Hauptleute, von denen einer eine Nomadentruppe in Mauretanien befehligte, während der andere gerade die von Agadez verlassen hatte. Der junge Leutnant des Postens, der direkt von der Militärakademie Saint-Cyr kam, grämte sich, dass er noch kein Kamelreiter war. Bei diesen drei Männern war die Sahara, in Form von Erinnerungen oder Hoffnungen, das große Thema.

Aber die berühmte familiäre Atmosphäre ging vor allem von einer charmanten »Madame Capitaine« aus, die durch ihre bloße Gegenwart die Harmonie, die Schicklichkeit und Fröhlichkeit dieser Zusammenkünfte garantierte.

Sie war die treibende Kraft in dem bescheidenen Haus aus getrocknetem Lehm, das weiß getüncht und mit einheimischen Stoffen, Pelzen und bemaltem Leder dekoriert war. Der Garten um den Fluss herum lieferte Früchte und Grüngemüse, die man hier nicht erwartet hätte. Es war in jeder Hinsicht das »Home« unserer Freundin, die es aus fast nichts geschaffen hatte, mit ihren kleinen Händen, die jeden Tag brauner, und mit ihrer Liebe, die jeden Tag leidenschaftlicher wurde. Und es war ein himmelweiter Unterschied zu den trostlosen Posten im Hinterland, wo ein Junggeselle allein mit seiner »Mousso« und seiner Angst lebt.

Man kann nie genug den Mut der Kolonialfrauen loben, der wahren, der Mitstreiterinnen, die ihre eigenen Ängste unterdrücken, um den Männern die Aufgabe zu erleichtern, die in diesen fernen, zu grünen oder zu verbrannten Ländern kämpfen, den Mut der Frauen, die ihren schwarzen oder gelben Schwestern mit ihrer Erfahrung und ihrem Wissen zur Seite stehen und die Schönheit der Lebewesen und Dinge zu schätzen wissen.

Ich habe Frauen getroffen, die ihre Männer zu Pferd oder auf dem Kamel auf ihren Inspektionsrunden begleiteten und zugleich ihre eigenen in den Zelten oder Strohhütten absolvierten, wo sie sich um die Familien kümmerten. Andere Frauen malten Bilder, schrieben Bücher oder widmeten sich ethnografischen Studien. Wieder andere waren Beamtinnen oder leiteten Handelshäuser. Und natürlich gab es auch Frauen, die einfach ihre Familien versorgten und sie vor allen Gefahren beschützten, die dort unten auf die kleinen Kinder der Weißen lauern.

Eine so verstandene Kolonie ist ein wunderbares Land mit langen, ruhigen, fruchtbaren Tagen, reich an Unbekanntem und an Möglichkeiten, wo im Schatten der *banco*-Häuser, unter den großen Schwingen der *pankas*, junge Frauen ihren Beschäftigungen nachgehen, stark und strahlend wie Siegesgöttinnen.

Und schließlich gab es noch Coco in Kiffa, einen kleinen König von sechs Jahren, der über die Senegalschützen herrschte, über ein paar Mauren, die Boys, einen Strauß, Idag, die Kuhantilope, Zib, den Schakal, Maag, die Zibetkatze, Mous, die Katze, Kouedich, den Geparden, Méchoui, das Zicklein, ein Rudel bissiger großer Windhunde von Néma und schließlich Toutou, den Liebling, einen Foxterriermischling, der an den Kais von Dakar aufgelesen worden war.

Coco opferte bereits jenem Instinkt, der die Franzosen in Afrika dazu treibt, die Freundschaft von Vierbeinern höher zu schätzen als die der Zweibeiner. Und er übertrug die Disziplin, von der ich weiter oben gesprochen habe, auf sein kleines Königreich.

Ich kann nicht behaupten, dass ich einen angeborenen Hang zur Disziplin hätte, aber zumindest habe ich Geschmack an der Disziplin der anderen in Kiffa gefunden.

Es war so beruhigend, die Mauren brav auf der Düne vor dem offenen Tor sitzen zu sehen, das sie nur zu Dienstleistungen durchschreiten durften. Wenn man herauskam, grüßten sie in Habachtstellung, was ziemlich schmeichelhaft war.

Und wie angenehm war es, sich in seinem Zimmer waschen zu können, ohne vom *mâllem* oder vom Wasserträger überrascht zu werden, von der Frau des Hausboys, den kleinen Brüdern des *boypanka*, den Hetären und den Kamelführern auf der Suche nach Europäerinnen, die es zu eskortieren galt. So konnte man sich zumindest vorübergehend von seinen Flöhen befreien.

Unsere beiden Trarza waren wie umgewandelt. Die Furcht vor dem »Kittchen« brachte eine nie da gewesene Höflichkeit und ungeahnte Talente in ihnen zum Vorschein. M'Hammed, der unter dem Befehl des Bezirkskommandanten in der Trarza-Einheit gedient hatte, hatte uns von M'Bout bis Kiffa sein Loblied gesungen.

»Der Capitaine dort, das meine Freund! Das guter Capitaine, sehr stark, akh!«

Das sollte heißen, dass dieser »Capitaine dort« nicht viel Worte machte, dass er bestrafte, wenn man es verdient hatte, und den Leuten nicht mit Begriffen wie Nachsicht, Verzeihung und Dankbarkeit den Kopf verwirrte, etwas, das die Beidane nicht verstehen. Bei ihm bezahlte man den gerechten Preis für jeden Fehler. Und das Gehorchen scheint weniger hart zu sein, wenn man von dem, der befiehlt, sagen kann: »Er ist zu stark!«

Der unverschämte Mokhtar Saloum grüßte im Vorübergehen das leere Zimmer des Leutnants, zündete vor Tagesanbruch das Feuer für den Verbandwechsel und den Tee an, und als er gar nicht mehr wusste, wie er seinen neuen Diensteifer unter Beweis stellen sollte, seifte er unsere europäischen Kleider ein, noch bevor sie schmutzig waren, er, der im Busch so oft von uns verlangt hatte, ihm eine Gefangene zu bezahlen, die seine Tunika wusch.

Natürlich zogen wir unseren Profit aus diesen Lehren und Erfahrungen.

Die Franzosen sagten lachend, dass wir völlig »beidanisiert« seien. Die Mauren, die von ihrem Rang als Reisegefährten zu der Rolle von Dienern abgesunken waren, sagten: »Die *Nçrania*, sie gute Köpfe.« Und die Schwarzen, mit einem breiten, treuherzigen Lächeln: »Madame, sie sehr gut, nix macht Geschichten.«

Und so waren alle zufrieden: Unsere Freunde, dass sie etwas hatten, womit sie uns ein wenig aufziehen konnten; wir, zu wissen, dass die Sahara uns unbemerkt ihren Stempel aufgedrückt und unseren Geschmack, unsere Gesten und Gewohnheiten verändert hatte; die Mauren, weil sie eine verlässliche Tabelle ihrer Handlungen und deren Konsequenzen aufstellen konnten, was für ihre faulen Gehirne beruhigend war; und die Schwarzen, weil sie ein bisschen mit Madame plaudern konnten, während sie die Tonkrüge an den Pfeilern der Terrassen aufhängten oder die Mitte des Zimmers mit einem Straußenfederbüschel fegten.

Trotz der Annehmlichkeiten dieser neuen Existenz waren wir weiterhin besessen vom Busch. Wieder aufzubrechen war eine fixe

Idee. Manchmal ließ Marion ihr Kamel herbringen und trottete zum Berg, bis zu den letzten Dünen, wo man die Piste erkennen kann, die nach Tidjikja führt.

Der Bezirkskommandant wollte nichts davon hören, er redete von den bevorstehenden Stürmen, die das Land verwüsten würden, und von den Unwettern, die jedes Jahr ihre Opfer in der »Natur« fordern. Er hielt mir vor, wie gefährlich es sei, mit einer schlecht verheilten Fingerentzündung herumzuziehen, und zählte die vielfältigen Gründe auf, die für meine Evakuierung in die Militärambulanz von Kayes sprachen. Der Lastwagen, der alle zwei Wochen Post und Verpflegung nach Kiffa brachte, wurde demnächst erwartet, und niemand konnte sagen, ob es nicht der letzte Transport vor der Regenzeit war.

Ein schwarzviolettes Ödem ließ meine Hand bis zum Gelenk anschwellen; mitten in meinem Daumen klaffte noch immer ein riesiger Krater, an dessen Grund das Fleisch sich in Eiter aufzulösen schien. Die drohende Evakuierung nach Kayes, die das Ende unserer Buschprojekte bedeuten würde, brachte mich dazu, eine dritte Operation über mich ergehen zu lassen, die mir vorübergehend Erleichterung verschaffte. Der Kommandant ließ sich erweichen. Der Lastwagen kam und fuhr wieder ab, nicht ohne das Versprechen, noch einmal zurückzukommen ... und mein Finger fing wieder zu eitern an.

Die Post hatte große Nachrichten gebracht, mit Verspätung, aber für uns behielten sie ihre ganze Neuheit. Und so wurde am zwanzigsten April in Kiffa Champagner zu Ehren der marokkanischen Truppen getrunken, zu Ehren der Pazifizierung der Grenzgebiete, die man in Mauretanien den »Grand Nord«, den »Großen Norden«, nennt, und zu Ehren des marokkanisch-französischen Bündnisses und des Einzugs der Franzosen in Tindouf – auch wenn wir von diesem Siegesmarsch erst erfuhren, als er bereits beendet war.

Das Leben ging weiter mit seinem Auf und Ab von Hoffnung und Mutlosigkeit, und ich teilte meine Zeit zwischen den Wundverbandssitzungen in meinem Zimmer auf, wo die Termiten geduldig die Decke aus Palmlatten aushöhlten, und den Spaziergängen entlang des Wadi, wo der Kommandant junge Bananenstauden ziehen ließ, deren Früchte ein unbekannter Nachfolger essen würde, sowie dreitausend Dattelpalmen, die vielleicht in fünfzehn oder zwanzig Jahren der Reichtum von Kiffa sein würden.

Es war daher eine willkommene Ablenkung, als sich uns die Möglichkeit bot, eine Reise nach Tamchakett mitzumachen, einem Unterbezirk von Kiffa: ein kleiner, noch abgelegenerer Militärposten zwischen Affolla und R'Kiss. Den beiden Hauptleuten, die dort oben eine Inspektion zu machen hatten, war es gelungen, den berühmten Lastwagen zu reparieren, einen aufgemöbelten alten Klapperkasten, an dem nur die Farbe neu war.

»Die ›unabhängige Presse‹ ist herzlich eingeladen, falls Ihnen der Sinn danach steht!«

Das ließen Marion und ich uns nicht zweimal sagen. Wir würden in der nächsten Nacht aufbrechen, um die Dünen in den kühlen Stunden zu überqueren, wo sie fester werden, und vor der Hitze in Tamchakett anzukommen.

Am Nachmittag, als ich einen Kanister von der Terrasse holen wollte, blieb ich verdutzt stehen: Mitten auf dem Hof, eskortiert von einem Schützen, kam die grässliche Hexe vom Assaba-Plateau hinkend und auf ihren großen Stock gestützt auf mich zu. Sie sah bösartiger, wilder und hässlicher aus denn je.

Auf meine Frage hin erklärte mir der Senegalschütze in seinem Kauderwelsch aus Französisch und Bambara merkwürdige Dinge, denen ich unter anderem entnehmen konnte, dass die Hexe vor ein paar Tagen mit den Tadjakant von Soufa gekommen war und dass »Madame-Frau-von-Dolmetscher« von einem Schaf mit Menschenkopf geträumt hatte, was ein schlechtes Vorzeichen ist. Die Träumerin ließ die Hexe holen, um ihr zu verbieten, in der Nacht ihr Herz zu essen. Das Schaf erschien trotzdem wieder, und das Ganze endete mit einer »großen Geschichte« unter den verängstigten Frauen im Dorf, so dass der Kommandant, der die Klagen und Streitereien satt hatte, den Vampir einsperren ließ, sowohl um sie selbst zu schützen, als auch um ihr die Möglichkeit zu nehmen, anderen zu schaden.

Was hier als Zufall gilt, kann anderswo ein Vorzeichen sein. Alles hängt vom Klima und der Atmosphäre ab, die einen umgibt. In Frankreich bin ich nicht besonders abergläubisch. Unter dem schweren Himmel von Afrika, im Bannkreis der aufgewühlten Dorfgemeinschaft, angesichts des Schwarzen, der mit seinen großen ängstlichen Augen rollte, und des weiblichen Dämons, der die Erinnerung an jenen unheilvollen Tag heraufbeschwor, konnte ich es nicht hindern, dass eine dumpfe Angst in mir aufstieg. Aber die Vorbereitungen für unsere Abreise, die Freude darüber, etwas Neues zu sehen, und die Sorge, Marion zu verheimlichen, dass meine Hand schlimmer war denn je, verscheuchten dieses ungute Gefühl.

Um Mitternacht durchquerte der kleine Lastwagen, voll gestopft mit Reisenden und Gepäck, langsam das Tor des Postens und nahm tapfer die Reg in Angriff. Die kalte Reinheit des Mondes ließ unsere Lebensgeister noch steigen. Wir zitterten, aber wir waren glücklich.

Um Viertel nach zwölf rief der Wachposten, der uns begleitete: »Die Federung, er ist gefallen!«

Und wir erklärten ihn für verrückt.

Um zwanzig nach zwölf bemerkte jemand, dass ein Rad scheuerte. Der Hauptmann der Tuareg, der am Steuer saß, und der Hauptmann der Beidane, der an die Feuerprobe der rauen Dünen von Kilometer hundert dachte, debattierten über die Frage, ob wir umkehren oder trotz allem unser Glück versuchen sollten, eine Diskussion, der das Getriebe Punkt zwölf Uhr fünfundzwanzig ein Ende setzte. Es hatte sich verlagert und blockierte die Lenkung.

So blieb uns nichts anderes übrig, als den Wagen dazulassen, bis es hell wurde, das Gepäck auf den Rücken der Senegalschützen zu laden, die uns eskortierten, und »den unseren Fuß« auf die Straße zu setzen, um die sechs oder sieben Kilometer, die wir geschafft hatten, in umgekehrter Richtung zurückzulegen. Wieder einmal machte das Land der Fußgänger und Kamele den motorisierten Eindringlingen einen Strich durch die Rechnung.

In ihre schwarzen Burnusse gehüllt, marschierten die beiden Offiziere voraus, mit ihren großen, elastischen, regelmäßigen Schritten, die schon so viele Male die fünfunddreißig Kilometer der Kamelreiteretappen abgemessen hatten. Sie gingen schweigend, den Oberkörper vorgeneigt, als zögen sie aus alter Gewohnheit ein imaginäres Reittier hinter sich her. Und hier, unter diesem Himmel, unter dem Kreuz des Südens, mitten in der kahlen Geröllwüste, war es, als seien wir von der geheimnisvollen Legende der saharischen Ritter umweht.

Am nächsten Morgen zeigte sich eine neue Entzündung am linken Daumen; damit war der sechste Finger befallen. Diesmal musste ich nachgeben. Der nächste Lastwagen würde uns am fünften Mai nach Kayes hinunterfahren. So ist das hier: Man fährt nach Mauretanien »hinauf« und in den Sudan oder in den Senegal »hinunter«.

Der Lastwagen fuhr also mit einer Ladung Proviant hinunter, um Kiffa für die Regenzeit zu rüsten, so dass es die Belagerung durch die Wasserfluten bis Oktober überstehen würde.

Die Post brachte Nachricht von einer neuen Tragödie im Rio de Oro. Am sechsundzwanzigsten April war das Flugzeug der Air France beim Kap Bajador abgestürzt, wobei der Pilot Gorée de Bougrat, Chef des Stützpunkts von Dakar, verletzt und der Mechaniker Reig getötet wurden, an derselben trostlosen Küste, wo uns vor fünf Monaten unsere ersten Mauren mit Gewehrschüssen empfangen hatten. Der Pannenhilfepilot war sofort herbeigeeilt, um die Verletzten, das Funkgerät und den maurischen Dolmetscher zu bergen. Bei seiner zweiten Tour hatte er die Leiche des unglücklichen Reig verstümmelt und die Postsäcke geplündert vorgefunden. Ein paar Ouled Delim, Mohammed-ould-Khattat und seine drei Söhne, die dort vorbeigekommen waren, hatten sich für eine nicht bezahlte Abgabe von Trarza-Tributpflichtigen unter französischer Herrschaft gerächt.

Ich rief mir die schöne »Smara« in Erinnerung, die abgestürzte Maschine, ein roter Stern, dann ein großes Insekt, das am tiefblauen Himmel davondröhnte.

Marion und ich hatten die ganze Silvesternacht auf dem Flugfeld von Port-Étienne, starr vor Kälte, darauf gewartet. Ich sah Gorée wieder vor mir, schweigsam, konzentriert ... Wir hatten Grüße im Hangar ausgetauscht, nutzlose Wünsche, die doch aus tiefsten Herzen gekommen waren.

Das Flugzeug war wieder ins Dunkel entschwunden, kaum gesehen, wie eine Fata Morgana.

Wir mussten also nach Kayes fahren.

Wir wollten ein letztes Mal unsere Kamele sehen, die M'Hammed und Mokhtar Saloum zur Tränke führten.

Der Bezirkskommandant, der mit uns gekommen war und unseren Handel von Kaëdi noch nicht kannte, kam zu der spontanen Schlussfolgerung: »Der Schönste ist der dort! Zwei Monate auf der Weide, und er wird wieder ein prachtvolles Tier sein!«

Er zeigte auf Boukhzeima! Die Kamele, die Abdallahi und Ould Deïd zurückgegeben werden mussten, hatten wir, um den schlecht verhohlenen Mauscheleien unserer Kamelführer einen Riegel vorzuschieben, dem Kadi von Kiffa anvertraut, bis eine Karawane aus Trarza sie zu ihren alten Besitzern zurückbringen konnte.

Aber was bedeutete das alles jetzt noch! Die schöne Reise war zu Ende! Jenseits des Flusses, jenseits des Gartens, der Dünen und der verfluchten Berge, die sich wie tiefe, niedrige Wolken bis zum Horizont erstreckten, lagen die schweigenden Steppen und Savannen, die wir nie wieder sehen würden, die biblischen Brunnen, wo wir nie mehr in der glühenden Mittagshitze und der lindernden Abendkühle trinken würden, die Lager, wo die Trommeln erklangen, um die Reisenden zu begrüßen. Dort wartete das einfache, ursprüngliche Leben, von allem nutzlosen Ballast befreit, von aller kindischen Eile. Dort warteten auch die Entbehrungen, die bittere Lust der Entbehrungen, der Sieg über die Müdigkeit, der in jeder Stunde neu errungen werden muss, der Stolz, eine schwere Aufgabe zu Ende zu bringen. Es gab Freuden und Leiden, die einfach und animalisch waren. Und diese Leiden waren es, die die Sahara dir unter die Haut gehen ließ.

Dort unten waren die Tage eintönig verflossen, wie die Perlen eines Rosenkranzes zwischen den Fingern eines Muslimen, und wenn auch viele aus Ebenholz waren, so gab es doch silberne darunter, welche aus Bernstein und rotem Chalzedon, durch eine Seidenschnur von der Farbe der Hoffnung verbunden.

Es war Sonntag – der letzte Tag. Die Fahne wehte über den Zinnen. Die Gazelle der Unteroffiziere schlief in ihrem Schatten mitten auf dem Hof. Die Saiten einer *tidinit* vibrierten in der reglosen Luft wie Grillenzirpen. Vor dem offenen Tor der Tanz der Schützen, akrobatische Kunststückchen und unanständige Pantomimen, in aller Arglosigkeit, vor goldenem Hintergrund. Irgendwo rang ein Grammofon einer alten zerkratzten Platte einen Pariser Gassenhauer ab.

Auf der Terrasse der Residenz erzählte der Hauptmann, der aus dem Osten zurückkehrte, von den langen Märschen mit den verschleierten Tuareg durch die Wüsten, in denen die Salzkarawanen langsam umherziehen.

Der Bezirkskommandant, der morgen nach Dakar abreisen würde, blickte noch einmal auf seine mauretanische Vergangenheit zurück, wie auf der Schwelle einer Behausung, die man verlässt, sprach von einem Trab-el-Beidane, den wir noch nicht kannten, von den Einsamkeiten in Inchiri, Ouaran und Makteïr, wo man tagelang umherziehen kann, ohne auf einen einzigen Menschen, Schaf, Brunnen oder Baum zu treffen. Er beschwor den Adrar Temar herauf, den mauretanischen Adrar, wo die Nomaden im Juli in den Bergoasen und den Sanddünen um die Brunnen, die niemals versiegen, die »Tassen heben« und die »Guetna«, den großen Dattelmarkt, feiern. Er erzählte all das mit Wehmut, aber er sprach auch von den einsamen, gottverlassenen Pisten und den Überfällen ...

Das Schmettern einer Fanfare zerriss die stille Dämmerung. Die Berichte, die *tidinit* und das Grammofon verstummten abrupt. Die Schützen blieben wie angewurzelt stehen, wo die Fanfare sie überrascht hatte. Die Offiziere erhoben sich, aufrecht in ihren gestärkten Uniformen mit den funkelnden Abzeichen, und ihre Gesichter wurden ernst, während sie die Fahne anschauten, die langsam an ihrer Stange herunterglitt. Eine tiefe Feierlichkeit lastete einen Augenblick auf diesem kleinen, weltabgeschiedenen Posten im Busch.

Zur selben Stunde grüßten andere Männer die gleiche Fahne, die an siebzehn anderen mauretanischen Posten eingezogen wurde, Stützpunkten, die durch unsichere Pisten miteinander verbunden waren, wie Schiffe durch die Meeresstraßen.

Diese Männer waren wegen der Fahne hier, die sie Tag für Tag hochhielten, dort, wo ihre Vorgänger sie aufgepflanzt hatten. Für die einen stellte sie die Größe ihres Vaterlandes dar, für die anderen bedeutete sie das Abenteuer und die Weite, die sie in ihren unerschrockenen Jugendtagen ersehnt hatten. Wieder andere sahen sie nur als Broterwerb. Je nach Seele und Gemüt bedeutete sie Exil oder Ruhm, Entbehrung einer Familie, Beruf, Ehre, Vorwand oder Ausrede ... Sie schweißte all diese Männer zusammen, die mit den gleichen Hindernissen im selben Land gekämpft hatten.

Sie hatte den Raubzügen der Krieger Einhalt geboten, dank ihrer Gegenwart konnten die Herden der kleinen Leute gefahrlos auf der grünen und goldenen Steppe weiden; die Schwarzen konnten ihren Gummi oder ihre Datteln ernten und in Frieden Sorghum auf ihren Feldern anbauen. Die Beschützten zeigten keine Dankbarkeit, die Besiegen keine Wut, sondern nur resignierte Furcht. Sie hatten tapfer gekämpft, solange es möglich war. Inschallah! Wozu sich gegen die unerforschlichen Pläne Moulanahs des Gerechten und Weisen auflehnen? Die irdischen Dinge sind klein, und das Paradies ist groß. Fatalistisch und fromm, weise unter die neue Herrschaft gebeugt, warteten sie auf das Ende der irdischen Prüfung.

Und weil diese drei Farben hier und da wie ein Blumenstrauß in dem rosafarbenen Sand leuchten, den der Ostwind vor sich hertreibt, hatten wir, zwei Frauen ohne andere Waffen als unser Vertrauen, geruhsam den Trab-el-Beidane mit seinen Nomaden durchqueren können; wir hatten sein Gesicht kennen gelernt, sein Volk, sein Elend und seine Freuden, seine schwindelnde Leere, sein Schweigen – und manchmal konnten wir uns sogar in seinen Lehmhäusern, Wollzelten und Strohhütten in der Illusion wiegen, Freunde gefunden zu haben.

Port-Étienne, Januar 1934
An Bord der *Karet*, Paris, November 1935

Glossar

aïn	zugleich Auge und Quelle
Alik essalam	siehe *salam*
Allah	der Name Gottes findet sich in vielen Ausdrücken wieder: *Al Hamdullilah!* »Gott sei Dank!« *Allahu Akhbar!* »Allah ist groß!« *Bismillah!* »Im Namen Allahs!« *La ilaha ill'Allah!* »Möge Allahs Wille geschehen!« *T'barek Allah!* »Allah sei gesegnet!« *Wallahi!* »Bei Allah!«
ardine	Musikinstrument, eine Art Harfe
azouzel	Kamelwallach, besserer Läufer als der *fal* oder Kamelhengst (Plural *azouezil*)
banco	Lehm, mit dem die Häuser gebaut werden
bassour	Frauensattel, von einem leichten Perkaldach geschützt
bismillah!	siehe Allah
boy-panka	siehe *panka*
canari	Topf oder Gefäß zum Kochen, Wasserschöpfen und Aufbewahren von Trinkwasser
delou	Lederbeutel, an einem Holzring angebracht, zum Wasserschöpfen

dia	Blutzoll
djemâa	Versammlung der Würdenträger
faro	Große Lammfelldecke, meist schwarz
goum/goumiers	nordafrikanischer Kamelreiter/Kamelreitertrupp
grigri	Lederetui, das Koranverse enthält. Im weiteren Sinne auch Amulett
guelb	wörtlich: Herz. Bildhafter Ausdruck für Felsvorsprung
gerba	Wasserschlauch aus Ziegenleder
haouli	Turban, manchmal auch *litham* genannt
hartani	freigelassener Sklave, der bei seinem alten Herrn bleibt und ihm weiter dient (Plural *haratine*)
initis	Eine Art Distel
Labès	»Geht's gut?«, »ja, es geht gut«; wird sowohl als Frage als auch als Antwort verwendet
La ilaha ill'Allah	siehe Allah
lhamm	Fleisch. Im übertragenen Sinn: nichtswürdiger Mensch
litham	Baumwollbahn, die um den Kopf gewickelt und deren unteres Ende so um das Gesicht geschlungen wird, dass nur die Augen zu sehen sind

malahfa	Frauengewand; um den Körper geschlungenes Stück Stoff, dessen Ende als Schleier über das Haar gelegt wird
mâllem	Schmied; auch Gelehrter bzw. eine »heilige« Persönlichkeit, die tabu, unberührbar ist (weiblich *mallêma*, Plural *mallêmin*)
mechbour	kleiner *razzi*
méchoui	in Holzkohle gegartes oder am Spieß gegrilltes Lamm
medersa	Schule
Nçrania	weibliche Form des Wortes *Nçrani* (wörtlich: Nazarenerin, Christin bzw. Europäerin); Plural *Nçara*
ouguïa	Name für die Fünf-Franc-Münze in Französisch-Westafrika (Plural *ouguïate*)
ouled-en-nour	»Söhne des Lichts«, die in der Folge von nächtlichen Zeremonien geboren werden, eine Besonderheit der Ghoudf im Süden des Adrar (lt. Kommandant Gillier)
panka	handbetriebener Ventilator oder Fächer, vom *boy-panka* in Bewegung gehalten
razzi	Krieger auf Raubzug, schließen sich zu *rezzou* zusammen
roumi	muslimische Bezeichnung für einen Christen bzw. Europäer

Salam	Frieden, oft in Grußformeln: *As Salamu Aleikum!* »Der Friede sei mit euch!« *Wa Aleikum as Salamu!* »Friede auch mit euch!« *Alik essalam!* »Der Friede sei mit dir!«
siroual	Pluderhose, kurz und weit, in der Taille mit einem schmalen Ledergürtel zusammengefasst (Plural *seraouil*)
T'barek Allah	siehe Allah
tassufra	Große Reisetasche aus Schafshaut (Plural *tisufren*)
tebbus	Stock
techgal	einfache Liege aus überkreuzten Bambusstäben
tidinit	Musikinstrument, eine Art Laute
Wallahi	siehe Allah
zeïn	schön (*zeïn ate* sehr schön)
zeriba	Einfriedung, Gehege

REISEN · MENSCHEN · ABENTEUER

NATIONAL GEOGRAPHIC TASCHENBÜCHER
VON FREDERKING & THALER

FRAUEN UNTERWEGS

Milbry Polk/Mary Tiegreen
Frauen erkunden die Welt
Entdecken · Forschen · Berichten
ISBN 3-89405-220-1

Kennen Sie Wen-Chi, den »weiblichen Marco Polo«, die deutsche Pflanzenmalerin Anna Maria Sibylla Merian oder die amerikanische Astronautin Kathryn D. Sullivan? 84 Entdeckerinnen aus zwei Jahrtausenden: wahre Geschichten, die spannender sind als jeder Abenteuerroman.

Julia Keay
Mehr Mut als Kleider im Gepäck
Frauen reisen im 19. Jahrhundert durch die Welt
ISBN 3-89405-100-0

Emily Eden, Anna Leonowens, Amelia Edwards, Kate Marsden, Gertrude Bell, Daisy Bates und Alexandra David-Néel – sieben Biografien von mutigen Frauen, die im 19. Jahrhundert die Welt bereisten – von den Wüsten Arabiens bis nach Sibirien.

Carmen Rohrbach
Im Reich der Königin von Saba
Auf Karawanenwegen im Jemen
ISBN 3-89405-179-5

Nach Erfahrungen auf allen Kontinenten erfüllt sich die Abenteurerin Carmen Rohrbach den Traum ihrer Kindheit: Allein durch den geheimnisvollen Jemen. Mit viel Intuition und Hintergrundwissen schildert sie das Leben der Menschen, vor allem der Frauen.

So spannend wie die Welt.

NATIONAL GEOGRAPHIC
FREDERKING & THALER
www.frederking-thaler.de

REISEN · MENSCHEN · ABENTEUER

NATIONAL GEOGRAPHIC TASCHENBÜCHER
VON FREDERKING & THALER

ÜBER ALLE BERGE

Evelyne Binsack/
Verfasst von Gabriella Baumann-von Arx
Schritte an der Grenze
Die erste Schweizerin auf dem Mount Everest
ISBN 3-89405-221-X

Am 23. Mai 2001 stand die erste Schweizerin auf dem Mount Everest: Evelyne Binsack. In ihrem Buch führt sie uns die hart errungenen 8850 m hinauf bis in die eisigen Höhen ihres Erfolges und gibt Einblicke in ihre Visionen und ihren Lebensweg.

Peter Habeler
Der einsame Sieg
Erstbesteigung des Mount Everest ohne Sauerstoffgerät
ISBN 3-89405-098-5

Der Gipfel des Mount Everest liegt weit in jenem Bereich, in dem Leben nicht mehr möglich ist. Peter Habeler und Reinhold Messner vollbrachten am 8. Mai 1978 eine einzigartige Leistung: Sie bezwangen den Mount Everest ohne Sauerstoffgerät.

Heidi Howkins
Herausforderung K2
Eine Frau auf dem Weg zum Gipfel
ISBN 3-89405-192-2

Die erste Amerikanerin auf dem K2: Heidi Howkins bezwingt den berüchtigten Achttausender im klassischen alpinen Stil – ohne Träger, ohne aufwändiges Basislager, ohne modernes Equipment. Ein mitreißender Bericht über den Kampf einer Bergsteigerin gegen Fels und Eis.

So spannend wie die Welt.

NATIONAL GEOGRAPHIC
FREDERKING & THALER
www.frederking-thaler.de

REISEN · MENSCHEN · ABENTEUER

NATIONAL GEOGRAPHIC TASCHENBÜCHER
VON FREDERKING & THALER

IRGENDWO IN AFRIKA

Théodore Monod
Wüstenwanderungen
Spurensuche in der Sahara
ISBN 3-89405-140-X

Dass ausgerechnet ein Meereszoologe vom Wüstenfieber gepackt wird! Théodore Monod berichtet über seine Wanderungen durch die Sahara in den 20er und 30er Jahren – ein informatives und bleibend aktuelles Standardwerk.

Anthony Sattin
Im Schatten des Pharao
Altes Ägypten in neuer Zeit
ISBN 3-89405-181-7

Ausgestattet mit unveröffentlichten Aufzeichnungen aus den 20er Jahren, macht sich Anthony Sattin auf eine ungewöhnliche Suche: Er fahndet nach den Spuren, die 5.000 Jahre Geschichte im heutigen Ägypten hinterlassen haben – und all ihren Widersprüchen.

Felice Benuzzi
Gefangen vom Mount Kenia
Gefährliche Flucht in ein Bergsteigerabenteuer
ISBN 3-89405-168-X

Die verrückte Geschichte des italienischen Kriegsgefangenen Benuzzi, der mit zwei Gefährten aus einem britischen Lager flieht – nur um den Gipfel des Mount Kenia zu besteigen. Selbst wilde Tiere und die Unbilden der Natur können das Trio nicht stoppen.

So spannend wie die Welt.

NATIONAL GEOGRAPHIC
FREDERKING & THALER
www.frederking-thaler.de

REISEN · MENSCHEN · ABENTEUER

NATIONAL GEOGRAPHIC TASCHENBÜCHER
VON FREDERKING & THALER

ABENTEUER ORIENT

Arne Svingen/Christopher Grøndahl
Ayatollah Highway
Eine Reise durch den Iran
ISBN 3-89405-235-X

Unterwegs auf der »Straße des Ayatollahs« reisen die beiden Norweger Arne Svingen und Christopher Grøndahl von Teheran bis nach Qom. Gut informiert und neugierig gehen sie auf die Einheimischen zu – und zeigen ein faszinierendes Land hinter strenger Fassade.

Andrew Dowling
Rufe vom Minarett
Auf Entdeckungsreise durch Länder des Islam
ISBN 3-89405-185-X

Neun Monate lang bereist der Autor Andrew Dowling die muslimischen Länder Asiens von der Türkei bis Indonesien und zeichnet durch kritische und einfühlsame Beobachtungen ein lebendiges Mosaik des Islam in seinen vielfältigen Erscheinungsformen.

Oss Kröher
Das Morgenland ist weit
Die erste Motorradreise vom Rhein zum Ganges
ISBN 3-89405-165-5

Deutschland, 1951: Zwei Pfälzer, jung und wagemutig, wollen raus aus dem Nachkriegsmuff. Im alten Seitenwagen Motorrad machen sie sich auf die kühne Fahrt nach Indien. Ihr spritziger und sinnlicher Bericht ist getragen von mitreißender Aufbruchsfreude.

So spannend wie die Welt.

NATIONAL GEOGRAPHIC
FREDERKING & THALER
www.frederking-thaler.de